现代军事物流丛书

军事物流信息资源规划

张剑芳 著

中国石化出版社

内容提要

本书从信息资源规划理论与实践应用的角度，系统地研究了军事物流信息资源规划方法和应用问题。全书共八章，分为2个部分。第1部分包括第1～第5章，系统介绍了信息资源规划概述、军事物流信息资源规划基本理论、军事物流信息资源需求、军事物流信息建模、军事物流信息资源规划系统建模、军事物流信息资源标准等。第2部分包括第6～第8章，主要从应用与开发角度，介绍了军事物流信息资源整合方法，实例分析了军事物流信息资源的开发利用。

本书适用于从事军事物流管理的各类管理与技术人员阅读参考，可作为军事物流管理专业的本科生、研究生的教材用书，也可作为军事物流专业的短期任职培训教材。

图书在版编目(CIP)数据

军事物流信息资源规划/张剑芳著.
—北京：中国石化出版社，2016.9
ISBN 978-7-5114-4256-7

Ⅰ.①军… Ⅱ.①张… Ⅲ.①军用物资-物流-信息资源-信息管理 Ⅳ.①E144-39

中国版本图书馆CIP数据核字(2016)第204094号

中国石化出版社出版发行

地址:北京市东城区安定门外大街58号
邮编:100011　电话:(010)84271850
读者服务部电话:(010)84289974
http://www.sinopec-press.com
E-mail:press@sinopec.com
北京科信印刷有限公司印刷
全国各地新华书店经销

*

787×1092毫米16开本13.25印张300千字
2016年9月第1版　2016年9月第1次印刷
定价:40.00元

前　言

《全面建设现代后勤纲要》中指出，要通过先进的物流理念和技术手段创新，以国家物流体系为依托，充分利用社会保障资源，建成集物流全过程于一体的、现代化的军事物流体系。所谓现代军事物流体系是指由军事物流组织指挥系统、物流信息系统、物流标准系统、物流保障力量实体系统、物流设施系统等要素构成的有机整体。

现代军事物流体系建设，其关键在于军事物流信息化建设。随着军事物流信息化建设的深入，军事物流信息化水平也得到了很大提升，军事物流信息化建设取得了令人瞩目的成果，与军事物流相关业务部门按自身业务需要建立了相应管理信息系统，在物资采购、运输、仓储、配送等环节基本实现了信息化管理。但是，军事物流相关业务部门的管理信息系统，由于缺乏科学系统的信息资源规划，存在着数据的标准化程度较低，信息多源采集、独立分散，系统之间信息的关联性不强，系统的可扩展性、可维护性差等现象，形成“信息烟囱”和“信息孤岛”现象，这种现象制约了军事物流信息化的发展。

为了解决“信息烟囱”和“信息孤岛”问题，有效实现军事物流不同业务部门之间数据的共享、交换，实现军事物流数据资源的集中、统一管理，必须加强军事物流信息资源建设。通过对军事物流信息资源整合，实现军事物流管理信息系统之间无缝集成；通过对军事物流信息资源的有效管理和综合利用，提高军事物流管理和决策水平，推动军事物流信息化建设。

本书在体系设计上，首先介绍了信息资源规划的基本理论和技术方法，根据军事物流信息资源规划方法，系统地介绍了军事物流信息建模、系统建模过程和军事物流信息资源标准，最后介绍了军事物流信息资源的信息整合和开发应用，以形成较完善的军事物流信息资源规划技术体系。

本书共八章，内容包括信息资源规划概述、军事物流信息资源规划基本理论、军事物流信息资源需求、军事物流信息建模、军事物流信息资源规划系统建模、军事物流信息资源标准、军事物流信息资源整合、军事物流信息资源开发利用等。

本书在编写过程中借鉴和吸收了有关专家和学者的研究成果，在此表示深深感谢。限于编者的水平和时间上的仓促，本书难免有不成熟之处甚至错误，衷心希望广大读者批评指正。

本书的出版，得到了中国石化出版社的大力支持和帮助，在此表示感谢。

著者

目　录

第 1 章　信息资源规划概述

1.1　信息

1.1.1　信息的概念

信息在自然界、人类社会以及人类思维活动中普遍存在，在拉丁词源中，信息是通知、报道和消息的意思。人类自 20 世纪 20 年代开始对信息进行研究，信息已成为哲学、数学、信息论、系统论、控制论、经济学等诸学科共同使用的重要概念之一，广泛应用于自然科学和社会学领域。信息表现形式可以是消息、信号、数据、情报或知识，由于信息的种类十分繁多，如自然信息、生物信息、人类信息、原始信息、再生信息、社会信息、电子信息等，人们对信息有着许多不同的认识和理解。

美国著名数学家申农(Shannon)在《通信的数学理论》中，提出了信息量的概念和信息熵的计算方法，并给信息下了一个高度抽象化的定义："信息是人们对事物了解的不确定性的减少或消除"，美国著名数学家、控制论创始人维纳认为："信息是我们在适应外部世界、控制外部世界的过程中同外部世界交换的内容的名称"，牛津字典中定义，"信息是新闻和知识"等，信息这一术语在不同的领域里有着不同的内涵。下面是一些比较典型、比较有代表性的信息定义：

(1)信息是关于客观事实的可通信的知识；

(2)信息是一个系统的组织有序化的程度；

(3)信息是事物相互作用的表现形式；

(4)信息是物质的普遍属性，是事物联系的普遍形式；

(5)信息是收信者事先不知道的报道；

(6)信息是消除不确定性的东西；

(7)信息就是信号；

(8)信息就是数据；

(9)信息是消息、情报、信号、数据和知识；

(10)信息是用来消除随机不定性的东西；

(11)信息可以定义为事物或记录；

(12)信息是指有关任何物体的事实。

一般认为，信息是信息源所发生的各种信号和消息经过传递被人们所感知、接收、认识和理解的内容统称，其根本特征是包含着新内容、新知识，能消除人们对某种特质的不确定性，使人们对该事物获得一定的认识，而这种认识能够对人们的思想或行动产生影响、作用。

1.1.2 信息运动的基本形式

信息的内容是信息最基本的属性，即信息是反映和描述客观事物的运动状态和变化方式，信息运动的基本形式是信息循环。如果把信息接收者(信宿)作为主体，信源作为客体，则信息从客体传输到主体，经过接收、处理、实施各环节反馈到客体，形成一个信息运动的循环，称为信息循环，如图 1-1 所示。

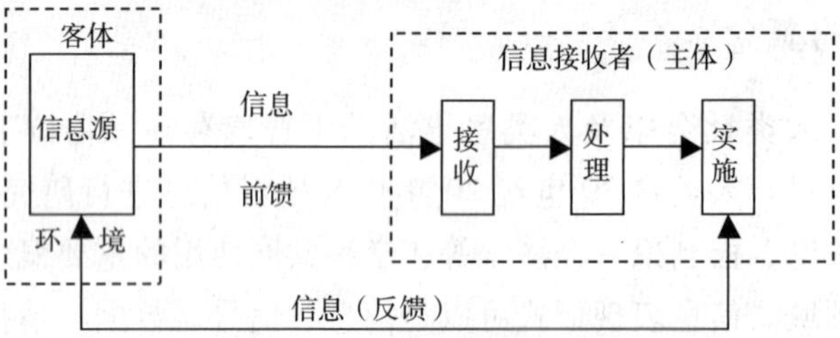

图 1-1 信息循环

信息运动的基本形式揭示了客观事物在相互作用中实现有目的运动的基本规律。

1.1.3 信息的特征

信息现象无时无处不在，就其空间状态来说，信息广泛分布于自然界、人类社会和人的思维活动过程中。就其时间来说，信息现象是永远存在的，是超越人类社会自身的发展过程的，信息现象是伴随着自然物质运动和社会生产活动而运动的，凡是信息都具有以下的基本特征：

(1)客观性

信息是现实世界中对各种事物运动的状态、特征及其变化的客观反映，它可以感知、处理、存储、传递和利用。由于事物及其状态是不以人们的意志为转换的客观存在，所以反映这种客观存在的信息，同样带有客观性，不能凭人们的主观臆造去创造，只有客观真实的信息才具有储存价值。信息的客观性是信息的基本特征。

(2)普遍性

信息的普遍性指信息无处不在，无时不有。信息是事物状态和变化的反映。世界是物质的，物质是普遍存在的，物质都处于运动之中，而信息是源于物质及其运动的，并以物质的运动为其存在的条件，因此物质及其运动的普遍性就决定了信息的普遍存在性。

(3)相对性

信息是相对的，从认识主体的角度而言，由于人们的认识能力、认识目的及其经验的各不相同，他们从同一事物中获取的信息及信息量也不相同。信息的相对性说明，要想从客观事物中获取更多的信息，认识主体必须具有明确的目的性、高水平的信息技能和丰富的经验。

(4)动态性

信息作为对事物存在方式和运动状态的反映，随着客观事物的变化而变化，信息如果不能反映事物的最新变化状态，其效用将会降低，并随时间推移会完全失去效用，最终就会成为历史记录。由于信息是动态的，因此信息的内容和信息量都会随着时间的变化而不断地取舍、更新、充实。

(5)可识别性

信息来源于物质及其运动，是物质的一种普遍属性，是事物本质、特征和运动规律的反映。人类可以通过自己的感觉器官或借助于各种仪器设备来感知、识别事物，事实上就是通过感知、识别事物所发出的信息来认识事物，所以信息是可以识别的。

(6)可传输性

信息是事物的本质、特征和运动规律的反映。人类认识事物首先是接收到事物发出的信息，如电磁波、声波、温度等。人接收到的信息就是信息源通过一定的信道(媒介或载体)把自身的信息传输过来的，人在这里是作为信宿，这种传输包括信息在时间上的传输和空间上的传输，可以是人与人之间、人与物之间、物与物之间的传输。

(7)可度量性

信息是可以度量的。申农对信息的解释是“能够用来消除不确定性的东西”，确定减少或消除不确定性的大小就是对信息的度量。信息的度量，同物质和能量的度量一样，关键在于对度量原理的认识和度量方法以及相应的度量标准的确定，与物质和能量不同的是信息的度量没有一个完全确定不变的标度。

(8)可共享性

信息在同一时间可以为多人所掌握，可以共享信息而共同受益。但是这种共享是一种非零和的共享，即共享的诸方受益、受损是不确定的，各方因共享同一信息而获得的价值并不等于少数方独占该信息所获得的价值。

(9)依附性

信息本身是看不见、摸不着的，它必须依附于某一载体，没有载体，就不能得到任何信息。人类社会的信息活动中，各种信息必须借助于文字、图像、胶片、磁带(盘)、声波、电波、光波等物质形式的载体，才能够表现，才能为人们的听觉、视觉、触觉、味觉所感受和接收，并按照既定目标进行处理，可以说，没有载体就没有信息，人类社会信息化发展，在很大程度上依赖于信息载体的进步。

(10)可扩散性

信息可以通过各种介质向外扩散。信息的扩散具有正负两种效应。正效应是利用扩散，节省人力、资金等资源的消耗；负效应造成信息的贬值，不利于信息的保密。对于某个单位或个人来说，当它或他所掌握的信息失密后，可能意味着这种信息给他带来的价值减少。因此，要注重信息的保密性，减少信息扩散的负效应。在单位内部，要充分利用信息的共享性，在信息有效的时间内，在内部快速扩散，对外部则应该抑制信息扩散的负效应。

1.1.4 信息的管理

信息管理(Information Management，IM)是人类为了有效地开发和利用信息资源，以现代信息技术为手段，对信息资源进行计划、组织、领导和控制的社会活动。简单地说，信息管理就是人对信息资源和信息活动的管理。可以从下几方面来理解：

①信息管理的对象是信息资源和信息活动。

②信息管理是管理活动的一种。管理活动的基本职能“计划、组织、指挥、控制”仍然是信息管理活动的基本职能，只不过信息管理的基本职能更有针对性。

③信息管理是一种社会规模的活动。它反映了信息管理活动的普遍性和社会性，是涉及广泛的社会个体、群体、国家参与的普遍性的信息获取、控制和利用活动，包括信息收集、信息传输、信息加工和信息储存等几个阶段。

1.2 信息资源

1.2.1 信息资源的含义

资源概念源自经济学，指那些能产生经济价值的自然存在物。信息是普遍存在的，但信息并非全都是资源，只有满足一定条件的信息才能称之为信息资源。换言之，只有经过人类开发与组织的信息才是信息资源。美国著名学者奥汀格提出了著名的“资源三角形”理论，将信息、物资和能量列为资源三角形的三个顶点，构成人类社会发展的基础。

“信息资源”(Information Resource 或 Information Resources)一词来源于信息资源管理(Information Resources Management，简称 IRM)。美国弗吉尼亚州的信息资源管理人员里克斯(Betty R. Ricks)在1984年《信息资源管理》一书中指出：“信息资源包括所有与信息的创造、采集、存储、检索、分配、利用、维护和控制有关的系统、程序、人力资源、组织结构、设备、用品和设置。”

在《中国人民解放军军语》中，将信息资源定义为“经采集、加工并存在一定载体之中的各种有用信息的通称，具有普遍性、关联性、流动性、依附性、共享性等基本属性”。在《军队信息化词典》中，信息资源有广义和狭义之分。“广义的信息资源是指人类社会实践活动中积累起来的信息、信息技术、信息设备设施、信息生产者等要素的集合。狭义的信息资源是指依附于一定载体的信息，也就是信息内容本身”。

基于上述理解，可以认为人类社会活动中经过采集、加工的、有序的、有应用价值的、有共享可能的信息，构成狭义信息资源。而信息、信息生产者和信息技术的集合构成广义信息资源。其中信息，即信息内容，是信息资源的核心，是人类社会经济活动中经过加工处理有序化并大量积累后的有用信息的集合；信息生产者是指生产信息的工作者，信息的生产过程的主体，对信息采集、组织(包括存储)，进而形成信息资源的过程；信息技术是信息采集、加工、存储和传递技术的集合。

1.2.2　信息资源的特征

信息资源与物质资源相比较，它具有许多不同的特性。下面分别从自然特性和经济特性两方面来考察信息资源的特性。

1. 信息资源的经济学特征

(1)需求性

人类从事经济活动离不开必要的生产要素。传统的物质经济活动主要依赖于物质原料、劳动工具、劳动力等物质资源和能源资源的投入。现代信息经济则主要依赖于信息、信息技术和信息劳动力等信息资源的投入。信息资源作为一种生产要素，可以完全或者部分取代物质原料等非信息投入要素，而且可以通过这些非信息要素的相互作用，使价值升值。

(2)稀缺性

稀缺性是经济资源最基本的经济学特征。在既定的技术和资源条件下，物质资源都是有限的、不能任意取用。信息资源同样具有稀缺性，稀缺产生需求，需求产生价值。真正有价值的且可以获得的信息资源往往是稀缺的，而人类对信息资源的需求(不仅在数量上而且在质量上)是无限的。

信息资源的开发需要相应的成本投入，要拥有信息资源就必须付出相应的成本，所以在既定的时间、空间或者其他条件下，由于人力、物力、财力等方面的限制，其信息资源的拥有总量是有限的。同时，在既定的技术和资源下，任何信息资源都有一固定不变的总效用(使用价值)。如果在经济活动中投入信息资源，就会获取其信息资源的效用。

(3)可选择性

信息资源与经济活动的结合，使信息资源广泛渗透到经济活动的各方面。同一信息资源可以作用于不同的对象，并产生不同的效果，可以根据不同的作用效果，对信息资源的使用方向进行选择。由此也就产生了信息资源的有效配置问题。

2. 信息资源的自然特性

(1)非物质性

它既不是物质，也不是能量，但具有物质基础。它必定要附着在某种介质上，不能离开媒介而独立存在。在现实世界中，既没有绝对不带有任何信息的物质，也没有完全脱离物质的信息。

(2)流动性

它易扩散，易传播，是最富于流动性的一种资源，而当代经济正是一种高度流动性的经济。

(3)动态性

信息资源是一种动态资源。信息资源产生于自然界和人类社会的实践之中，是随着时间的变化而变化的。人类的社会实践活动是一个不停歇的运动过程，信息资源处在不断产生、积累的过程中，它随着时间呈现出不断丰富、不断增长的趋势。

(4)共享性

物质资源和能源资源的利用表现为占有和消耗。在物质资源和能源资源量一定时，各使用者在资源利用上必然存在明显的竞争关系，一部分人利用多了，其他人就只得少利用或者不利用。而信息资源的利用不存在上述竞争关系，不同的人可以同程度地共享某一信息资源。共享性是信息资源的本质特性。

(5)时效性

由于信息资源产生于自然界和人类社会的实践活动中，随时间的变化而变化。适时的信息可能价值连城，过时的信息可能一文不值。信息资源的利用者要善于把握时机，只有时机适宜，才能发挥效益。

1.2.3 军事物流信息资源

目前关于军事物流信息资源尚无统一的定义，从信息资源概念的理解，对军事物流信息资源可以认为：军事物流信息资源是军用物资保障活动中具有价值的信息资源，它是按一定军事物流活动的需要，有组织有计划地通过各种途径获取，并经过分析、过滤、加工整理后的各种物资信息、凭证、命令、通知、文献资源等的统称。

如同信息资源概念一样，军事物流信息资源也有狭义与广义概念之分。狭义的军事物流信息资源是指军事物流系统开展物资保障活动过程中，经过加工、处理、序化、大量积累的对决策者有用的信息(数据)集合，指军事物流信息资源本身。军事物流涉及军用物资筹措、运输、储存、包装、配送、装卸搬运等环节。军事物流活动过程，伴随着大量的信息处理，形成大量数据积累，经过一定的整理分类，即成为军事物流信息资源。这些信息资源有些已成为军事物流业务信息系统的基础，为物资保障发挥着重要的作用。按照军事物流信息资源应用，军事物流现有信息资源可分为军用物资基础信息、物资保障需求信息、业务应用管理信息和决策支持信息。军事物流信息资源涉及多个层次，从宏观看，涉及军事后勤部门与社会的信息交流，包括国家、政府管理部门、军队物资需求计划管理部门等；从微观看，涉及军用物资生产企业、供应商、军队后方仓库、部队用户的信息管理。

广义的军事物流信息资源是军事物流信息活动中各种要素的总称，包括信息、技术、设施设备、资金和人员等，它们相互联系、相互作用构成有机整体。

1.2.4 军事物流信息资源的类型

从不同的角度出发，军事物流信息资源的类型可以有不同的划分方法。

(1)按作用范围分类

按军事物流信息资源的作用范围可以分为战略信息资源、战役信息资源和战术信息资源。

①战略信息资源。是指有关军事物流建设目标与方针的信息资源，分析主要军事物流物资保障的战略意图等重大决策的信息资源。

②战役信息资源。是指军事物流物资保障战役筹划及行动有关的信息资源。

③战术信息资源。是指与军事物流物资保障行动有关的信息资源。

随着现代战争战略、战役、战术界线的日趋模糊和淡化，这三种信息资源是不能截然分开的，在一定条件下，军事物流战术信息资源也具有战略价值。

(2)按用途分类

按军事物流信息资源的用途可分为军用物资筹措信息资源、军事物流保障需求信息资源、军事物流业务管理信息资源、军事物流保障指挥信息资源、军事物流保障决策信息资源、军事物流保障支持信息资源等。

①军用物资筹措信息资源。是指军用物资订购、采购活动以及军用物资生产商、物资供应商等信息资源。

②军事物流保障需求信息资源。是指部队用户在物资需求的信息资源。

③军事物流业务管理信息资源。是指军用物资在运输、储存、包装、配送、装卸搬运等军事物流活动过程中，产生的管理信息资源。

④军事物流保障指挥信息资源。是指根据保障需求和保障条件，制定保障计划、实施保障指挥所需的信息资源。

⑤军事物流保障决策信息资源。是指物资保障过程中，支持保障决策的各种的信息资源。

⑥军事物流保障支持信息资源。是指是军事物流过程中，实现军民一体化的地方保障的各种信息资源。

(3)按属性分类

按军事物流信息资源的属性可分为军事物流基础类信息资源、军事物流保障类信息资源、军事物流建设类信息资源和其他相关类信息资源等。

①军事物流基础类信息资源。是指军用物资分类代码、军用物资编目信息资源、军事物资设施设备信息资源、军事物流保障人员信息资源等。

②军事物流保障类信息资源。是指部队用户的需求信息资源、军事物流保障决策信息资源、军用物资保障状态信息资源、军事物流保障活动管理信息资源。

③军事物流建设类信息资源。是指军事物流保障体制编制信息资源、军事物流建设规划信息资源、军事物流装备建设信息资源、军事物流制度和法规信息资源、军事物流训练信息资源。

④其他相关类信息资源。是指国家支持军事物流潜在的信息资源，能够为军事物流间接可用的信息资源。

1.2.5　军事物流信息资源的主要特征

军事物流信息资源是信息资源的一种，军事物流信息资源除了具有一般信息资源的特征外，由于其军事应用的特殊性，还有以下几个方面的特征：

(1)资源应用的军事性

军事物流信息资源应用的军事性是指军事物流信息资源具有军事特色，如军事运输、军事仓储、军事保障需求、军事教育训练、军事物流装备、军事物流技术、军事通信网络等。

(2)资源共享的有限性

由于军事物流信息资源内容的军事性，军事物流信息资源具有保密性，使得军事物流信息资源共享范围是有限的，这是军事物流信息资源的特殊属性。军事物流信息的共享是在军队内部军事物流信息的互通共用，采取技术措施达成的一定空间范围(如军网环境下)的信息资源共享，这种信息共享是在军队内部各授权用户对信息资源的利用，因此军事物流信息资源共享就决定了军事物流信息资源传递是有限的。

(3)资源内容的复杂性

军事物流信息资源源头众多、分布广泛、类型多样，同时随着物流的进程变化发生动态变化，体现了军事物流信息资源的复杂性。信息资源来源越简单，人们就越容易做出决策和行动；越复杂，矛盾就越多，也越难理清思路、去伪存真。军事物流信息资源比地方物流信息资源来源更加广泛，数量更加庞大，军事物流信息资源内容的复杂性，决定了军事物流信息资源管理难度增加。

1.3 信息资源管理

1.3.1 信息资源管理的含义

信息资源管理(IRM)概念于1979年由美国人迪博尔德提出。关于信息资源管理内涵有不同的解释，从系统方法论解释，将信息资源管理看成是一种方法或者技术，认为信息资源管理是为了有效地利用信息资源这一重要的组织资源而实施的系统方法，包括对资源的规划、组织、指挥和控制。从管理过程解释，将信息资源管理是一种管理过程，认为信息资源管理是有效地确定、获取、综合和利用各种信息资源，以满足当前和未来的信息需求的过程。

关于信息资源管理，我国学者也有许多论述，在《国家信息政策》一书中指出：IRM是信息管理的综合，是一种集约化管理。所谓集约化管理，一方面是信息管理对象的集约化，即IRM对信息活动中的信息、人、机器、技术、资金等各种资源的集约化管理。另一方面是指管理手段和方式的集约化，即IRM是多种管理手段的综合。在《信息资源管理的概念、技术和实践》一书中，认为IRM是建设管理信息系统的基础。即从业务上把信息作为一种资源进行管理所需要考虑的问题的逻辑顺序。

综上所述，可以认为，信息资源管理(IRM)是一种基于信息技术的、为满足组织机构的信息需求的有效管理信息资源的方法和活动。它包括对信息活动要素(信息、人员、设备、资金等)的规划、组织、控制和协调，以实现资源的最佳配置。

1.3.2　信息资源管理的起源和发展

信息资源管理是在 20 世纪 70 年代末、80 年代初才兴起的，信息资源管理可以看成在经济和科学技术高度发展的条件下，对文献、知识和信息管理的延伸和拓展。信息资源管理的历史可以将其划分为三个典型的阶段，即传统管理阶段、技术管理阶段和信息资源管理阶段。这三个阶段对应着不同的管理内容和方法。传统管理阶段以信息资源的搜集、管理为重点，技术管理阶段利用现代信息技术实现对信息流的控制，信息资源管理阶段强调从多种角度对信息资源实行综合管理。

(1)传统管理阶段

这一阶段以信息源管理为核心，人类对知识信息的保存与管理早已有之，但作为一项专门的工作和事业则是在图书馆出现之后才兴起和发展起来的。在文字产生之前，人们只能用语言来传递信息，文字的产生使得人们可以用这种符号将信息和知识记录在一定的物质载体上，这就是最初的文献。人类社会正是“由于文字的发明及其应用于文献记录而过渡到文明时代”的。随着人类社会的发展，这种记录人类经验、知识和信息的文献很快便达到了较大的量，并且内容越来越复杂，给人们找寻和利用带来了困难，图书馆便应运而生，收藏和整理文献记录便成为早期图书馆的存在方式和活动内容。随着社会经济、科技和文化的发展，文献记录的类型大量增加，图书馆作为最初的文献收藏机构，逐渐与档案馆分流，成为知识和文献收藏、整理和提供利用的社会信息交流中心机构，即形成了独立意义上的图书馆。

图书馆自诞生就十分重视文献的“藏”和“用”的统一，强调为“用”而“藏”。在其漫长的发展历程中，图书馆引入了管理的概念，并创造了许多卓有成效的文献整理和管理技术方法。它除了包括对文献本身的管理外，还包括对机构、人、文献整理和提供过程的管理，因而已具有相当的综合性和现代信息资源管理的意识。

知识信息成指数增长，需要有专业的机构对文献、资料管理，于是在科技领域出现了专职信息服务机构——科技信息机构。这类机构的任务就是对科技信息进行搜集、加工、存储、检索和提供利用。我国在 20 世纪 50 年代建立的这类机构，称为科技情报研究所。这类机构主要从事二次文献加工，旨在克服传统图书馆提供文献信息利用方面的滞后现象以及过分重“藏”的缺点。从本质上看，科技信息机构与图书馆之间并无特殊差别。它们都是从事以文献为载体的信息的搜集、加工、存储、检索和提供，着眼于“文献信息源”的管理。尤其是在大量采用现代信息技术使得图书馆从书籍世界进入信息世界的背景之下，图书情报服务更趋于一体化。20 世纪 60 年代之后，二者都更重视“管理”并向“信息管理”发展过渡。这些都反映了以“信息源”为核心、以文献为主要载体、以公益性服务为主要目标的传统管理阶段正在向信息管理阶段发展，从注重“源”的管理向注重“流”的控制过渡。

(2) 技术管理阶段

这一阶段以信息流的控制为核心，以计算机为工具，以自动化信息处理和信息系统建造为主要工作内容。显然，这是在计算机技术及相关信息技术高度发展和广泛应用的背景之下发展起来的新兴信息管理模式。

计算机具有科学计算功能和信息(数据)处理功能。计算机出现后不久，就被应用于图书馆的文献信息加工和管理，目的是要提高文献信息加工处理和查找效率，实现对文献信息流的控制。用计算机对文献中的题名自动抽取关键词并进行排序，从而大大提高了文献处理效率。此后在计算机文献信息检索系统中得到了广泛应用，这种文献信息加工和管理的计算机化，能适应多样化的需求，给用户带来了方便，推动了数据库的发展，使文献收录的范围更加广泛。随着计算机技术的发展，计算机信息处理功能越来越强，使人们对文献的加工有可能从宏观层次向微观层次深入，从文献的局部信息扩展到全文信息，极大地提高了人类对文献信息的处理和管理能力，提高了图书情报中心对文献信息流的自动化控制程度。

计算机应用于图书馆情报中心文献信息管理的同时，也被广泛用于公司、企业和其他各类机构的行政记录处理、财务数据处理、经营活动数据处理。最初，这种数据处理只是在操作层次上，主要目的是用机器代替手工操作，提高数据处理速度和效率。随着机构的记录数据处理量不断增大，不仅需要解决大量数据的处理、组织和存储问题，而且还需要对数据进行保护并在需要时有效取出。这就需要以系统思想为指导，全面考虑组织机构中各类数据(信息)的采集、加工、存储、检索、传输和利用等，由此促成了管理信息系统(MIS)的诞生和发展。

进入 20 世纪 60 年代以后，MIS 被广泛应用于各个领域并产生了很大的影响，成为计算机信息系统非常有代表性的、经常使用的工具。产生了有效的信息系统分析、设计、实施的理论和方法。随着信息系统技术的发展，人们在信息检索系统、办公室自动化系统和 MIS 基础上，又研制出了不同功能的决策支持系统(DSS)和专家系统(ES)。

随着分时多用户计算机网络和分布式计算机网络的出现，国际大型联机信息检索系统迅速发展起来。20 世纪 80 年代以来，微型计算机性能的迅速提高，为信息管理提供了新的工具和途径，使得信息系统管理出现了结构性变化，从追求覆盖面越来越大的、功能越来越综合的大型系统演变到集中式和分散式同时并存和相互竞争的新型信息系统。此时不仅有构建的机构专用信息系统，甚至还出现个人专用信息系统，信息系统开始向多样化方向发展。

(3)资源管理阶段

资源管理阶段的主要目标是将信息看成资源，对信息实施资源性管理。一方面，信息管理阶段纯粹的技术手段不能实现对信息的有效控制作用；另一方面，社会经济发展使得信息成为一种重要的资源，迫切需要从经济的角度思考问题，并对这种资源进行优化配置和管理。

信息资源管理是信息管理的必然趋势，是对信息管理单纯依赖技术的否定。20 世纪 60 年代以后，信息技术被利用于信息管理，建立了各类管理信息系统，但是信息技术的高度发展和广泛应用带来了许多新的、复杂的难题，新的信息媒介和信息传播方式的广泛应用，使传统管理无法处理新的问题，如信息安全和信息利益。信息安全包括计算机安全、系统安全、数据安全、个人隐私等，信息利益包括知识产权、跨国数据流、信息收费、信息成本等。

随着技术的进一步发展，计算机化管理信息系统的建立导致信息系统的分散和向小型化发展的趋势，使得信息的管理和控制变得更加困难，无法实现宏观层次的信息共享。这种纯技术的信息管理逐渐暴露出许多问题，人们不得不重新思考信息管理的方向。于是，进入 20 世纪 70 年代以后，人们着手利用行政的、法律的、经济的手段，从微观与宏观结合上协调社会信息化进程中的各种矛盾、冲突和利益关系，妥善处理信息管理中人与物的复合关系，这样就逐步形成了信息资源管理的思想和观念。要全面考察信息作为经济资源的性质、利用状况、效用实现的特征和规律，从经济角度对其进行管理和优化配置，使其效益达到最大化。

1.3.3 信息资源管理的原则

由于信息资源涉及信息、设备、人员、政策、技术、经济等多种因素，它是一项十分复杂的管理活动。开展信息资源管理，必须遵循一定的管理原则，包括共享原则、系统原则、科学原则及安全原则等。

(1)共享原则

共享原则是信息资源管理的目标和归宿。如军事物流信息资源来源于军事物流活动，是为物资保障服务，理应为物资保障各部门利用和共享。军事物流信息资源利用越广泛，其“资源”作用发挥得越充分。

随着军事物流的信息化建设，物流信息量空前增长，更新周期加快，军事物流各学科之间传统的“界限”逐渐消失，联系日益加强，军事物流单一部门的信息采集能力已不满足需求，对军事物流信息的需求由单一走向综合。因此，实现信息资源共享成了现代军事物流发展的必然要求。

同时，军事物流信息系统集成化，也要求对军事物流信息资源进行共享。原来纵向独立发展的各类管理信息系统，虽然各自能完成相应的管理功能，形成了一个“自我满意”的系统，但由于缺乏横向联系，既束缚了自身的发展，也限制了整体效益的发挥，需要调整其功能，向集成化、系统化的方向发展，实现军事物流信息资源的集成与共享。

(2)系统原则

系统原则指按照系统科学的要求，使军事物流信息资源形成一个相互联系、相互作用的系统。要整合军事物流信息资源，就必须打破条块分割、各自为政的局面。形成一个上下畅通、纵横交错、既有分工、又有协作、互惠互利的整体，这样才能真正发挥信息资源的作用。只有这样才能使信息资源管理做到“整体大于部分之和”

系统原则是信息资源管理的一大特点，随着军事物流信息化水平的提高，信息环境更加复杂，影响因素随之增多，军事物流信息资源管理必须坚持系统原则。

(3)科学原则

科学原则是指信息资源管理遵循信息运动的客观规律，体现信息资源管理的特殊性。

信息的效能和生命就在于它能准确和真实地反映客观事物运动变化的特征和差异，信息资源管理要真正使信息服务于用户，发挥“资源”作用，从信息的收集、处理、存储、传递、利用乃至反馈等信息运动过程，都要必须是真实的、准确的和可靠的，保持信息的准确性。

(4)安全性原则

安全性原则也是信息资源管理的重要原则之一，它要求高度重视信息安全问题。现代信息技术的飞速发展和广泛应用，使信息资源更多地体现在数据库占有和核心信息技术的领先方面。随着信息资源共享，尤其是软资源(数据、程序)共享的推进，信息的安全问题日益引人注目，也日益成为信息资源管理所面临的重要问题。现在信息安全问题日益复杂和多样，如技术泄密以及计算机病毒的蔓延等。信息安全问题涉及领域广泛、因素众多，单从技术上以传统的密码学为基础的计算机安全防护措施已不能满足要求，需寻求新的途径、运用新的手段、从全新的角度进行综合防范和治理。

1.3.4 信息资源管理与管理信息系统关系

信息资源管理与管理信息系统有着密切关系，管理信息系统同信息资源管理存在着相互渗透和融合，二者既相互区别，又相互借鉴。管理信息系统与信息资源管理之间的区别主要体现以下几个方面：

(1)成熟度不同

管理信息系统的研究先于信息资源管理。1956 年，IBM 公司率先将计算机技术应用于组织事务处理，由此开创了管理信息系统的先河。20 世纪 60 年代末，管理信息系统已为社会各领域接收，特别是管理部门，建立管理信息系统成为改进业务管理的重要选择，学术界也开始对管理信息系统进行理论研究。1967 年，美国明尼苏达大学开办了管理信息系统专业，开展管理信息系统教育，为社会培养管理信息系统开发和管理人员。经过几十年的发展，管理信息系统已建立了相对稳定的研究体系。信息资源管理较之前者则要晚些，直到 20 世纪 80 年代初，信息资源管理的概念才开始提出并逐步为人们所接收。社会各领域的信息资源管理的实践活动，进一步促进了信息资源管理的理论研究。人们开始从多角度、多侧面探索信息资源管理的理论，逐渐完善信息资源管理的知识体系，作为一门学科，还处在不断发展之中。

(2)研究范围不同

管理信息系统以信息系统为研究对象，主要研究信息系统的规划、系统的开发与集成、信息系统维护与管理等内容。研究对象相对单一，研究范围集中在信息系统开发建设。信息资源管理以组织的信息资源为研究对象，把所有可用的信息、信息技术、信息设备和信息人员融为一体，组织成资源进行管理。就信息而言，信息资源管理将范围扩大到信息系统以外，也包括信息资源的开发利用、组织、利用等。另外，组织的信息体制、信息政策以及组织的信息战略也属于信息资源管理的研究范畴。就研究的范围而言，信息资源管理的研究更为广泛。

(3)学科性质不同

管理信息系统侧重系统开发过程和开发方法的研究，信息系统的实践不断充实和发展着信息系统的理论与方法，系统规划、系统分析、系统设计也不断得到更新和完善。管理信息系统的学科特征侧重实践性和可操作性，从本质上讲管理信息系统是一门方法论学科。信息资源管理以组织信息资源作为研究对象，侧重组织信息资源的开发和综合利用，涉及确立信息资源管理机构、信息资源管理地位与作用，制定组织信息战略，制定并监督信息政策的实施以及组织信息系统的开发建设和维护等。信息资源管理集成了机构管理、技术管理、资源管理等多领域的管理特征，是一个综合性的管理理论与方法。

管理信息系统与信息资源管理又有着密切的联系。

①管理信息系统的发展是信息资源管理产生和发展的前提。管理信息系统出现被认为能够从根本上改变管理人员的工作方式，能够极大地提高组织的效率和效益。然而，在管理信息系统的实践中，人们发现，管理信息系统对于组织并不存在确定性作用，当在投入了大量的资金后，管理信息系统应用并没有收到预期的效果和收益。人们开始意识到，管理信息系统作为一种新的信息管理工具和手段，不仅具有技术性特征，还具有组织资源的特征，应该采用资源管理的方式管理信息系统。对于信息技术的投入，应采用成本－效益分析，避免单纯追求技术的先进性。

同时，管理信息系统的应用也带来了许多新的问题，如信息所有权的变更、工作流程的改变、信息文化与组织传统文化的冲突、如何保证信息安全等。上述问题能否得到妥善解决，关系到信息系统建设的成败，甚至影响到组织的正常经营，而上述种种问题，仅靠技术手段是无法解决的，于是人们开始从综合的角度研究信息系统问题，由此促成了信息资源管理的产生。

②管理信息系统与信息资源管理研究的内容相互交叉。由于社会信息化水平不断提高，各领域根据业务需要，建立了各类管理信息系统，管理信息系统的应用已深入到各领域的基本活动中，管理信息系统对业务的影响越来越大。管理信息系统的投资像投资于其他资产一样，成为业务管理的必要条件，管理信息系统建设投资成为各类投资中增长最快，由此形成的管理信息系统既是组织重要的信息资源，也是资产的有机组成部分。对信息资产的管理是信息资源管理研究的重要内容，从信息系统的规划、信息系统建设项目管理，到信息系统的运行、维护；从信息系统的基础数据建设，到信息系统的功能集成；从支持基层业务处理的管理信息系统，到支持组织高层决策的战略信息系统，都是信息资源管理研究的内容。从这个意义上讲，开发建设管理信息系统，是信息资源管理的手段。

③管理信息系统与信息资源管理相互影响、相互促进。单纯依靠技术方法建立的管理信息系统，无法满足管理对信息的需求，管理信息系统的应用并没有确定性地提高效能。进入 20 世纪 80 年代以后，管理信息系统的研究发生了很大变化，一是研究范围逐步扩展，研究内容包括组织特征、目标、组织结构、文化对管理信息系统的作用和影响；二是研究方法由早期的纯技术方法转变为社会技术方法，强调对信息系统进行综合管理；三是管理信息面向的对象由信息系统开发人员转变为组织各级管理人员，特别是面向组织高级

管理人员，侧重研究如何利用管理信息系统对组织战略的支持，探索战略信息系统对组织获取竞争优势的作用；四是管理信息系统的研究者转向研究信息资源管理，由管理信息系统转向研究信息资源管理，是管理信息系统理论与实践发展的必然趋势。上述各种变化，使得管理信息系统同信息资源管理的边界日渐模糊，管理信息系统与信息资源管理的融合是一种发展趋势。

1.3.5 军事信息资源管理的发展

信息资源管理是军队信息化建设的核心内容，也是加速推进军队信息建设的基本要求。20 世纪 90 年代以来，世界主要发达国家纷纷调整军事战略，竞相把军队建设重点转向获取信息优势，并把信息资源建设作为优先发展战略。相对而言，我军信息资源开发利用尚处于起步发展阶段，信息资源管理缺乏顶层整体规划。随着信息技术的广泛运用和军事信息系统的建设，我军信息资源管理得到迅速发展，我军信息资源管理先后经历了数据管理、信息资源管理和信息管理三个阶段。

(1)数据管理阶段

计算机技术广泛应用之前，军队在作战指挥、后勤保障等领域一直采用人工绘制表格的方式管理数据，数据处理繁琐复杂、准确性差、效率低。20 世纪 80 年代末，随着计算机技术的普及应用，为了满足报表数据能自动处理，各主管部门颁布的业务领域数据标准，在各自独立的数据管理系统支撑下，军队各业务领域的数据资源得到有效管理。但是，由于缺乏顶层规划，数据管理以业务或领域为基础，造成相同数据在不同领域的标准不一，导致信息共享困难，也难以实现依托信息系统实施精确指挥和精确控制。

(2)信息资源管理阶段

20 世纪 90 年代中期到 21 世纪初期，军队加大信息化建设，通过建设综合性管理信息系统，初步形成了军用信息资源体系，信息资源由“散”向“统”发展，信息标准建设覆盖了作战、情报、军务、人员、政工、后勤、装备等领域，信息横向交互能力得到了显著提高，提高了军事信息资源综合集成能力。但是，由于信息基础设施传输能力和覆盖范围，不能适应日益增长的信息资源管理需要，信息共享能力也受到限制。

(3)信息服务理念下的信息管理

进入 21 世纪，随着信息资源建设的深入，信息资源管理由信息服务理念向信息管理转型，同时，加大了信息资源开发应用管理力度，对信息资源实施集中统管；加强顶层设计，制定发布了相应的法规文件，保证信息资源管理有法可依；加强信息资源管理，实现信息资源在战略层面的整合共管，使信息资源管理成为军队信息化建设的基础。

1.3.6 军事物流信息资源管理

(1)军事物流信息资源管理的定义

有关军事物流信息资源管理还没有专门的定义，但其内涵是信息资源管理与军事物流信息相关的计划、预算、组织、指挥、培训和控制。它既包括军用物资信息资源本身，又包括诸如人员、设备、资金和技术之类的相关资源。因此，可以认为，军事物流信息资源管理是指与军事物流信息资源开发和利用有关的决策、计划、组织、指导和控制活动。

决策是为了使军事物流信息资源的开发和利用取得预期的结果和目的，在对信息资源管理规律认识和对管理对象有关信息进行分析和预测的基础上，制定和采取行动方案的过程。决策是军事物流信息资源管理的起点，是军事物流信息资源管理活动的最重要的内容。

计划是军事物流信息资源管理决策的具体化，军事物流信息资源管理计划所涉及的问题是要在未来的各种行动过程中作出相应的抉择，在军事物流信息资源开发和利用的现状与未来所要达到的目标之间“铺路搭桥”，这是军事物流信息资源管理不可缺少的职能。

组织是保证实现计划所须活动的连贯性、协调性和一致性的工作步骤。其职能是构建一种组织结构，使参与军事物流信息资源开发和利用活动的人员明确自己在管理活动中的位置，了解自己在相互协调的系统中的作用，自觉地为实现军事物流信息资源管理的目标而有效地工作。

指导是指挥和引导军事物流信息资源开发和利用活动并使之实现军事物流信息资源管理目标的过程。它直接涉及军事物流信息资源管理者和管理对象之间的关系，涉及对军事物流信息资源开发和利用活动的指导、沟通和有效的激励，引导参与军事物流信息资源开发和利用的人员实现有关的目标。

控制是对军事物流信息资源开发和利用活动进行评估和调节，以确保军事物流信息资源开发和利用目标的实现。在军事物流信息资源开发和利用活动中，一旦决策方案、活动计划付诸实施的时候，就需要对活动进行控制。通过监督，检查计划的执行进度，揭示计划执行的偏差，找出出现偏差的地方、性质和原因，并采取积极措施予以调节。

(2)军事物流信息资源管理过程

根据军事物流信息资源管理的定义、内涵，军事物流信息资源管理过程可以理解为：对军事物流信息资源的采集、信息资源的组织、信息资源的检索与信息资源的服务等过程。

1)信息资源管理过程

信息资源从生产到利用的过程涵盖了信息资源的采集、加工和存储以及检索、传递和利用等众多环节。信息资源管理过程是指对信息资源从生产到利用的整个生命周期的管理，如图 1-2 所示。信息资源生产是信息资源的源头或起始点，信息资源的利用则是信息资源的终端或目的地。当然，信息资源的终端并不是信息资源活动过程的结束。信息资源利用过程，是一个对信息资源再开发、获得二次、三次信息资源的创新过程，也是一个连续的、循环的、螺旋上升的过程。

由于在信息资源管理过程中除了对信息资源本身的生产、利用的管理外，还涉及许多因素，而这些因素往往会直接影响信息资源的管理行为和管理结果。根据军事物流信息资源管理内涵：管理覆盖着开发和利用等系列过程，以及对信息资源的理解，可以把信息资源管理过程分为狭义的信息资源管理过程和广义的信息资源管理过程。

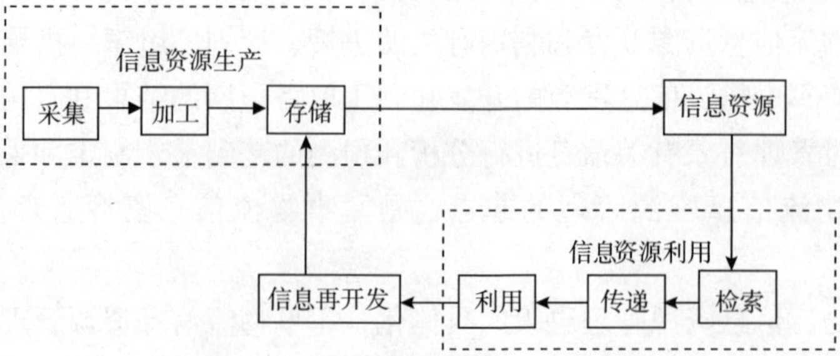

图 1-2 信息资源管理过程

狭义的信息资源管理过程，亦可视为狭义的信息资源开发。狭义的信息资源管理过程是始于信息用户(组织或个人)的业务过程(活动)而触发的信息需求，通过需求分析，实施对信息资源的采集与加工、存储与检索、传递和利用，从而完成狭义的信息资源的生产和利用的全过程。

广义的信息资源管理过程，也可以称为广义的信息资源开发。它不仅包括狭义信息资源管理过程在内，还包括信息资源用户、信息资源技术、信息资源设备、信息资源再开发以及知识资源开发等一切与信息资源有关的提升和增值信息资源的管理。

2)军事物流信息资源管理过程

军事物流信息资源是指军事物流信息资源的集合，根据信息资源管理过程描述，军事物流信息资源管理过程也可以分为狭义的信息资源管理过程和广义的信息资源管理过程。

狭义的军事物流信息资源管理过程如图 1-3 所示，它是面向军事物流管理的信息用户的、以满足信息用户需求为目的而产生的一系列相关、有序的活动集合，包括军用物资储备信息资源需求分析、采集、加工、存储以及军事物流信息资源的检索、传递、利用等。

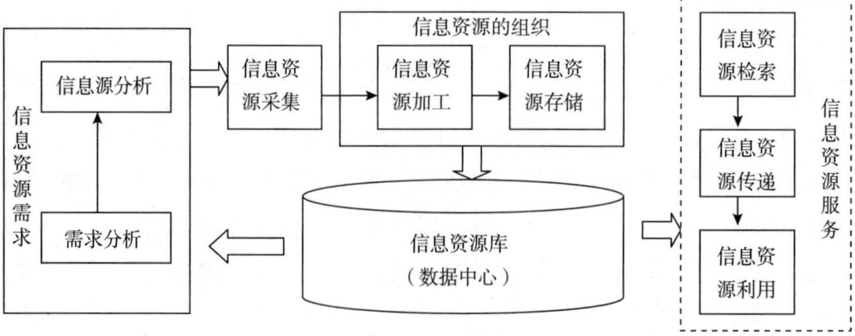

图 1-3 军事物流信息资源管理过程

广义的军事物流信息资源管理过程，包括军事物流信息资源本身管理，以及进行信息资源的采集、组织、检索、传递和利用所需的技术、设备、网络和人员等方面的管理。以下讨论狭义军事物流信息资源管理过程。

①信息资源采集。信息资源采集是军事物流信息资源综合利用的基础，也是开展军事物流管理过程活动的前提。所谓信息采集是指为更好地掌握和使用信息，而对其进行的吸收和集中的活动。军事物流信息资源采集，是军事物流信息资源得以充分开发和有效利用的基础，是根据信息用户的需求，寻找、选择、提取相关信息并加以聚合和集中的过程，即在“需求驱动”下，根据目的和要求将军事物流信息采掘和积聚起来。

②军事物流信息资源组织。军事物流信息资源组织定义为军事物流信息资源的加工与存储，所谓军事物流信息资源的加工，是对所采集的军事物流信息资源进行筛选和判别、分类和排序、计算和编目，使之成为二次信息的活动。所谓军事物流信息资源的存储，是指将经过加工处理后的信息资源(包括文件、图像、数据、报表、档案等)，按照一定的规定记录在相应的信息载体上，并按照一定的特征和内容性质将其组织成系统化的检索体系。

③军事物流信息资源服务。所谓军事物流信息服务，包括军事物流信息检索、信息传递和信息利用的过程。信息资源服务是信息资源利用的更为宽泛外延的涵义。

信息资源检索是对信息的查找和调取的过程，如果说信息存储是信息库的“输入”和“存放”，那么信息检索则是信息库的“输出”和“使用”。它和存储(或广义的组织)是事物的两个方面：存储是为了检索，检索则依赖于存储。军事物流信息检索，是指在军事物流活动中所产生的对相关数据、信息或者知识的需求而进行查询、检索的行为过程。

信息资源传递，按照狭义信息论的观点，信息资源传递由信源、信道和信宿三个要素组成。其中，信源(又称信息源)是指信息的发送源，客观世界中的人、机器以及其他物体都可以成为信源；信道是指传递信息的通道，在实际工作中一般是指信息传递的渠道和载体；信宿是指信息的接受者，客观世界中的人、机器等在一定条件下都可能成为信宿。信息传递要遵循快速、低耗、量大、质高的原则。如果说信息检索是信息传递的前提，那么信息传递则是信息利用的基础。没有信息的传递，信息的使用价值将会丧失。计算机网络的发展极大地实现了信息资源传递和信息资源共享。可以从某一位置向另一位置传递大量的各类信息资源，包括文字、图像、影像、音像等。随着计算机技术、网络技术、通信技术，特别是 Internet 的发展，计算机网络成为军事物流信息资源的有利传递工具。

军事物流信息资源传递就是指把军事物流信息资源，通过网络技术，从信息资源产生地传递到部队用户的过程。

资源利用是信息资源利用部门根据用户的需求，结合信息资源开发状况及运行状况，制订科学、合理的信息资源分配与使用方案，使现实的信息资源充分发挥作用和产生效益的过程，并在科学技术不断发展的情况下，制订信息资源发展的战略和策略。

军事物流信息资源利用是指经过采集、加工、存储的军事物流信息资源，通过检索、传递，提供给相关部门，以满足其信息需求的过程。事实上，军事物流信息资源的价值只有通过利用才能体现，才能实现军事物流信息资源的增值和效用。

1.4 军事物流信息资源规划

1.4.1 军事物流信息资源规划的含义

20 世纪 80 年代初，提出了“总体数据规划”(Strategic Data-Planning，“战略数据规划”)的理论与方法，但实践实用过程中，许多单位开发的管理信息系统或从软件市场中买来的应用软件，往往都不注意数据的标准化，因而形成了很多“信息孤岛”。经过理论与实践相结合的研究，提出了信息资源管理基础标准，通过建立信息资源管理基础标准，从根本上治理混乱的数据环境，解决“信息孤岛”问题，即“基于信息资源规划的整体解决方案”，形成了从总体数据规划到信息资源规划的发展。詹姆斯·马丁在《信息工程》和《总体数据规划》中介绍了实体分析和主题数据库的规划，威廉·德雷尔在《数据管理》一书中详细讨论了数据管理标准。如何组织实施总体数据规划和建立数据管理标准，可以以数据管理标准的建立为基础，通过总体数据规划中的实体分析和建立主题数据库的方法实现。在进行总体数据规划的过程中进行数据管理标准化工作，通过数据标准化工作使总体数据规划成果更能在集成化的信息系统建设中发挥指导作用，这就是信息资源规划。

从理论和技术方法角度来看，信息资源规划有如下要点：

①在总体数据规划过程中建立信息资源管理基础标准，落实数据环境的改造或重建工作。

②工程化的信息资源规划实施方案，在需求分析、数据建模和系统建模阶段的规划过程中执行有关标准规范。

③简化需求分析和系统建模方法，确保其科学性和成果的实用性。

④全面利用软件工具支持信息资源规划工作，将标准规范编写到软件工具之中，引导规划人员执行标准规范。

通过对信息资源规划的深入讨论，普遍认为信息资源规划的实施能够处理信息孤岛问题，并且通过信息的有效共享支持上层决策、提高机构工作效率。进行信息资源规划能够推动流程再造、实现信息共享、提升信息服务能力。信息资源规划能够帮助理清并规范表达用户需求、规划稳定的数据模型并建立统一的数据标准、整合信息资源以消除“信息孤岛”。

在《信息资源规划与国家基础数据库的政策建议》中指出，广义的“信息资源规划，无论是在一个具体的组织机构范围内还是在行业地区、国家等更大的范围内，信息资源规划都是指对信息资源描述、采集、处理、存储、管理、定位、访问、重组与再加工等全过程的全面规划工作”。高复先教授在《基于信息资源规划的区域信息化建设》一文中指出，“信息资源规划是指政府部门或企事业单位的信息的采集、处理、传输和使用的全面规划”。同时，他在《信息资源规划是农业信息化的基础工程》中又指出，“信息资源规划是指对信息的采集、处理、传输和利用的全面规划”。信息资源规划是指对信息的采集、处理、传输和使用的全面规划，是以信息工程方法论为技术基础，侧重于业务分析与优化、数据流分析、建立业务模式、功能模式和数据模型，并架构系统体系结构模型，形成信息化建设的信息资源管理基础标准（IRM），并通过后继的数据环境改造（DER）来解决信息资源整合等问题，以实现数据集成与信息共享的关键技术方法。

从信息资源规划的含义中可以看出，对信息资源规划含义的理解，主要包括狭义的信息资源规划和广义的信息资源规划两个方面。信息资源规划无论是对行业、区域、国家来说都是对其信息采集、资源描述、处理、配置、传输、共享的全面规划过程；信息资源规划不仅需要多学科方面的理论支持，而且需要综合的方法论提供必须的支撑；它是由人、信息、信息产品、资本以及技术与方法论构成的一个复杂系统。

总之，信息资源规划是对信息从产生、获取，到处理、存储、传输和使用的全面规划，是信息化建设的基础工程。其核心是运用先进的信息工程和数据管理理论及方法，通过总体数据规划，打好数据管理和资源管理的基础，促进实现集成化的应用开发。

关于军事物流信息资源规划，目前尚没有定义，借鉴信息资源规划的定义，可以认为：军事物流信息资源规划是指为满足军事物流信息化建设需要，对军事物流信息的采集、传输、存储及开发与应用进行的全面、长远的计划。即以信息工程方法论为指导，采用工程化方法，按照规定步骤，遵循一定的规范，利用有效的软件支持工具进行军事物流业务领域的信息需求和数据流分析，制定军事物流信息资源管理基础标准，划定职能域，建立职能域的信息系统框架 - 业务模型、功能模型和数据模型以及系统体系结构模型的过程。

1.4.2　军事物流信息资源规划的必要性

军事物流信息资源是军事物流信息化建设的基础，在军事物流信息化建设过程中，许多部门根据业务的需要开发了各种面向军事物流业务的管理信息系统，并积累了大量的军事物流信息资源，大大提升了军事物流信息化管理水平。但是也应该看到，由于缺少对信息资源进行合理科学的规划，使得军事物流信息资源的开发利用程度较低，军事物流信息资源建设存在着“信息孤岛”，无法实现信息资源共享，导致各部门、各系统之间信息不畅，无法保证信息的一致性和完整性，严重影响了军事物流信息化建设的质量。因此，重视和加强信息资源规划，对于提高军事信息资源的利用率、加快军事物流信息化建设、提高后勤物资保障能力，具有至关重要的作用。

通过开展军事物流信息资源规划，全面系统地理解和掌握军事物流管理业务，建立规划的信息系统模型和数据模型，制定相关的标准规范，必将提升军事物流信息化建设顶层设计工作，对军事物流信息系统整合和信息资源开发利用工作必将产生较大的影响。军事物流信息资源规划的建设意义体现在以下几个方面。

（1）有利于搞好军事物流信息化建设的顶层设计

军事物流信息资源规划是军事物流信息资源开发利用的顶层设计，是整合信息资源、实现信息共享的总体设计，通过全面进行正规的管理信息化需求分析，规范化表达运作层、管理层和决策层的信息需求，为有计划、有步骤地进行信息资源开发利用做好准备。

(2)有利于优化管理模式，提高管理工作效率和质量

通过业务梳理和系统功能建模，在优化提升先进管理模式的基础上建立新的业务流程，以信息化支持管理创新，进一步提高工作效率和质量。

(3)为解决“信息孤岛”问题打下基础

通过系统数据建模，理清现有数据库资源的不一致、冗余和复杂接口等问题，建立适应新的信息需求的规范化数据结构，为解决“信息孤岛”问题，实现军事物流信息系统的集成，建立良好数据环境，为实现各系统之间的“互联、互通和互操作”打下坚实的基础。

(4)为建立信息资源开发利用奠定基础

通过军事物流信息资源规划，建立军事物流信息资源目录体系，对军事物流信息资源进行分类和索引，为实现军事物流信息资源的统一规范管理奠定基础，有利用于军事物流信息资源开发利用。

1.4.3 军事信息资源建设现状分析

(1)美军信息资源建设情况分析

美军的数据资源管理建设一直是走在世界最前列，美军各军种在20世纪七八十年代研制的C^3I系统由于不能完全有机互通而被称为“烟囱式”系统，海湾战争证明这些“烟囱式”系统存在许多严重问题。为了建立数据共享基础设施，美国防部在20世纪90年代启动了数据资源管理建设，创建了国防数据词典系统(DDDS)、数据共享环境(SHADE)和联合公共数据库(JCDB)，为美军在C^4I系统之间实现数据重用和数据共享奠定了基础，确保了美军在伊拉克战争中的信息优势。

为了支持陆军战斗指挥系统(ABCS)的指挥控制需求，实现C^4ISR系统之间的数据共享和互通，美国防部专门成立了数据标准化组织，制定了一系列数据标准化规则，规范了国防部数据体系结构(DDA)、国防数据模型(DDM)、指挥控制核心数据模型(C^2CDM)等顶层数据标准，建立了比较完善的数据标准体系。其中，国防数据模型是国防部数据体系结构的主要内容，可以为系统开发者提供标准的数据模型，是所有信息系统建模的基础。指挥控制核心数据模型是适用于战术指挥系统的国防数据模型子集，而联合公共数据库及其访问接口就是数据共享环境基于指挥控制核心数据模型标准开发出来的，主要用于存储和访问联合指挥控制共享数据。

美军数据资源管理建设经历了三个阶段。第一阶段是“统一”的信息管理阶段(1964～1991年)，以《数据元素和数据代码标准化大纲》为标志，明确了“统一”的管理流程，建立了两层的管理机构；第二阶段是“集中”的信息管理阶段(1991～2003年)，以《国防部数据管理》为标志，建立了完善的数据标准化流程，健全了管理机构并明确了相应的职责，建立了与管理模式相适应的数据管理工具；第三阶段是“以网络为中心”的信息管理阶段(2003开始)，以《国防部以网络为中心的数据策略》为标志，由专业团体(COI)实施“非集中”管理，以实现“网络为中心”的数据管理目标。从美军数据管理与应用的发展过程来

看，数据管理与信息应用系统数据集成之间的关系是相辅相成的，信息应用系统促进了数据的标准化，加速了数据管理策略的改变；而数据管理的加强又推进了信息系统的发展，提高了作战指挥系统的效能。

外军数据资源管理建设，提供了以下启示：首先，数据资源管理是信息化基础工程的核心工程，是一项独立的、长期建设的重要工程。其次，建立的数据标准具有法定的权威作用，是各种系统应用系统开发必须遵循的准则和基础。第三，确立数据资源管理建立的数据环境，是各种系统运行的支撑环境、共享环境，是系统互连、互通、互操作，实现系统综合集成的基础。

(2)我国信息化建设状况

我国信息化建设起步可追溯到 20 世纪 80 年代初期，从国家大力推动电子信息技术应用开始，经历了准备阶段(1993 年以前)、启动阶段(1993 ~ 1997 年)、展开阶段(1997 ~ 2000 年)、发展阶段(2000 年至今)。在国务院颁发的《2006 ~ 2020 年国家信息化发展战略》中指出："到 2020 年，我国信息化发展的战略目标是：综合信息基础设施基本普及，信息技术自主创新能力显著增强，信息产业结构全面优化，国家信息安全保障水平大幅提高，国民经济和社会信息化取得明显成效，新型工业化发展模式初步确立，国家信息化发展的制度环境和政策体系基本完善，国民信息技术应用能力显著提高，为迈向信息社会奠定坚实基础"。

信息资源的开发利用成为国家信息化的基础任务，是国家信息化建设取得实效的关键。信息资源开发利用的程度是衡量国家信息化水平的一个重要标志。国务院印发的《关于加强信息资源开发利用工作的若干意见》中指出，信息资源作为生产力要素，在经济社会资源结构中具有不可替代的地位，已成为经济全球化背景下国际竞争的一个重点。

(3)军事物流信息资源建设情况分析

在军事物流信息化建设方面，通过多年的发展，取得了重要进展，其业务工作从当初手工信息处理，发展到计算机单机处理，进而发展到网络化处理的阶段，军事物流信息化建设成就主要体现在以下方面：

①具备一定的信息基础设施。初步形成了以后勤有线通信网、无线通信网、卫星通信网、电视电话会议网、指挥自动化网、军事综合信息网为主体的信息传输网络；条码、射频、卫星定位等先进的信息技术陆续应用于军事物流领域，实现了部分军用物资在库、在途、在处理信息的自动化采集；战勤作业车、野战后勤指挥作业方舱、野战后勤指挥作业箱组、自动化立体仓库、野战仓库开设箱组等一大批信息化装备的研制和编配使用，大大提升了军事物流作业效率。

②业务管理信息系统基本覆盖军事物流业务管理。建成多个与军事物流相关的业务信息系统，涉及后勤不少专业勤务领域，分布在军队物资保障相关的单位和部门，基本覆盖了物资保障的计划、采购、仓储、运输、配送等主要业务管理工作。相继研制开发了以物资储备管理信息系统、后方仓库管理信息、军交运输动态监控系统公路运输分系统、物资采购管理系统等为主干的业务管理软件系统，涵盖了军事物流主要业务工作，大大提高了

工作效率和质量。

③信息环境有一定基础。开展了军事物流标准体系、军事物流信息分类与代码、军用物资编目等一系列技术标准和规范工作，在军事物流信息化建设中发挥了重要作用，为统一规范军事物流信息化建设创造了条件。这些基础条件为军事物流数据资源规划和数据集成融合奠定了较好的基础，为军事物流实施数据资源管理和数据集成融合建设提供一定的先决条件。

虽然军事物流信息化建设取得了很大成绩，但从信息资源开发利用的角度来看，存在着一些问题，主要反映了管理信息系统之间的互联互通能力弱，具体表现为：

①对信息资源开发利用的整体认识还不够高。对信息资源开发利用还没有把信息资源看成是军事物流建设与发展的基础性、战略性资源。在军事物流信息化建设中，“重硬件、轻软件，重系统、轻数据”的现象十分普遍。

②各自为政，信息共享性较差，可利用的信息资源较少。造成这种现象的原因：一是信息共享意识较落后，不愿将所掌握的信息共享。二是各自开发的应用系统，形成了一个个“信息孤岛”。三是公用信息与保密信息的界限不明，并缺乏相应的政策法规制约，也是影响部门之间信息共享的主要原因之一。过多地强调信息的保密，忽视了信息的共享。四是标准规范不健全也是制约信息公开和共享的另一个主要因素。由于没有统一的标准依据，在信息资源建设过程中各自设计、开发数据库和业务系统，造成大量低水平重复建设，资源浪费严重；同时由于数据格式、接口不统一，给部门之间信息共享造成了很大障碍。

③缺乏统一的规划和建设指南，信息资源开发利用无序现象较为突出。军事物流系统对信息资源开发利用缺乏全面规划，缺乏行之有效的组织方式和管理办法。不同的信息组织产生不同的数据形式，加大了信息收集、整理转储的复杂程度。最为突出是信息采集问题，由于缺乏统一采集机制，目前各部门各自为政，按各自固有的渠道进行信息采集，造成大量低水平重复采集，资源严重浪费，由于多头采集，造成相关数据一致性差、出错率高。

④数据资源管理和数据集成融合建设难度大。造成的主要原因：由于军事物流业务工作的复杂性，工作呈现纵向性管理，业务相对独立，数据资源缺乏统一规划，各业务部门技术体制各异，数据格式不一，标准化程度低；信息处理上面向单向业务的多，面向综合业务的少；存储在单个系统中的数据多，成为共享的信息少；由于数据中心没有建立，数据存储处理、容灾备份、安全防护能力弱；军事物流数据资源统管机制尚未形成，数据资源掌握在各级系统开发、应用部门手中，基本是谁开发、谁利用，横向信息共享难，存在大量的信息重复采集和多头采集现象；统一开发利用军事物流数据资源的法规制度缺乏，数据资源管理职责、机制不明确；战时与平时数据资源开发利用不平衡，重平时，轻战时；数据资源开发利用深度不够，利用效率低，辅助决策能力弱。

加强军事物流信息化建设，信息资源规划是信息资源开发利用的顶层设计，是加强信息资源开发利用的先期准备工作。通过进行军事物流信息资源规划工作，进一步理清军事物流应用系统的需求，优化部门间业务流程，建立军事物流信息资源管理标准。《关于加强军队数据资源开发利用工作的意见》，突出强调了“信息化建设要围绕数据资源开发利用展开，信息系统综合集成要以数据集成为重点”的建设思路。信息资源开发利用的主要工作就是建立和完善信息资源开发利用体系，加强信息资源管理，实现信息资源的深度开发、及时处理、安全保存、快速流动和有效利用，促进军事物流信息资源的共享和应用系统的整合，消除信息孤岛，为业务流程的再造和优化提供决策依据，为军事物流信息资源开发利用提供科学依据。

1.4.4　军事物流信息资源规划的特征

(1)综合集成性

军事物流信息资源是管理军事物流活动的基础，是制定军事物流计划，进行决策的重要参考和依据。军事物流信息资源作用的发挥离不开军事物流信息基础设施、信息化设备、信息化技术的支持，信息资源的利用也依赖于军事物流人员的信息化素养。因此军事物流信息资源规划相对于其他单项信息化规划来说，有很强的综合集成特性，在军事物流信息资源规划工作中，要根据不同类型军事物流系统用户的需求，集成应用信息化设施设备，综合应用信息化技术和手段对军事物流信息资源进行采集、传输、存储和开发，为军事物流用户提供信息支持服务，辅助军事物流决策。

(2)系统整体性

系统理论的核心思想是要从整体上研究问题，并且优先解决最薄弱(瓶颈)的环节。军事物流信息资源系统包括军事物流数据、数据库、物流资料文档、物流知识、信息标准、物流模型等诸多要素，分布在计划、采购、运输、仓储、包装、配送、消耗等环节分系统之中。军事物流信息资源开发利用率低，其中一个重要的原因就是因为军事物流各业务环节分系统单独进行信息资源规划，开发利用水平参差不齐，出现了短板效应。因此军事物流信息资源规划具有明显的系统整体特性，只有将军事物流各业务环节分系统看作一个整体，运用系统方法对军事物流全流程的信息资源进行统一采集、存储、传输和应用，实现整体大于部分之和的系统目标。

(3)复杂多元性

军事物流信息资源分布广泛，既包括各级战备物资储备管理业务部门、后勤装备管理业务部门、军队油料供应管理业务部门、军队被装供应管理业务部门、军队药材供应管理业务部门、野营保障管理业务部门、物资采购管理业务部门、军事交通运输管理业务部门，又包括后方仓库、采购站、运输部队、物流基地、配送中心等保障实体单位，纵贯总部、大单位等多个层级，横跨计划、采购、仓储、运输、配送等多种业务，范围广泛。军事物流信息资源类型多样，既包括数据、数据库、电子文档、仿真模型、专家知识库、影音资料等计算机处理类型的资源，又包括各类报表、登统计文档、物流知识等纸质类型的资源；既有军事物流资源、设施、设备等基础信息，也有各种军事保障设施状态等动态信息。军事物流信息资源分布的广泛复杂，决定了军事物流信息资源规划参与对象的多元化。进行军事物流信息资源规划，不仅仅后勤各业务部门要广泛参与，也要与军兵种等相关业务部门沟通协调，还需要与地方政府、物流行业交流协作。因此军事物流信息资源规划具有复杂多元的特性，这就要求军事物流信息资源规划要在战略高层领导机构的统一组织领导下，整体筹划、分布实施。

(4)工程技术性

军事物流信息资源规划是一项综合性的系统工程，涉及信息需求分析、信息技术的综合应用、数据库建设、管理信息系统建设、信息标准的制定等方面，各项工作对于信息技术的要求都很高。在信息技术日新月异的发展情况下，物流信息技术也得到了迅速发展。因此军事物流信息资源规划是一项工程技术性很强的工作，必须了解当前物流信息技术、信息化装备、信息化标准、信息化理论等最新发展动态，掌握其发展规律，综合运用战略规划、信息工程、数据管理、系统建模等理论和方法，才能对信息资源进行科学合理的规划。

1.4.5 军事物流信息资源规划的建设思路

军事物流信息资源规划总的思路是：结合军事物流业务实际、以先进理论方法为指导、以严格标准规范为准绳、以软件工具为支撑，采用自底向上、分布实施的策略，如图1-4所示。

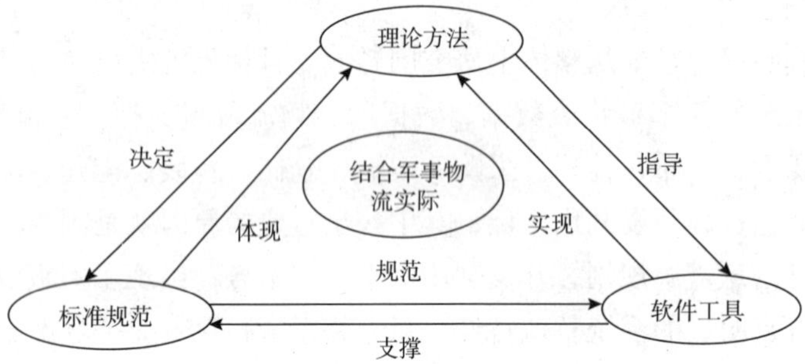

图1-4 军事物流信息资源规划思路

结合军事物流业务实际，指充分考虑军事物流现状和军事物流信息化建设的现状以及军事物流未来发展趋势，充分考虑信息资源规划工作与已有业务应用系统、军队一体化信息系统建设及后勤未来发展的关系，提出一套军事物流信息资源规划的方案。

以先进理论方法为指导，指研究国内、国外成功的经验，少走弯路，最大限度地提高效率。

以严格标准规范为准绳，指努力做到在规划的整个过程、每个具体过程中对应规划内容和规划程度以及所应出成果的形式进行严格控制，以达到统一资源的目的。

以软件工具为支撑，指由于军事物流信息资源繁杂，完全依靠手工操作，是不可能的。通过采用信息资源规划软件，辅助需求分析和系统建模、规范工作流程、生成信息资源规划文档。为将规划成果推向以后的实际系统的应用，建立畅通桥梁。

采用自底向上、分布实施的策略，指从军事物流具体业务开始梳理，通过分布实施，可以稳步地向前发展，边做边积累经验，也可以不断提高人员素质和水平，最后形成整个军事物流基础信息资源。

1.4.6　军事物流信息资源规划的实施原则

军事物流信息资源规划的实施，应遵循一定原则，主要有以下原则：

(1)自顶向下整体规划与自底向上局部设计紧密结合的原则

军事物流信息资源规划应遵循“统一领导，整体规划”，按照军事物流信息化建设的总体规划，搞好统筹规划、统一组合，分工实施。在实施过程中，要体现自顶向下的实施原则，先进行总部级规划，再进行下级单位的规划。在具体规划过程中，采用自底向上的设计原则，从具体的业务和数据需求分析和规范化开始，逐步分析、总结和综合。

(2)成熟理论和军事物流实际相结合的原则

采用目前比较成熟的信息资源规划理论和方法，并要结合军事物流信息化建设的实际，并充分考虑到新形势下新的需求，对成熟的理论和方法进行发展和扩充，以保证其先进性和适用性。信息资源规划的成果最终要与实际结合，即应用到后续管理信息系统的开发和信息共享交换应用中，才能体现出信息资源规划工作的价值和意义。只有把规划成果拿到实际应用系统中去“检验”，不断完善规划成果，才能真正做到理论与实践的结合。

(3)目标优化与实际结合的原则

在进行目标系统建模时，力求目标模型的科学性、先进性，要充分考虑到具体的实际需求，还需适应现行管理机制的需求，以保证目标系统的可行性。

(4)充分利用现有成果的原则

军事物流信息化建设已经取得了一些成绩，已经有多个军事物流软件在军队使用，这些应用系统在业务管理过程中发挥了极其重要的作用，并积累了大量有用的信息资源和信息标准。在信息资源规划工作时，必须充分利用已有的信息资源开发利用成果，一方面继承了现有的研究成果，另一方面可以减轻工作强度加快工作进度。

(5)循序渐进原则

由于军队物资保障的组织机构庞大，各级保障单位多等特点，在进行规划的过程中，不要将规划的面铺得太大，那样容易出现组织协同不便、汇总评审困难等问题。应以循序渐进发展为原则，逐步实施规划，做到阶段可控。具体实施中，可以以单位或部门为规划单位，在规划过程中，分阶段汇总和评审。

(6)工具辅助原则

全面利用软件工具支持信息资源规划工作，将标准规范固化到软件工具中，软件工具就会引导规划人员执行标准规范，形成以规划元库为核心的计算机化文档，确保与后续应用系统开发的无缝衔接。

第2章　军事物流信息资源规划基本理论与方法

2.1　军事物流信息资源规划基本理论

2.1.1　信息工程论

詹姆斯·马丁(James Martin)于20世纪80年代初在总结许多企业计算机信息系统开发的成功与失败经验的基础上，提出了一整套建立“计算机化企业”的理论与方法，即信息工程方法论(Information Engineering Methodology，IEM)。指出以主题数据库规划、设计和实现为主体的数据环境建设，这是信息工程的核心。

信息工程方法论包括三个基本要点：

①信息系统以数据为中心，不是以处理为中心。一个信息系统的开发，首先要考虑的是为管理人员提供什么信息服务，怎样组织这些信息，这就涉及科学的数据结构和数据标准化问题。数据位于现代数据处理系统的中心地位，如图2-1所示。

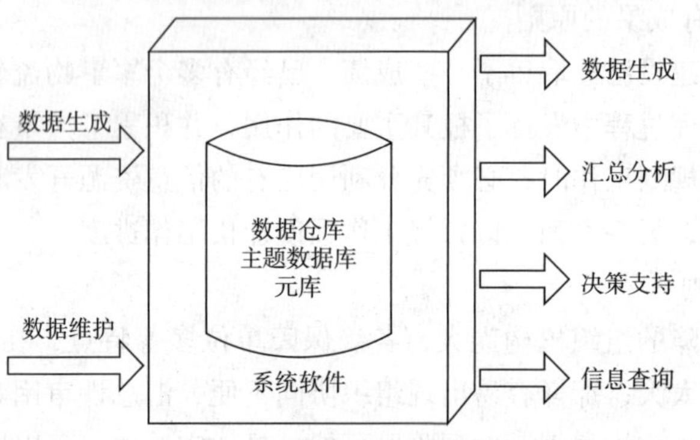

图2-1　数据在数据处理系统的中心

②数据是稳定的，处理是多变的。只要单位自身的业务主体不变，数据实体的类型基本上是不变的，除了偶尔少量地加入几个新的实体，变化的只是这些实体的属性值。通过一定的分析方法，可以找出这些数据类的稳定结构，构建逻辑的数据模型。根据这些模型建立起来的数据库可以很好地实现信息的共享。

③最终用户应真正参加信息资源的开发工作。管理信息系统是为用户服务的，用户对

单位的业务过程最了解，仅仅依靠技术人员满足不了用户需求，对于发挥信息资源作用的规划工作，用户要亲自参加到这项工作中去。

2.1.2　总体数据规划论

总体数据规划理论把数据的地位提到很高的层次。数据环境的建设质量和所处层次是决定性的，它从根本上决定了一个信息系统好坏。数据环境分为四类。

第一类数据环境是数据文件(Data Files)。这是一种数据组织技术简单、相对容易实现的数据环境，它没有数据库管理系统的支持。第二类数据环境是应用数据库(Application Databases)。它有数据库管理系统的支持，但基本按照报表原样建库，造成数据冗余和接口现象严重，该类数据库没有发挥使用数掘库的优越性。第三类数据环境是主题数据库(SubJect Databases)。这是一种真正意义上的数据库，经过科学严谨的规划和设计，其结构和对它的使用处理是独立的。它面向业务主题，而不是面向处理来设计，这是一种易于共享的数据环境。第四类数据环境是数据仓库(Data Warehouse)。它是面向主题的、单一的、完整的和一致的数据存储。数据从多种数据源获取，经过加工成为最终用户在一定程度上可理解的形式。可以说数据仓库是主题数据库的集成，是深加工的信息。以数据文件或应用数据库为主体的数据环境是早期数据处理的数据环境。随着数据处理技术的发展，数据处理环境应该具有第三类或第四类的数据环境，这样的数据环境，是高效率、高质量的利用数据环境。

2.1.3　信息资源管理理论

20世纪80年代初提出了信息资源管理(Information Resources Management，IRM)的概念，指出需要将信息资源作为与企业其他资源同等重要的管理资源看待，并通过信息资源的开发与利用，提升企业的综合竞争力。1986年霍顿与马钱德合作出版的《信息趋势：从信息资源中获利》一书中进一步发展了自己的信息资源管理理论，强调必须将IRM与战略规划联系起来，把信息资源作为战略资产进行管理，在组织的每个层面上识别信息资源和获利机会，并借以构建新的竞争优势。

1985年，威廉·德雷尔(William Durell)提出和总结了数据管理方面的原则和经验，指出没有卓有成效的数据管理，就没有成功高效的数据处理，更建立不起来整个组织的计算机信息系统；数据元素是最小的信息单元，数据管理工作必须从数据元素标准化做起：提出了关于数据管理标准的十项重要原则，并认为其中最重要的是一致性标准，即数据命名、数据属性、数据设计和使用的一致性。

2.1.4　信息资源规划理论

高复先教授把信息资源管理理论和信息工程方法论结合起来，提出了信息资源规划理论。信息资源规划是从全系统管理的目标和要求出发，从信息的采集、加工、存储、传递到使用全过程所涉及的业务工作模型、信息资源的信息结构、信息基础标准和信息系统体系结构模型进行的全面规划。

信息资源规划理论总体可以概括为：两条主线、两个阶段、三种模型、五项标准。两条主线：以业务和数据为主线，分别进行业务梳理、优化，数据分析、建模工作。两个阶段：在两条主线的基础上，分别进行需求分析和系统建模。需求分析是系统建模的准备，系统建模是用户需求的定型和规范化表达，是信息资源规划的核心和关键性工作。三个模型：在系统建模阶段完成功能模型、数据模型和关联模型的建模。系统功能模型由“子系统—功能模块—程序模块”三层结构组成，成为新系统功能结构的规范化的表述；信息系统数据模型由各子系统数据模型和全域数据模型组成，数据模型的实体是“基本表”，这是由数据元素组成的达到“三范式"的数据结构，是数据集成和信息共享的基础；将功能模型和数据模型联系起来，就是系统的关联模型(C/U 矩阵)；五项信息资源管理基础标准：数据元素标准、信息分类编码标准、用户视图标准、概念数据库标准、逻辑数据库标准。

2.2　军事物流信息资源规划技术方法

2.2.1　军事物流信息资源规划过程

军事物流信息资源规划的基本过程如图 2-2 所示，包括以下主要步骤：

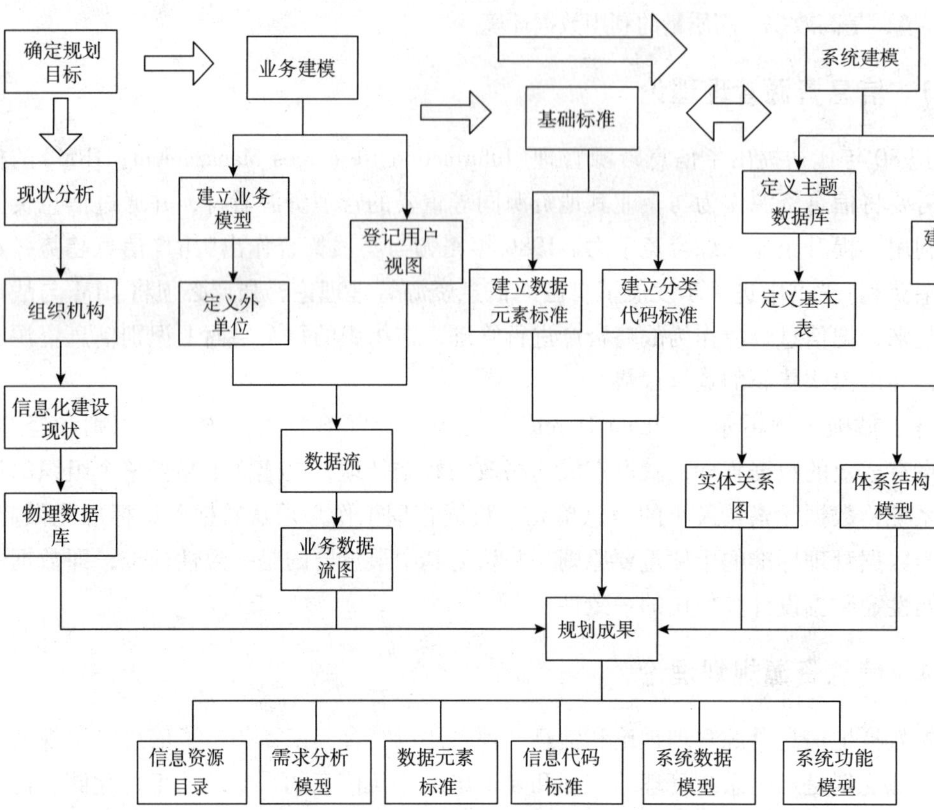

图 2-2　军事物流信息资源规划基本过程

(1)确定规划目标

规划目标的主要任务就是明确军事物流信息资源规划的目的，分析军事物流信息化建设现状，分析军事物流运行组织机构，梳理现有的军事物流各业务管理信息系统的物理数据库。

(2)业务建模

业务建模的主要任务就是对军事物流业务管理和信息需求进行梳理，对用户视图及数据流分析，通过业务梳理和分析，建立起由职能域、业务过程、业务活动构成的业务功能模型和业务数据模型；通过对报表、单证等用户视图的登记和拆分，获得所涉及的数据项及其分布情况；通过对数据流的分析，获得业务与数据的关联关系，形成数据流图。

(3)制定基础标准

制定标准就是对数据元素、信息分类编码和数据模型规范化，制定数据资源管理基础标准。利用数据元素规范化理论和方法，对基本表中的每一个数据元素进行分析，识别信息分类编码对象并进行适当分类，按照国际、国家、军队、军事物流系统的顺序，进行信息分类编码标准调研，并通过收集已有的编码标准，经过整理、规范，形成军事物流信息分类编码标准。

(4)系统建模

系统建模是在业务建模的基础上，定义主题数据库、基本数据表，建立目标系统的功能模型、数据模型和数据存取模型。它是业务建模的继续和定型。在业务建模阶段得到的可计算机化的业务过程和业务活动，用功能模型和程序模块表达出来，建立起功能模型，解决系统做什么的问题；通过对业务建模得到的数据流图、用户视图、数据项及其分布情况的进一步分类和规范化，按业务主题和业务需要建立起由主题数据库、基本表、数据元素集构成的数据模型，解决系统信息如何组织的问题；通过对功能模型和数据模型关联关系的分析，建立起数据存取模型，为共享数据库的创建与使用、数据分布分析和制定开发计划提供决策依据。

(5)规划成果

规划成果包括：信息资源目录、需求分析模型、数据元素标准、信息代码标准、系统数据模型、系统功能模型，对规划成果要进行科学管理和维护。

2.2.2　需求分析方法

信息需求是指在从事军事物流活动的过程中，为了解决不同问题所产生的信息需求。信息资源规划中的信息需求分析，就是对业务管理的基本模式、功能结构以及管理工作中所需信息进行梳理和分析。信息需求分析是信息资源规划中最重要、工作量最大且较为复杂的分析工作，要求对信息进行深入的调查研究。以信息工程方法开展信息需求分析，强调对军事物流全过程的主要业务进行分析，是一种全局性的分析，要有全局的观点，要建立全局的数据标准。

(1)现有系统分析

现有系统分析是指对军事物流系统中在用、在研、待研的应用系统进行全面分析，收集整理应用系统的推广应用情况和相关各种技术资料，掌握应用系统的基本情况和数据情况，全面分析和了解现有数据资源的综合情况。

通过收集应用系统软件和技术资料，对在用的各业务应用系统进行详细的分析和研究，重点分析现有应用系统的主要功能、数据组成和数据输出格式，从中获取大量有用的现有信息资源的情况，形成分析报告。现有系统分析内容主要包括：

①各业务应用系统的基本信息，包括任务来源、任务规模、开发情况、推广应用情况、技术文档等。

②各业务应用系统创建的业务数据库的数据模型，包括各数据表基本信息和数据表的组成。

③各业务应用系统的功能模型，描述各应用系统的基本功能和功能结构。

④各业务应用系统的信息分类代码，包括信息分类代码的基本信息和信息分类代码表和代码数据。

(2)确定系统目标

确定系统目标是指在信息规划的早期，根据军事物流业务管理范畴和目标，提出军事物流信息化建设的系统目标。系统目标和核心任务的确定，是整个军事物流信息资源规划工作的指导方向。

(3)建立业务功能模型

建立业务功能模型是指按“信息工程”的思想方法来重新认识部门，以便能系统地、本质地、概括地把握军事物流部门的功能结构，采用“职能域－业务过程－业务活动”的层次结构来描述业务功能摸型。

业务功能模型的建立可分为三个步骤：

第一步，部门的职能域模型建立。

第二步，扩展上述模型，识别定义每个职能域的业务过程。

第三步，对每个业务过程进行细化，列出下一层的业务过程，直到分解为不可再分的业务活动。业务过程分解不应分的太多、太细，应形成“职能域－业务过程－业务活动”结构模式。

(4)用户视图分析

信息工程的信息需求分析体现了面向数据的思想方法，从用户视图的调查研究入手，要求规划人员和业务人员密切合作，认真分析各管理层次业务工作的信息需求，开展信息资源管理工作，建立起各种信息基础标准，为军事物流信息化建设打下坚实的基础。

用户视图是一些数据的集合，如原始单证、报表、屏幕格式等，它反映了最终用户对数据实体的看法。用户视图分析包括：用户视图收集与登记、用户视图标识与命名、用户视图生存期、用户视图记录数、用户视图的规范化等内容。

1)用户视图收集与登记

用户视图作为最终用户的数据实体，是一个非常庞杂的对象集合。在手工管理方式下，各种各样的单证、报表、账册不仅是数据的载体，而且还是数据传输的介质，甚至还是数据处理的工具。传统方式的信息处理经常“设计”出一些结构不科学的表格，不能对有用信息的及时、准确、完整的提供，也就不能实现实时信息的处理。进行信息需求分析，就是要清理现有的报表，收集与登记各种报表，并进行标识。将不同形式的用户视图(图形、表格等形式)全部录入到计算机系统中，通过对用户视图的分析，确定业务主题，将用户视图进行数字化、规范化，最后整理成规范的逻辑数据模型。

通过用户视图形成的逻辑数据模型将作为军事物流稳定信息资源，产生军事物流现有系统和未来系统的各种用户视图，以满足部门不断变化的不同应用系统的要求。但军事物流的基础数据源是稳定的、有序的、统一的、并且可以共享的。这就是从底层整理出部门的总体数据资源，即自底向上的信息资源规划方法。

2)用户视图标识与命名

用户视图标识是指对用户视图进行唯一标识，用户视图的标识规则如下：

职能域标识+序号(3位数字码)

用户视图的命名是说明其意义和用途的短语，这是一种抽象，因此有可能与原来的表名不完全一样。

如：用户视图命名：物资请领单，这里的“物资请领单”是原先的名称，在作整理登记时可改为“物资请领表”。

3)用户视图生存期

用户视图生存期是指用户视图在管理工作中从形成到失去作用的时间周期。可以同样采取编码方式进行分类：

1=动态；2=日；3=周；4=旬；5=月；6=季；7=年；8=其他。

4)用户视图记录数

用户视图记录数是指把它看成一张表时的行数。

(5)数据流分析

数据流分析即把数据在组织(或原系统)内部的流动情况抽象地独立出来，舍去了具体组织机构、信息载体、处理工作、物资、材料等，仅从数据流动过程来考查实际业务的数据处理模式。数据流分析主要包括对信息的流动、传递、处理、存储等的分析。数据流分析的目的就是要发现和解决数据流中的问题。如：数据流程不畅，前后数据不匹配，数据处理过程不合理等等，这些问题都应该尽量地暴露并加以解决。一个通畅的数据流程是新系统用以实现这个业务处理过程的基础。

数据流分析往往通过分层的数据流图(data flow diagram，简称DFD)来实现的。数据流程图是结构化分析的重要方法，在信息资源规划中应用的DFD经过了一定的简化，即一种标准化的多级数据流图。其主要作用是：

①便于用户表达功能需求和数据需求及其联系；

②便于规划人员和业务人员共同理解现行系统和规划系统的框架；

③清晰表达数据流的情况。

数据流程图是建立业务模型、调查记录某一职能域的内外信息流情况的手段。结合用户视图的定义，复查数据流程图，记录每个职能域、业务过程输出、存储和输入数据流，保证数据流的一致性，是重要的数据分析工作。

数据流图的基本符号如图 2-3 所示。

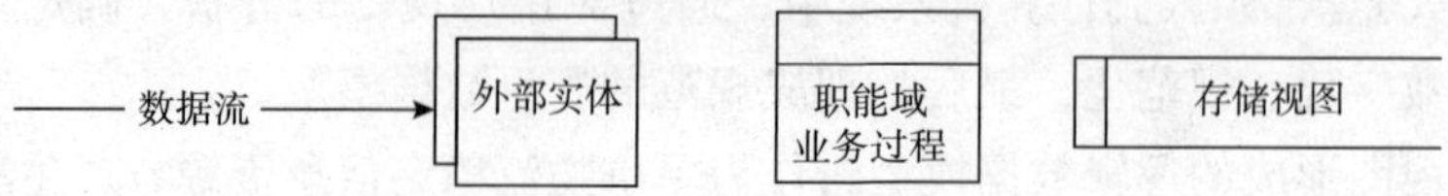

图 2-3　数据流图基本符号

在进行数据流分析时，需要按照业务功能的层次关系逐层进行绘制，其过程如下：

首先，绘制职能域的数据流图，也叫做一级数据流图，即将职能域作为中心节点进行绘制，完整地绘制出该职能域输入输出数据流和外部实体。

然后，用同样的方法来绘制该职能域所包含的业务过程的数据流图，这种由职能域直接分解的业务过程作为中心节点绘制的数据流图称为二级数据流图，由于业务过程还可以分解业务过程且层数不限，因此再下一级的数据流图可称为“三级数据流图”，以此类推形成多级数据流图，在一般情况下绘制二级数据流图就能满足要求。但要注意下一级的数据流图应于上一级的数据流图保持一致，下一级的数据流图的汇总结果应该就是上一级数据流图。

数据流图是从综合、整体地观察每一个职能域、业务过程，通过数据流将一些职能域、业务过程联系起来，能形成对军事物流业务的整体认识。

2.2.3　系统建模方法

军事物流信息资源规划的主要成果就是建立起军事物流集成化的信息系统模型——功能模型、数据模型和两者间关联矩阵模型。需求分析是系统建模的准备，系统建模是需求分析的继续和“定型”。采用信息工程方法论进行信息资源规划，在需求分析的基础上进行系统模型的建立(简称“建模”)，这是信息资源规划的核心和关键性工作。

(1)系统建模的目的和主要工作

系统建模的目的，就是对所规划的信息系统有统一、概括、完整的认识，从而能科学地制定总体方案，包括通信网络方案、计算机体系结构方案、应用系统开发方案、信息管理制度与人员机构建设方案等，从而保证成功地进行集成化的军事物流信息化建设。

准确定义信息系统的目标，一般要涉及这样几个方面：

①军事物流部门管理职能和目标是什么；

②信息系统如何支持管理职能和目标；

③信息系统的用户类型划分及如何为他们服务；

④信息系统的特征等。

(2)系统功能建模

系统功能建模就是要解决“系统做什么”的问题。经过功能需求分析所得出的业务功能模型，在很大程度上是当前业务流程的反映，要想在现代信息技术支持下实现新的业务流程，还需要做进一步的分析工作。

1) 功能建模的概念和表示法

系统的功能模型(Function Model)是对规划系统功能结构的概括性表示，采用“子系统—第 1 层功能模块—第 2 层功能模块……第 n 层功能模块”的层次结构来描述，如图 2-4 所示。经过功能需求分析，在业务功能模型的基础上建立功能模型，即对要开发的信息系统的功能结构做出简明准确的定义。

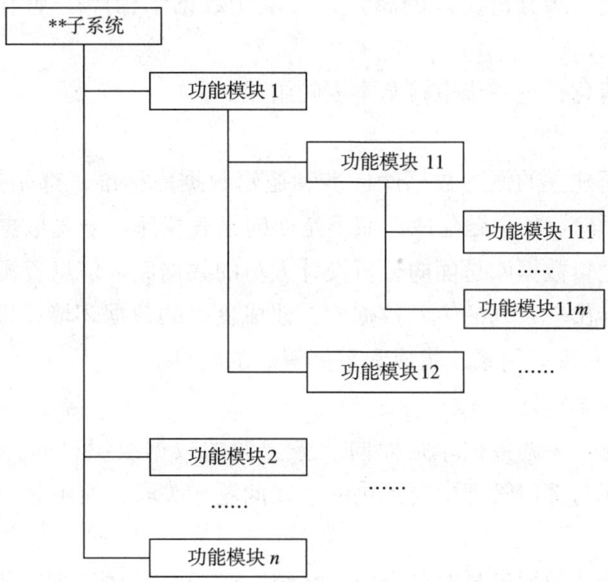

图 2-4　系统功能模型结构示意图

2) 功能建模的基本工作

系统功能建模的主要分析工作是对业务过程和业务活动进行计算机化的可行性分析。业务功能模型是对现行业务功能的概括性认识，系统功能模型则是对计算机系统功能的概括性认识，两者大体存在如下的对应关系：

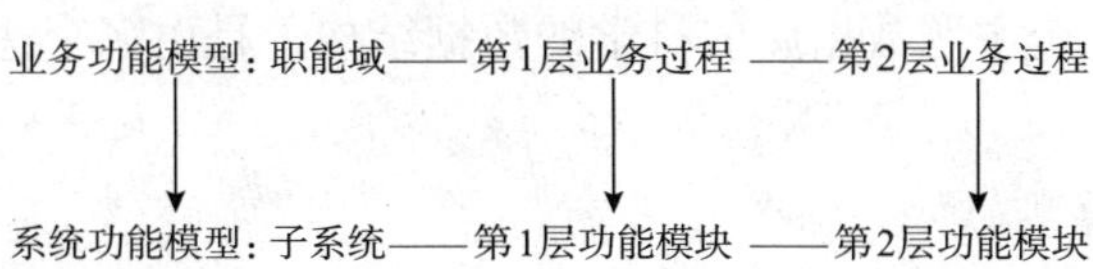

(3) 系统数据建模

系统数据建模，就是建立高效的共享的数据模型。数据模型是对用户信息需求的科学反映，是规划系统的信息组织框架结构。系统数据建模是信息资源规划的核心部分，是数据环境重建的根本保障。

1) 数据建模的基本工作和步骤

数据建模过程是从用户视图到主题数据库，从数据流图到 E - R 图，从数据实体到基本表的研究开发过程。在需求分析的基础上进行数据建模的，已有的调研资料是：

①各个职能域的用户视图及其组成；

②各个职能域的数据流图；

③各个职能域的输入数据流、输出数据流和数据存储分析报告；

④全域的数据元素集。

数据建模的基本过程是：

①识别定义业务主题；

②按主题将用户视图分组定义为实体大组，提出概念数据模型；

③按业务需要进一步分析实体的属性，规范化数据结构产生基本表，提出逻辑数据模型；

④数据元素规范化，进一步审核基本表的组成。

2）识别定义业务主题

信息资源规划所建立的概念数据库标准和逻辑数据库标准，都是指主题数据库（Subject Database）——面向业务主题建库，而不是面向报表建库。概念数据库是面向业务人员的视角的数据库，逻辑数据库是面向分析设计人员的数据库。信息资源规划的一项主要任务，就是要规划设计出一系列的主题数据库，建成良好的数据环境，以此来解决“信息孤岛”问题，从而真正实现应用系统集成和数据资源的共享。

主题数据库的基本特征：

①面向业务主题。主题数据库是面向业务主题的数据组织存储，而不是面向单证报表，这些主题数据库与部门管理中要解决的主要问题相关联，而不是与通常的计算机应用项目相关联。

②信息共享。主题数据库是对各个应用系统“自建自用”的数据库的彻底否定，强调各个应用系统“共建共用”的共享数据库，而不是信息私有或部门所有，不同的应用系统的计算机程序调用这些主题数据库。

③一数一源。主题数据库要求分析军事物流各环节的数据源，强调数据的采集、处理、使用和存储统一管理，同一数据必须有统一的来源，而不是多次多处输入系统，保证其准确性、及时性和完整性，经由计算机网络对数据库数据进行多次、多处使用。

④基本表组成。一个主题数据库的科学的数据结构，是由多个达到“基本表”规范的数据实体构成的。

3）建立概念数据模型

概念数据库（Conceptual Database）是最终用户对数据存储的看法，反映了用户的综合性信息需求。

概念数据库是信息资源规划的中间过渡性产品，是规划人员与用户交互的一种方式，它是在对用户视图整理基础上形成的对数据的单一而连贯的定义，在概念数据库中每个数据元素都只定义一次，同时对该数据元素与其他数据元素的关系也作了清晰的定义。每个用户视图都可能包括这些数据元素的一部分，但在这些用户视图中，对这些数据元素的定义实质上是一致的。概念数据库对所有数据的定义适用于所有用户视图。概念数据模型采用实体关系模型（E－R模型）来建立，在概念数据库设计阶段主要描述主题数据库的基本构架、实体的主要属性等信息。

采用 E－R 方法的数据库概念模型设计可分为三步进行：

①设计局部 E－R 模型。局部 E－R 模型的设计内容包括确定局部 E－R 结构的范围、定义属性、定义实体、定义联系等。这一过程中，需要将用户视图进行分解，生成实体、属性以及联系。

②设计全局 E－R 模型。这一步是将所有局部的 E－R 图集成为全局的 E－R 图，即全局的概念模型。把局部 E－R 图集成为全局的 E－R 图示，可采用一次将所有的局部 E－R图集成在一起的方式，也可以采用逐步集成进行累加的方式，一次只集成两个局部 E－R图，这样复杂度较低。

③全局 E－R 模型的优化。一个好的全局 E－R 模式除能反映用户功能需求外，还应满足下列条件：实体类型个数尽可能少，实体类型所含属性尽可能少，实体类型间联系无冗余。

在 E－R 方法中用 E－R 图直观地表示 E－R 模型。在 E－R 图中用矩形表示实体，矩形的标题栏中标识实体名称，矩形框中依次列出实体的属性，实体之间用连线描述实体关系，例如装备与零件之间的 E－R 图，如图 2－5 所示。

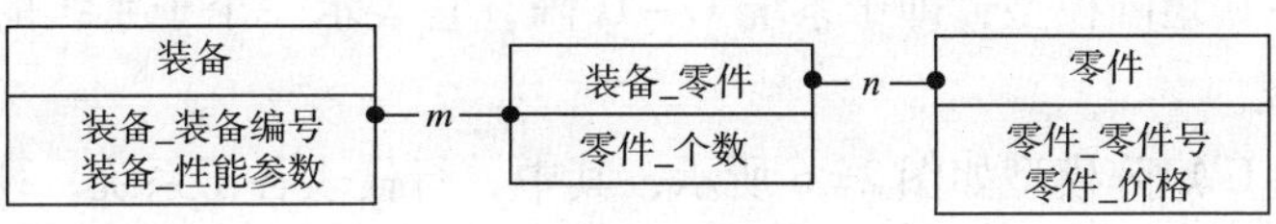

图 2－5　装备与零件的 E－R 图

为了便于更好地与用户进行沟通，概念数据库还可采用以下表达形式：

主题数据库名称（主题数据库描述）

实体名称（实体属性列表……）

例：定单（定单号、货号、定货单位、售价、定购量、送货地点）

总体数据规划中的数据建模，首先是产生概念数据模型，以便反映用户信息需求的总体观点。

建立规范的概念数据模型，需要较广泛深入的业务领域知识和经验，因此需要业务人员参与，以便分析、识别、定义出各个数据库名称和数据内容，并形成统一的模型。

4）建立逻辑数据模型

逻辑数据库（Logical Database）是对概念数据库的进一步分解和细化。在数据组织的关系模式中，逻辑数据库是一组规范化的基本表（Base Table）。逻辑数据模型能更科学准确地反映用户的信息需求。

由概念数据库演化为逻辑数据库，主要工作是采用数据结构的规范化原理与方法，将每个概念数据库分解、规范化成三范式（3－NF）的一组基本表，一个逻辑数据库就是这一组三范式基本表的综合。

逻辑数据库的表述，包括各基本表的标识、名称、主码和属性列表，以及基本表之间的关系。逻辑数据模型的表达法同样采用“实体关系图(E－R 图)”来表示。

5)基本表与数据元素规范化

在每一个主题数据库都分解为一组基本表之后，就要认真研究每个基本表的组成，其单元应该是在信息系统中具有“原子意义”的数据元素，而不是还可以分解的复合数据项。同时，还要注意解决由于众多基本表的组成而积累起来的“数据元素集”中的一致性问题，即通过分析，发现并处理“同名异义”和“同义异名”的数据元素。为此，要用好“基本词表”和“类属元素表”。

(4)系统 C－U 矩阵建立

1)系统 C－U 矩阵的概念和表示法

系统 C－U 矩阵是指系统数据模型和功能模型的关联结构，反映数据模型由谁使用谁创建的关系，是决定共享数据库的创建与使用责任、进行数据分布分析和制定系统开发计划的科学依据。

系统 C－U 矩阵模型分为：

①全域系统 C－U 矩阵模型：即全域 C－U 阵，它表示整个规划范围所有子系统与主题数据库的关联情况；

②子系统 C－U 矩阵模型：即子系统 C－U 阵，它表示一个子系统的所有功能模块与基本表的关联情况。

全域系统 C－U 矩阵模型如图 2-6 所示，其中，行代表各子系统，列代表各主题数据库，行列交叉处的 C 代表所在行的子系统生成所在列的主题数据库，即负责该主题数据库的创建和维护；U 代表所在行的子系统使用所在列的主题数据库，即读取该主题数据库的信息；A 表示既生成又使用所在列的数据库。

主题数据库 / 子系统	主题数据库1	主题数据库2	主题数据库3	……									
子系统1	A												
子系统2		U	C										
……													

图 2-6　全域系统 C－U 矩阵

子系统 C－U 矩阵模型如图 2-7 所示，每一个子系统做一个 C－U 矩阵，其中各列代表基本表(分别属于某主题数据库)，各行代表各子系统的功能模块，行列交叉处的 C 代表所在行的模块生成所在列的基本表，即负责该基本表的创建和维护；U 代表所在行的模块使用所在列的基本表，即读取该基本表的信息；A 表示既生成又使用所在列的基本表。

基本表 / 功能模块	基本表1	基本表2	基本表3	……									
子系统	A												
功能模块		U	C										
……													

图2-7　子系统C-U矩阵

2)C-U矩阵的建立方法

确定系统C-U矩阵采用两个步骤：首先确定全域子系统与主题库之间的使用关系，然后确定某个子系统功能模块与相关的主题库所对应基本表之间的使用关系。

从全域C-U矩阵的构成可以看出，识别全域子系统与主题库之间的关系，可以根据每个子系统所需处理的主题库信息，也可以参照数据流程图中的信息流关系，找出对应关系，该步骤主要由规划人员和业务人员共同确定，一旦确定信息关系就可以在软件平台上标注“创建”或“使用”关系即可。

3)关于系统C-U矩阵模型表达法的说明

采用两级C-U矩阵来分别表达全域系统C-U矩阵和子系统C-U矩阵，其科学、简明与实用性在于：

①全域矩阵以子系统为行、主题数据库为列，矩阵表相对较小，容易处理。

②子系统C-U矩阵，列代表基本表，行代表功能模块，经过“C”、“U”简单标注对照，就形成了模块-基本表开发的优先顺序控制机制。

③ 通过以上问题分析，可以看出C-U矩阵能很好地表达系统模型间的关系：从子系统C-U矩阵可以看出一个子系统有哪些主题，有哪些其他的基本表，有哪些功能模块，以及功能模块存取库表的关系；同时，从全域C-U矩阵可以看出全系统有哪些主题数据库，有哪些子系统，以及各子系统对各主题数据库的存取关系。

2.3　信息资源规划关键技术

2.3.1　应用集成与SOA

军事物流信息系统经过长期建设，基本覆盖了物资保障的计划、采购、仓储、运输、配送等主要业务管理工作。现有的管理信息系统，由于投入的时间、使用的部门及实现技术等各不相同。存在应用信息系统各自独立运行，数据不能共享，各自业务流程不能自动衔接，造成许多自成体系的信息孤岛，各个应用系统不能相互协作，形成不了统一高效的有机整体，无法形成军地物流一体化保障体系。

为了解决多种应用系统的互连互通、数据共享、业务流程协调统一的集成问题，为此需建立应用集成。应用集成是将异构的两个或更多的硬件、平台及应用系统进行无缝集成，使它们形成一个统一的整体。

集成模式随着其演变发展主要分为三种：

点对点应用集成模式：每两个节点之间都要有连接，随着应用的增加，连接数量成倍增长，集成的工作量集成的工作量庞大，系统难以维护，网络负载随之增大，错误率也随之增加，更重要的是，节点间缺乏必要的协同能力。传统的点到点的连接，使得构成的应用环境接口复杂，通信状况混乱，维护代价昂贵，也不利于整个应用系统的扩充。

HUB/SPOKE 形式应用集成模式：相较于点对点方式，能够大幅优化应用之间的网络联结关系，从而减少用户业务集成的开发工作量。但由于 HUB/SPOKE 的方式中，在进行信息交互时，每次都需要经过中心节点，导致整个系统的效率严重依赖于中心节点，造成效率瓶颈。

基于 ESB 总线的 SOA 架构的应用集成模式：应用系统之间的交互通过总线进行，这样可以降低应用系统、各个组件及相关技术的耦合度，消除应用系统点对点集成瓶颈，降低集成开发难度，提高复用，增进系统开发和运行效率，便于业务系统灵活重构，快速适应业务及流程变化需要。

2.3.2 大数据量传输性能

数据交换功能是军事物流数据共享融合的核心环节，由于军事物流业务系统存在多级部署的情况，因此，提供透明的、高性能的、过程可监控的、业务无关的大数据量传输，将交换共享的数据准确无误地传送到指定交换节点，并提供全程监控服务，是信息资源规划需要解决的关键技术之一。

大数据量传输提供在军事物流数据中心中，基于军事综合信息网发送/接收大数据量文件的功能，同时提供日志管理功能，为管理人员统计发送/接收文件情况、解决传输异常提供依据。超大数据传输依托于长报文可靠传输服务，能够传输 1KB 到 1GB 长度的数据，支持崩溃恢复、断点续传、异步收发。

发送端用户通过发送界面存储发件人、收件人、传输文件目录信息到数据库，存储传输文件到文件目录，发送方传输服务器定时扫描系统数据库，如果扫描到发送文件信息，则取出文件并根据收件人域名信息在域名 IP 配置文件中查找相应的 IP，再通过长报文服务器进行传输。接收端传输服务器接收到文件后将发件人、收件人、传输文件目录信息存入数据库，传输文件存入文件目录，系统根据数据库中的文件信息通知相应的用户取文件。如果接收端用户当时未登录系统，则文件暂存在服务器上，接收端下次登录系统时，会收到接收文件的提醒。传输流程图如图 2-8 所示。

在发送/接收过程中的所有状态信息及异常信息均写入日志库中，并提供日志查看、

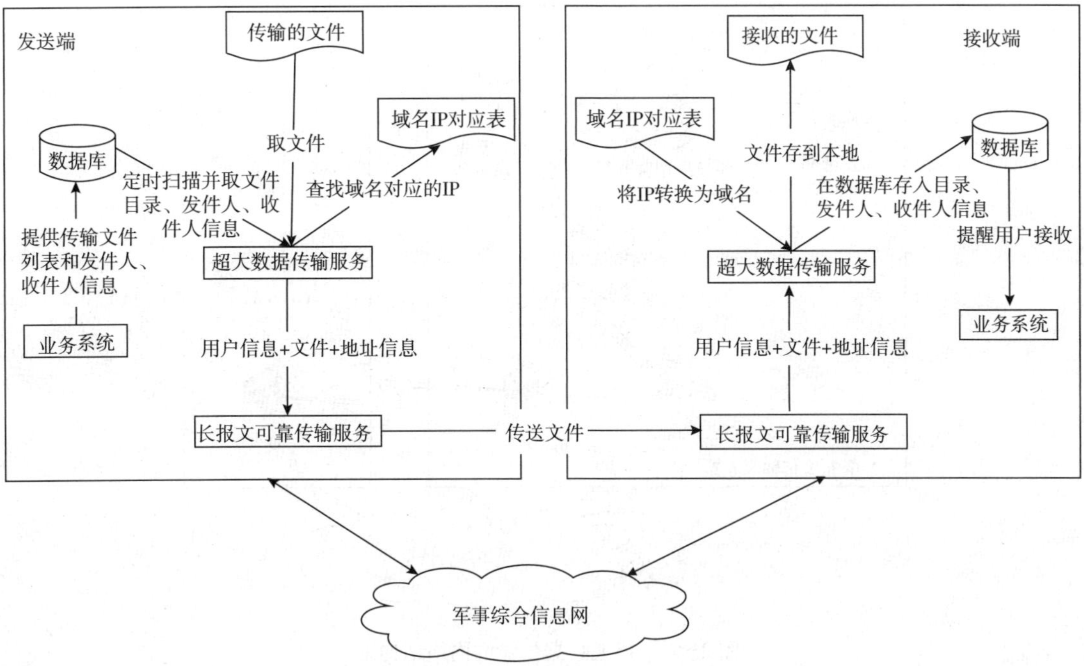

图 2-8　超大数据传输流程图

统计功能。有关数据库连接异常的信息写入日志文件中。

发送/接收文件在传输服务器上仅保留一定时间，超过设置期限后由超大数据传输服务自动清理。

大数据量传输涉及传输服务器/J2EE 应用服务器，长报文传输服务器，系统应用服务器、数据库服务器，以及系统的客户端。而超大数据传输只需要部署传输服务器/J2EE 应用服务器，包括大数据量传输服务及相关的 WEB 应用，长报文传输服务器、系统应用服务器、数据库服务器由其他应用部署。大数据量传输网络结构如图 2-9 所示。

2.3.3　异构数据交换技术

异构数据是一个含义丰富的概念，它是指涉及同一类型但在处理方法上存在各种差异的数据信息，数据异构的概念从内容上分，可以分为：系统异构、异构数据库、逻辑异构。其中系统异构多是由不同的硬件平台、操作系统、访问方式、通信能力或并发控制所造成的；异构数据库是指数据信息集成系统采用了不同的数据模型；逻辑异构是指数据信息的交换方和订阅方由于不同的表达习惯，而造成的命名异构、值异构、模式异构、语义异构等。

数据交换功能是军事物流数据共享融合的核心环节，数据交换的节点涵盖军事物流各业务领域不同的应用系统，有在研的系统也有已有系统，数据结构各异。因此，将所有格式的数据按统一、标准、合理的方式进行融合交换，提供灵活的、标准的异构数据交换技术是关键技术之一。

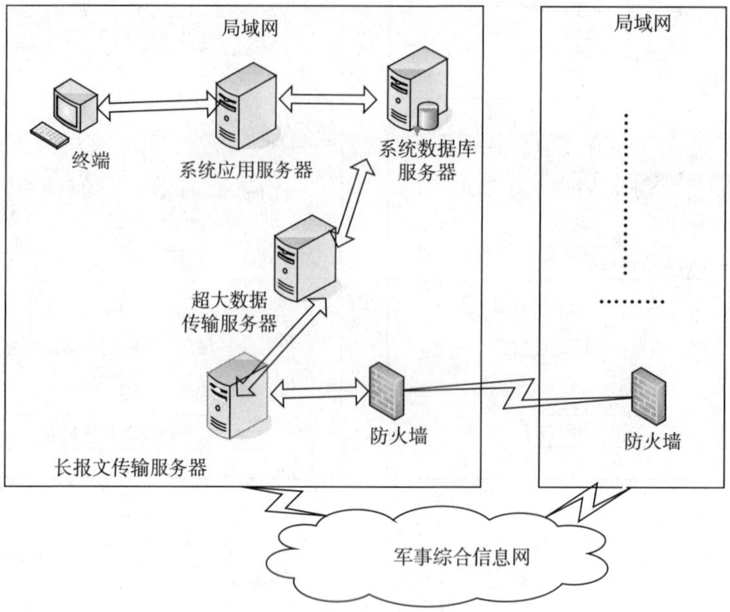

图2-9　超大数据传输的网络结构图

基于开放标准的XML文档便于理解，创建方便，它不仅为异构系统的异构数据交换提供了标准的格式也实现了异构数据的互操作。XML在异构数据交换中的优势体现在三个方面：对结构的表示能力，对数据的表示能力，对语义的表示能力。因此，往往以XML为公共数据模型，基于Web Service来实现异构数据交换。

2.3.4　非标准化数据处理

标准统一是实现业务系统互联互通、信息资源有效共享的基础。标准和规范是信息整合的基础，是数据中心建设的目标之一。数据交换功能作为军事物流数据共享融合的核心环节，交换过程中来自军事物流各业务领域不同的应用系统，特别是已有系统提供的数据标准不一，格式各异。因此，如何实现各系统数据的互认，为数据交换提供一套非标准化数据处理技术是关键技术之一。

电子数据交换(Electronic Data Interchange，EDI)是指按照同一规定的一套通用标准格式，将标准的经济信息，通过通信网络传输，在贸易伙伴的电子计算机系统之间进行数据交换和自动处理。由于使用EDI能有效地减少直到最终消除贸易过程中的纸面单证，因而EDI也被俗称为“无纸交易”。它是一种利用计算机进行商务处理的新方法。EDI是将贸易、运输、保险、银行和海关等行业的信息，用一种国际公认的标准格式，通过计算机通信网络，使各有关部门、公司与企业之间进行数据交换与处理，并完成以贸易为中心的全部业务过程。

数据标准化工作是一项长期的、持续的工作，因此，数据标准的制定与管理功能，具体包括：

①数据格式与代码定制：具体信息编码的格式规则和各种代码规则的增加、删除、修改等；

②数据格式与代码有效性验证：对进入数据中心的各种涉及标准数据格式和代码的信息进行有效性验证；

③数据封装与定制：可定制数据汇集、数据存储、数据交换与传输的协议类型、数据包格式和数据处理与校验方式等。

2.3.5　动态数据建模管理

构建军事物流基础数据库、军事物流共享数据库、军事物流主题数据库基本环境是军事物流数据共享融合的基础和关键，规划决策支持数据库环境是决策支持软件研制与应用的基础。由于军事物流数据中心管理的数据模型来自军事物流领域不同的应用系统，有在研的系统也有已有系统，标准不一，格式不一，因此，将所有数据模型按统一、标准、合理的格式整合到一起，提供灵活的、标准的动态数据建模管理是关键技术之一。

从需求来看，将要进行管理的数据模型范围广，种类多，结构不统一，还要能够满足根据实际情况进行调整的需要。根据数据建模管理需求特点，在系统设计时，采用的数据建模管理技术主要考虑了设计实现的标准化、灵活性、可扩展性。数据建模技术包括数据模型标准的制定及其实现，主要体现在以下方面。

(1)制定符合需要的元数据标准

为确保所有数据模型的标准型和统一性，需要整合后勤所有数据元数据，定义一套标准、合理的元数据标准。完整元数据的属性，包括中文名称、中文全拼、拼音标识、英文标识、数据元定义、数据类型、数据格式、值域、关联编码、数据元计量单位、数据元备注等信息，从而指导本系统进行数据记录结构的定义。

(2)灵活定制数据记录结构

根据需要从元数据库中选择需要的数据元素进行数据记录结构的定义。

(3)根据数据记录结构进行动态数据建模

根据定制的数据记录结构进行动态的数据库及数据表的创建、修改、删除。

(4)动态生成数据查询及展现界面

根据定制的数据记录结构动态生成数据查询及展现界面。

2.4　军事物流信息资源规划成果

2.4.1　军事物流信息资源规划成果技术要求

信息资源规划的成果的主要表现形式是信息资源规划系列文档。在进行信息资源规划的过程中应产生一系列的文档，包括需求分析阶段产生的需求分析报告，系统建模阶段产生的概念数据模型、逻辑数据模型和系统模型，标准化阶段产生的数据元素标准、信息分类代码标准，以及对规划过程和成果进行总结分析的总体报告等。为了更好地标识这些文档，需要对这些文档进行统一编号，信息资源规划的成果包括：数据资源规划研究报告、需求分析报告、数据元素标准、信息分类代码标准、概念数据模型、逻辑数据模型和系统模型。

2.4.2 军事物流信息资源规划成果形式

(1)信息资源规划需求分析报告

信息资源规划需求分析报告是以规范化的语言和格式展现系统业务功能分析和业务数据分析的成果，是在信息资源规划需求分析工作完成后提交用户审核的阶段性成果。

《需求分析报告》就是描述业务需求分析的工作成果，包括业务功能分析、业务数据分析和数据流分析。由全域的《需求分析报告》和各职能域的《需求分析报告》组成。

全域需求分析报告概况性描述军事物流业务功能需求、数据需求以及数据流需求，即描述了全域范围内的业务功能模型。

各职能域需求分析报告详细描述本职能域的业务功能需求、数据需求以及数据流需求，即描述了职能域范围内的业务功能模型。

信息资源规划需求分析报告，通常包括以下内容：

系统目标：描述信息资源规划的状态，资源规划要达到的目的。

业务功能分析：主要对职能域的划分与定义，相关外单位、业务功能模型。

业务数据分析：主要分析用户视图列表、数据流图、用户视图表样等。

信息资源规划需求分析报告要求文字简练、结构清晰，表现形式和内容遵循相应的技术规范。

(2)数据元素标准

《数据元素标准》以规范化的语言和格式展现数据元素标准的具体内容，《数据元素标准》包含了基本词、类属元素和数据元素的组成和定义。

《数据元素标准》通常包括以下内容：基本词、类属元素、数据元素列表。

《数据元素标准》内容要求文字简练、结构清晰，表现形式和内容遵循相应的技术规范。

(3)信息分类编码标准

《信息分类编码标准》以规范化的语言和格式展现信息分类编码标准的具体内容，描述每一个具体信息分类编码的详细信息及代码取值。

《信息分类编码标准》通常包括以下内容：国家标准、军队标准。

《信息分类编码标准》内容要求文字简练、结构清晰，表现形式和内容遵循相应的技术规范。

(4)概念数据模型

概念数据模型文档，以规范化的语言和格式展现系统概念数据模型，主要说明系统业务主题的划分和定义、概念实体的组成以及实体关系模型。

概念数据模型文档，通常包括以下内容：

业务主题：主要对业务主题描述，实体列表。

实体关系图：用图表示实体之间的关系。

《概念数据模型》要求文字简练、结构清晰，表现形式和内容遵循相应的技术规范。

(5)逻辑数据模型

以规范化的语言和格式展现系统逻辑数据模型，主要说明系统主题数据库的划分和定义、基本表的组成以及实体关系模型。

逻辑数据模型包括以下内容：

主题数据库：主题数据库描述、主题数据库基本表列表、基本表属性。

实体关系图：用图表示实体之间的关系。

《逻辑数据模型》要求文字简练、结构清晰，表现形式和内容遵循相应的技术规范。

(6)系统功能和存取关系模型

以规范化的语言和格式展现系统功能模型以及存取关系模型，描述了系统的功能结构、数据模型、数据模型和功能模型的关联关系，由全域系统功能和存取关系模型和各子系统系统功能和存取关系模型组成。

全域系统功能和存取关系模型概况性描述系统功能结构和数据存取关系。

子系统系统功能和存取关系模型详细性描述每一个子系统的系统功能结构和数据存取关系。

全域系统功能和存取关系模型包括以下内容：子系统、相关主题数据库、全域 C－U 矩阵。

子系统系统功能和存取关系模型包括以下内容：功能目标、功能模型、相关数据表、子系统 C－U 矩阵。

《系统功能和存取关系模型》要求文字简练、结构清晰，表现形式和内容遵循相应的技术规范。

2.4.3　信息资源规划成果管理

信息资源规划工作完成后，随着应用系统的开发和应用的深入，不可避免地会衍生新的业务需求、数据元素、分类代码等，要想使信息资源规划的成果得以长期有效，需要研究一套完整的信息资源规划成果积累、维护、保鲜管理机制和方法，并建立相应的管理系统，才能延续信息资源规划成果的生命力。

规划成果管理主要内容包括：基础标准(数据元素标准、分类代码)的变更定义、变更发布、生命周期控制、引用跟踪等管理，系统模型的变更定义、变更发布、生命周期控制、引用跟踪等管理，子系统开发登记，C－U 矩阵模型，数据分布模型管理等。对各时期形成的成果进行管理，记录每一次的变更内容，包括新增和变更的记录，提供对信息资源规划相关文档的管理，保存不同时期不同版本的信息资源规划成果。

当信息资源规划成果形成以后，由成果管理组对规划成果以多种方式进行发布，从技术上可以以网上 web 页面发布形式、excel 电子表格形式、word 文档形式、xml 数据形式等进行发布，以提供不同用户和信息系统的需要；从内容上可以从需求分析报告、功能模型、数据模型、C－U 矩阵、基础标准、数据分布模型等方面进行发布，以满足信息系统开发时对信息资源规划成果的数据需求。

2.5 信息资源规划软件

2.5.1 信息资源规划软件概述

信息资源规划软件是为了满足行业、单位或其他组织开展信息资源规划而开发的产品，可以辅助这些管理部门，对业务、数据、应用等进行可视化的架构设计。

(1)软件基本框架

信息资源规划软件的基本框架如图 2－10 所示，描述从现实中的组织如何模型化形成信息架构的过程。数据库中内置了元模型结构，存储了业务、数据、应用架构内容和附加文档，并按不同的视角转化为不同的视图，以满足不同用户的需求。

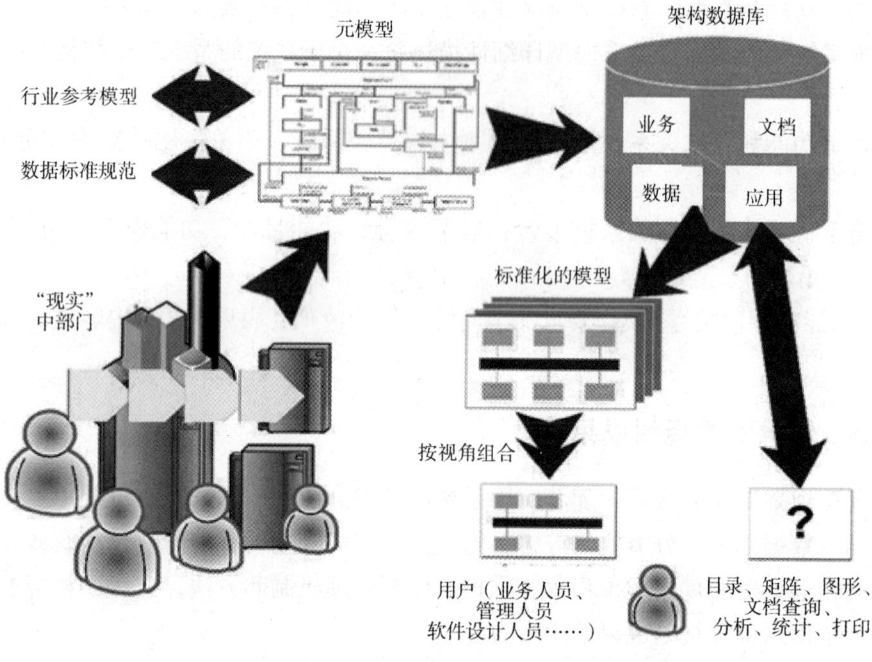

图 2－10　信息资源规划基本框架

(2)系统安装

执行"信息资源规划管理工具软件"，进入系统，出现【系统登录】窗口，如图 2－11 所示。点击【确认】按钮，首次运行程序会进入【选择项目】窗口，如图 2－12 所示。选择一个项目点击确认后，进入到系统主界面，如图 2－13 所示。

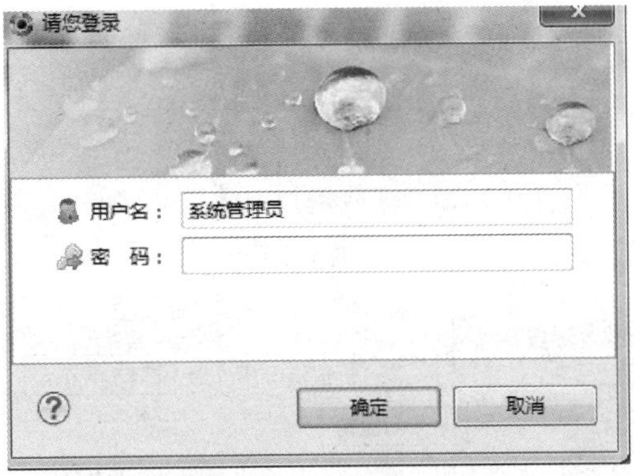

图 2-11　系统登录

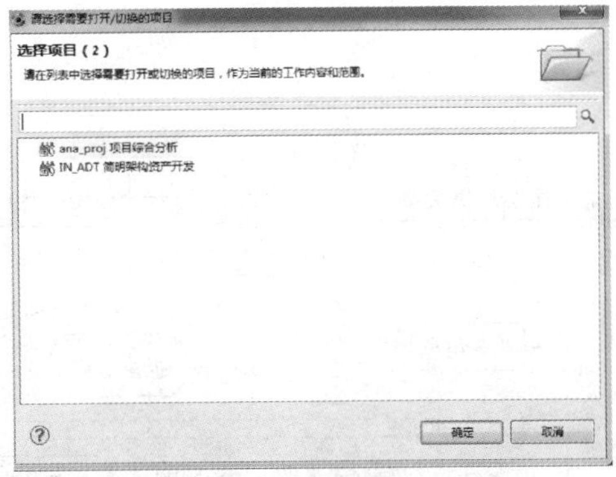

图 2-12　项目选择窗体

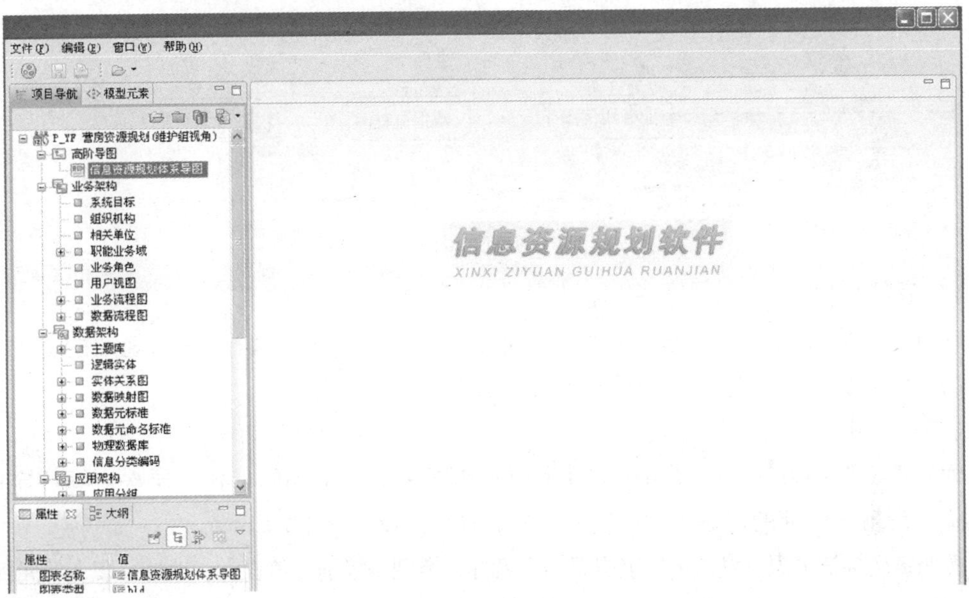

图 2-13　主界面窗体

(3)系统子模块

在主界面的左侧【项目导航】窗口视图中，显示了当前项目所包含的所有子模块。鼠标双击或者通过右键菜单打开图标，进入到各子模块，打开相应的编辑器。

系统中包含的编辑器包括结构化信息编辑器、图形编辑器，以及查询类、汇总分析类和文档处理类等不同用途的编辑器。

2.5.2　信息资源规划业务架构

业务架构包括系统目标、组织机构、职能业务域、用户视图、业务流程、数据流程等。通过业务架构来描述组织机构，分析业务机构的工作流程和数据流程，业务架构包含内容如图 2-14 所示。

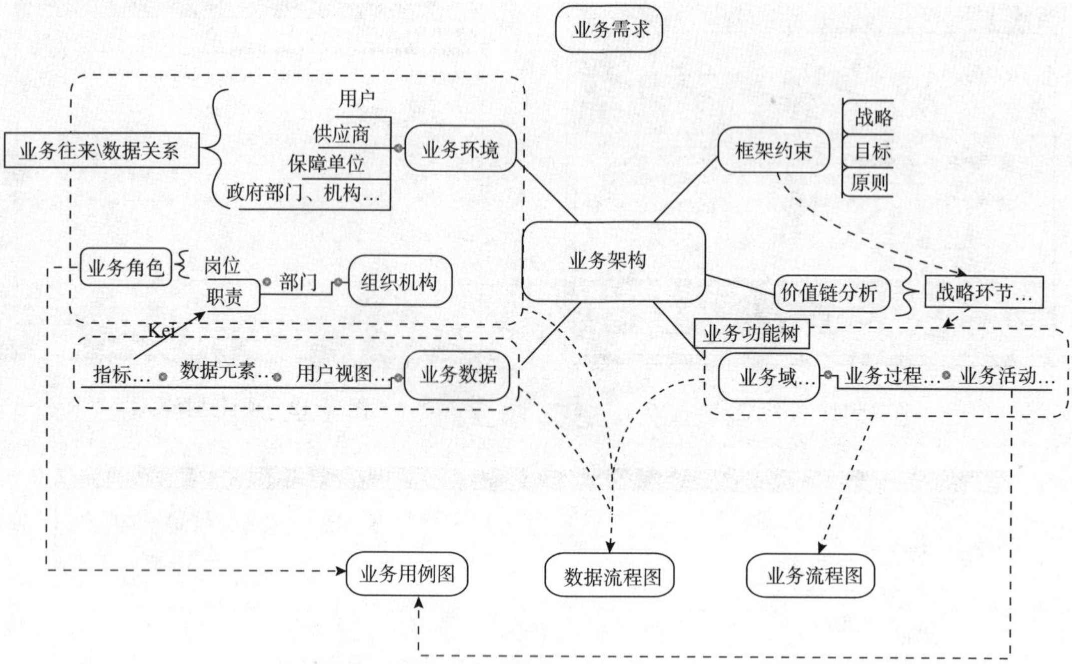

图 2-14　业务架构内容之间关系

(1)系统目标

在制定战略之前，必须先确定实现远景目标，系统目标指信息资源规划的目的、任务，为系统目标的确立与战略的制定提供依据。

(2)组织机构

为实现组织的目标，经过组织设计形成的组织内部各个部门、各个层次之间固定的排列方式，是组织内部的构成方式。

按照级次维护组织信息，包括组织编码、名称、类别、级别、负责人、地址、职责等属性。

通过右键菜单进行【新增同级】、【新增下级】等操作，如果是叶子节点，则代表是最底层的组织机构，不能再有子节点组织，如图 2-15 所示。通过“附件信息”页框维护相关文档附件。

(3)相关单位

与组织有业务往来或数据关系的外部环境，如用户、供应商、保障单位、政府部门及其他各类组织等。

对外部业务的单位进行编码、名称、类别、联系人、地址等信息的维护。

通过“数据流”页框查看与该业务环境关联的数据流。

通过“附件信息”页框维护相关文档附件。

(4)职能业务域

业务的顶层划分，是一个组织/组织的业务范围的抽象。在组织管理目标不变的情况下，一般不会因为组织机构的调整而随意调整。它包含经过层次划分的过程和活动。

对业务域的编号、名称、类型、系统支撑等进行维护。

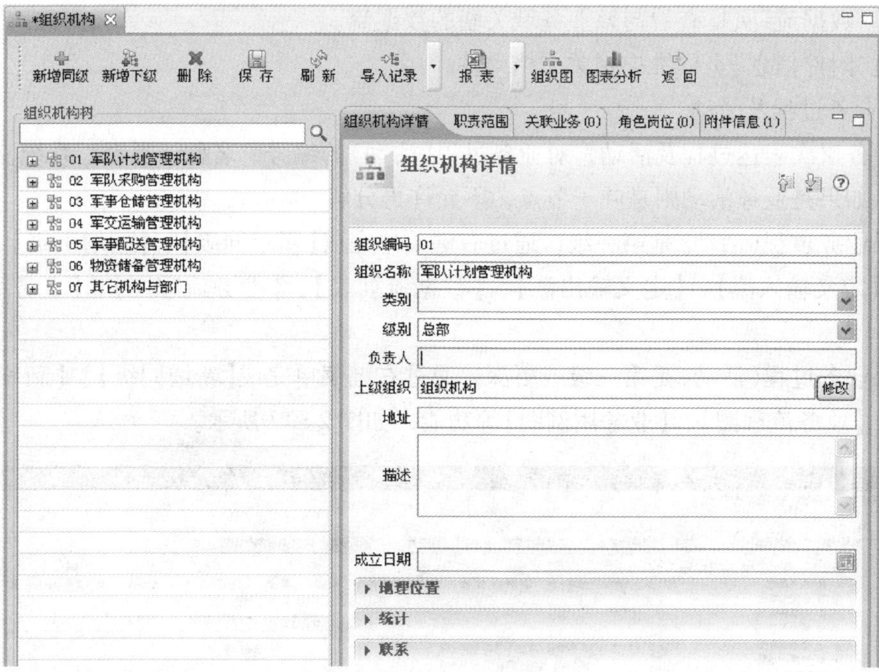

图 2-15　组织机构图

通过“业务机构”维护与业务域关联的主要组织机构。

通过“用户视图列表”页框中的【编辑】按钮，维护该业务创建的用户视图信息，如图2-16所示。

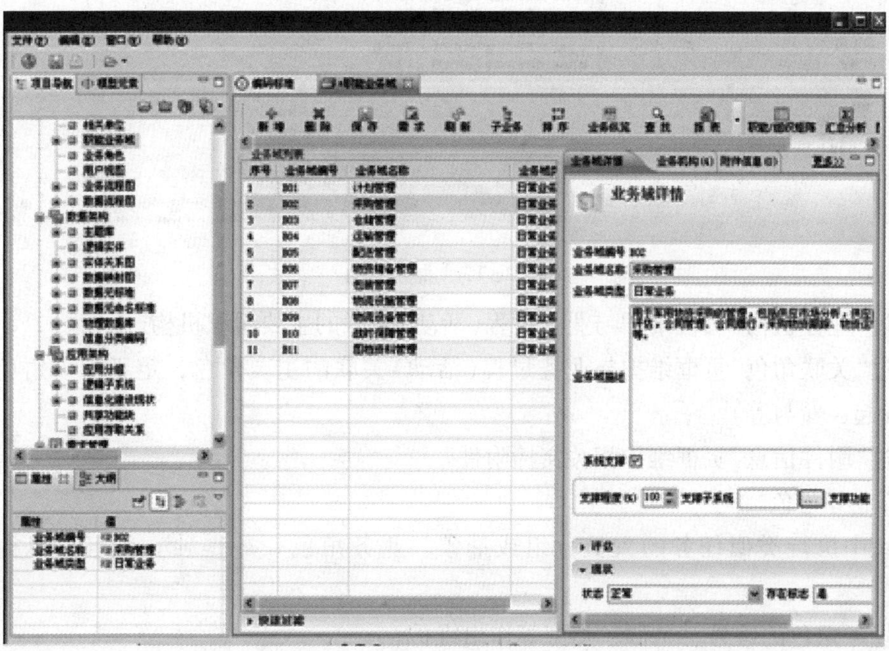

图 2-16　职能业务域

通过“数据流”页框查看与该业务域关联的数据流。

通过“附件信息”页框维护相关文档附件。

（5）业务过程及活动

以业务层次表达过程及活动，对业务过程（活动）的编号、名称、类型、系统支撑等作出维护。如果是业务活动则是叶子节点，不允许再分解。

如果业务过程（活动）是第一级，通过右键菜单完成【新增同级】、【新增下级】、【关联视图】、【定义输入流】、【定义输出流】、【数据流列表】、【业务流程图】、【业务用例图】等功能。

如果业务过程（活动）是第三级或更深，通过右键菜单完成【新增同级】、【新增下级】、【需求】、【业务流程图】、【业务用例图】等功能，如图 2-17 所示。

图 2-17　业务活动

通过“业务机构”页框维护与业务过程（活动）关联的主要组织机构。

通过“关联角色”页框维护与业务过程（活动）关联的主要角色，定于与该角色的关系（比如发起、参与等）。

通过“附件信息”页框维护相关文档附件。

（6）业务角色

组织中执行类似任务的人员分组或抽象。业务角色一般是独立于组织机构，比较稳定。

对业务角色的编号、名称、类型等作出维护。

通过“关联业务”页框查看角色关联的业务过程列表及详情。

通过“附件信息”页框维护相关文档附件。

(7)用户视图

用户视图既作为业务数据的载体，也作为数据分析中最重要的基础材料，可以通过导航中的业务域节点右键菜单进入，此时是该业务域创建的用户视图，也可以通过导航中的用户视图节点进入，此时是全部用户视图。

用户视图编辑器对用户视图的编号、名称、类型、存在介质、统计参数、创建业务域等作出维护。

通过右键菜单完成【新增簇视图】、【导出 XSD】、【关联业务过程】等功能，如图 2-18 所示。

通过“用户视图组成”页框维护视图的数据元素组成。增加、删除、移动等。

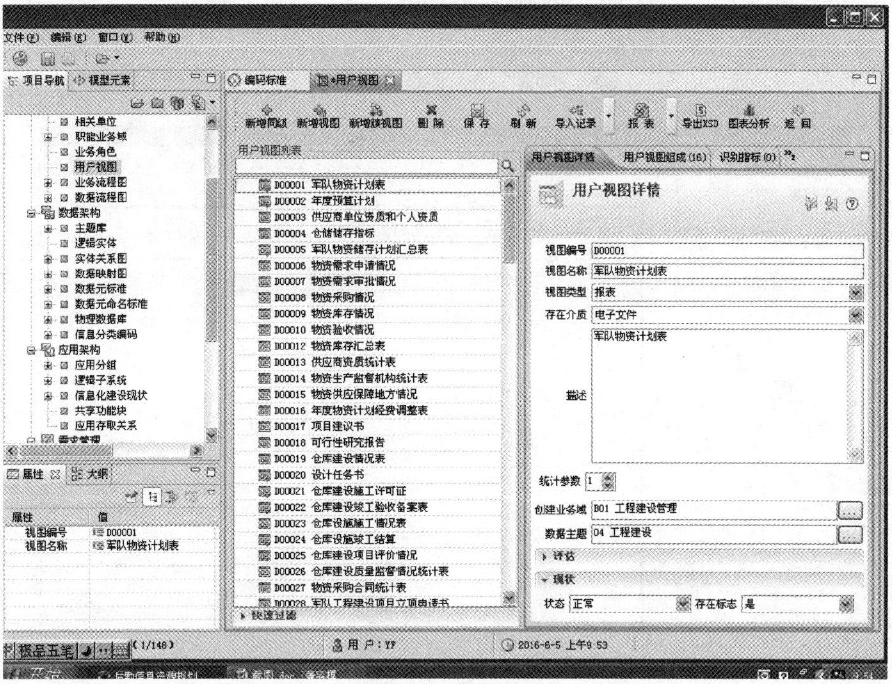

图 2-18　用户视图

通过“附件信息”页框维护相关文档附件。

(8)业务流程图

业务流程图通过图形编辑器来绘制，通过规范图素表达，与过程模型中的业务关联。如图 2-19 所示。

(9)数据流程图

通过全域(业务域之间)、业务域和一级业务过程定义的数据流，自动生成数据流程图，如图 2-20 所示。

通过菜单右键完成业务环境、业务过程、业务域、用户视图等的详细信息。

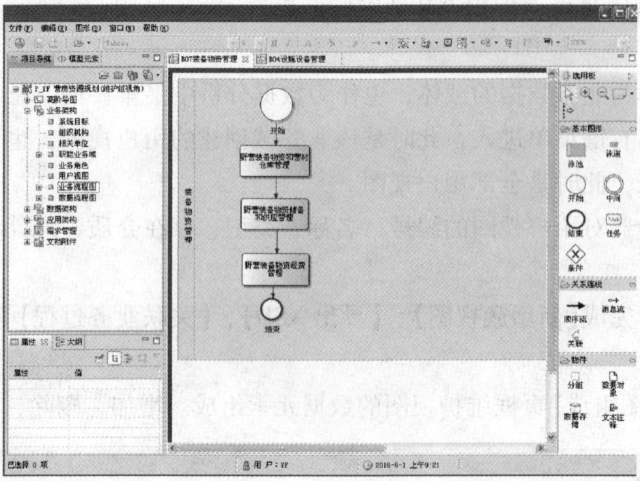

图 2-19　业务流程图

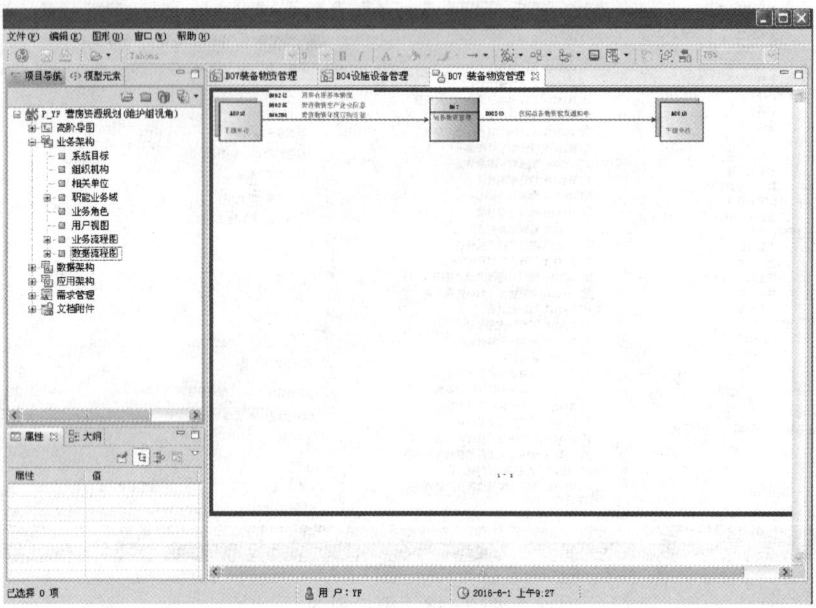

图 2-20　数据流程图

2.5.3　信息资源规划数据架构

数据架构包括概念主题，逻辑实体、实体关系图、数据元素、数据元命名标准、物理库、物理主题、物理表、数据物理映射、信息分类编码等内容。数据架构数据间关系如图 2-21 所示。

(1) 主题库

对概念主题的标识、名称、类型等进行维护，如图 2-22 所示。

通过右键菜单完成【需求】功能。

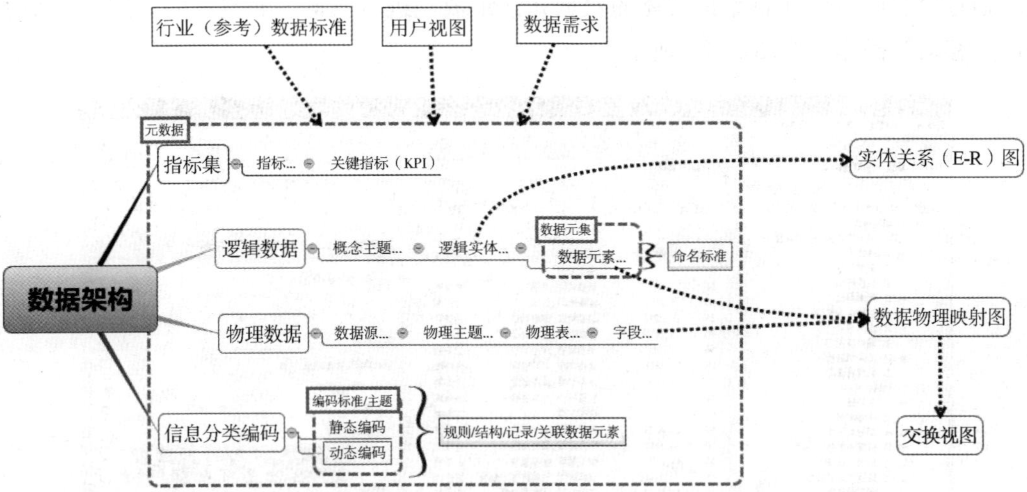

图 2-21　数据架构的数据之间关系

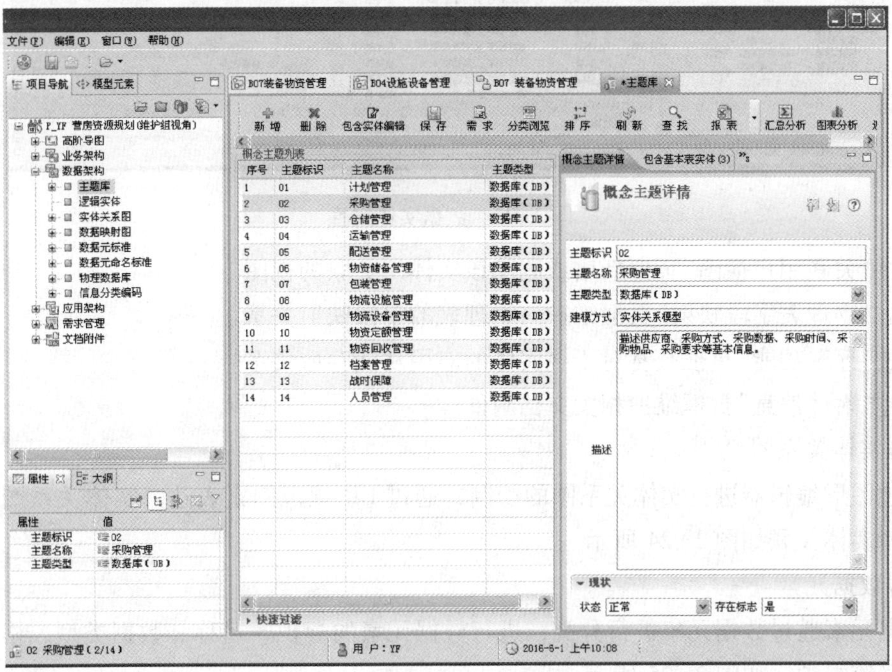

图 2-22　主题库

点击【包含实体编辑】，完成该主题所包含实体的编辑和组成属性编辑。

通过“包含基本表实体列表”页框查看与该主题关联的实体，并可进入实体关系图维护。

通过“附件信息”页框维护相关文档附件。

(2)逻辑实体

对逻辑实体的标识、名称、类型等进行维护。定义一级和二级实体。

通过“实体属性”页框维护实体的数据元素组成。进行主键、非空、关联编码、增加、删除、移动等操作，如图 2-23 所示。

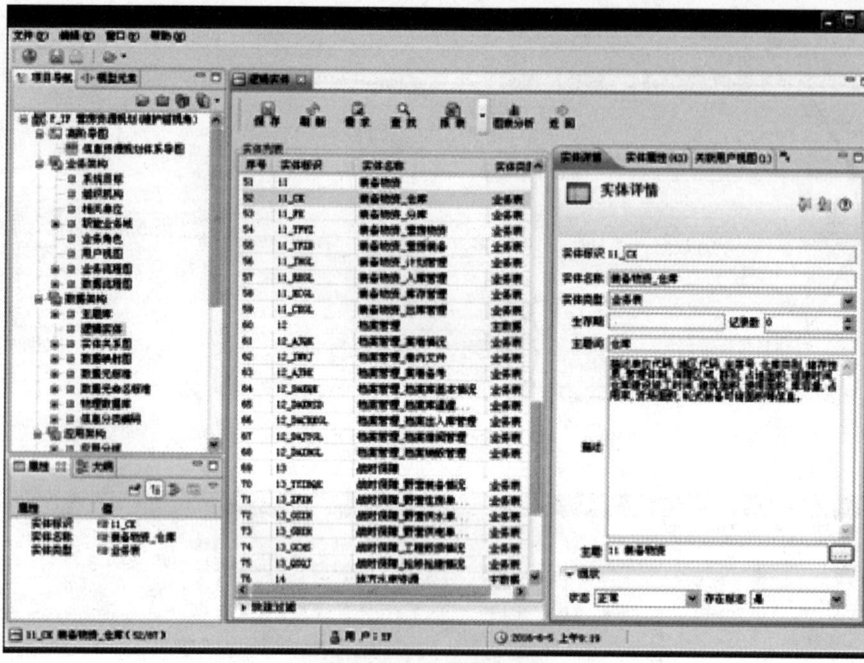

图 2-23　数据实体属性

通过“关联用户视图”页框新增或删除该实体所关联的视图。

通过“物理表字段映射”页框维护与物理表的字段映射关系。

通过“存取功能”页框查看对于该实体的应用功能存取关系。

通过“附件信息”页框维护相关文档附件。

(3)实体关系图

通过图形编辑器进行实体关系图的绘制，通过 ER 规范图素表达。实体关系图中的图素与逻辑实体关联如图 2-24 所示。

(4)数据元素

数据元素通过数据元集进行分类，进行数据元素的标识、名称、数据类型、格式、值域、关联等维护，如图 2-25 所示。

点击【详情】可以进一步维护根据数据元标准的扩展。

点击【视图分布】查看该数据元素在用户视图中的分布。

点击【实体分布】查看该数据元素在逻辑实体中的分布。

点击【冗余分析】进行数据元素的冗余分析及清理工作。

点击【同义合并】对同义异名的元素进行合并。

(5)数据元命名核心词汇

对数据元的中文名称、简称、英文名称、英文简称、词汇类型、修饰词标志等进行维护。

图 2-24　实体关系图

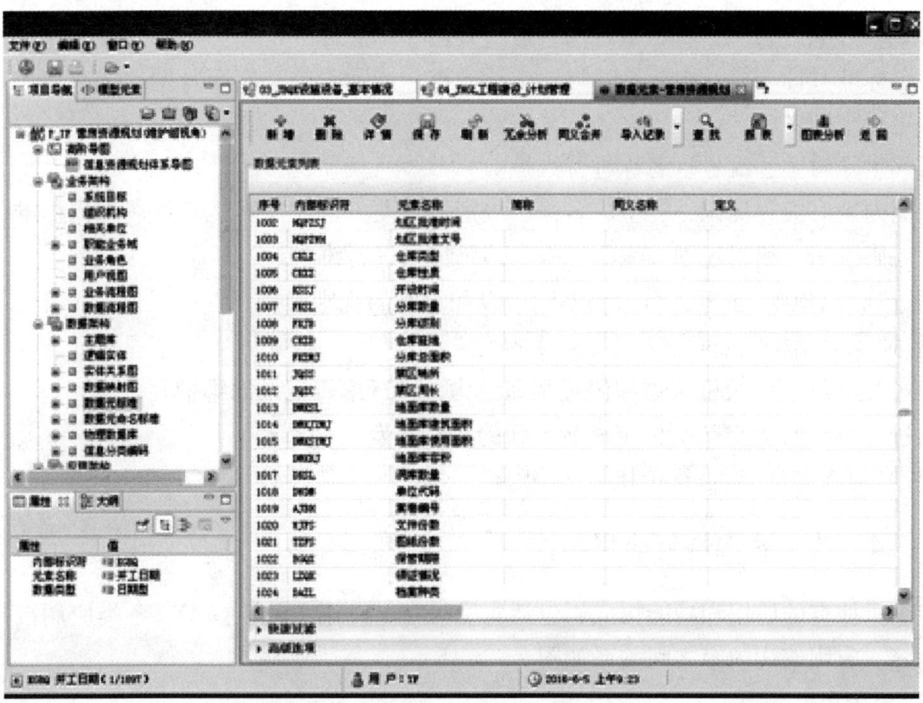

图 2-25　数据元数

(6)物理数据库

对物理数据库的编号、名称、数据类型进行维护。

通过“包含物理主题”页框维护所包含的主题，点击【编辑物理表】弹出物理表编辑器，可以进行相关物理表及结构的维护。

通过“附件信息”页框维护相关文档附件。

(7)物理主题

对物理主题的标识、名称进行维护。

通过“包含物理表”页框查看该物理主题包含的物理表列表。

通过“附件信息”页框维护相关文档附件。

(8)物理表

对物理表标识、名称进行维护。

通过“表结构”页框维护物理表字段构成，进行字段的移动，主外键、非空、数据类型定义等操作。

通过“附件信息”页框维护相关文档附件。

(9)数据物理映射图

通过图形编辑器定义逻辑实体和相关物理表之间的关联，在逻辑属性和物理字段之间进行连线操作。

(10)信息分类编码

对编码标准、编码主题、编码列表进行查询和维护。

编码标准对标准号、中英文名称、中标分类、国际分类、发布日期、发布单位、标准级别等进行维护。

编码主题对主题编号、名称进行维护。

编码列表对编码标识、类型、名称、级别、分类方法、层数、长度、编码标准、所属主题、编码说明、编码规则、编码结构、编码记录进行维护。

通过“编码规则”页框进行编码不同层级和长度的规则维护。

通过“编码结构”页框定义编码属性的构成。

通过“编码记录”页框根据编码规则和结构，进行编码记录的维护。

通过“关联数据元素”页框定义所关联的数据元素。

通过“附件信息”页框维护相关文档附件。

2.5.4 信息资源规划应用架构

组织所拥有的应用和功能构成，包括应用组合、应用和功能模型，各类应用接口和服务等内容。应用架构内容之间关系如图 2-26 所示。

(1)应用组

应用组或应用的分组划分。可以按照应用特点、物理位置、支撑业务等多种方式对子系统进行灵活分组。

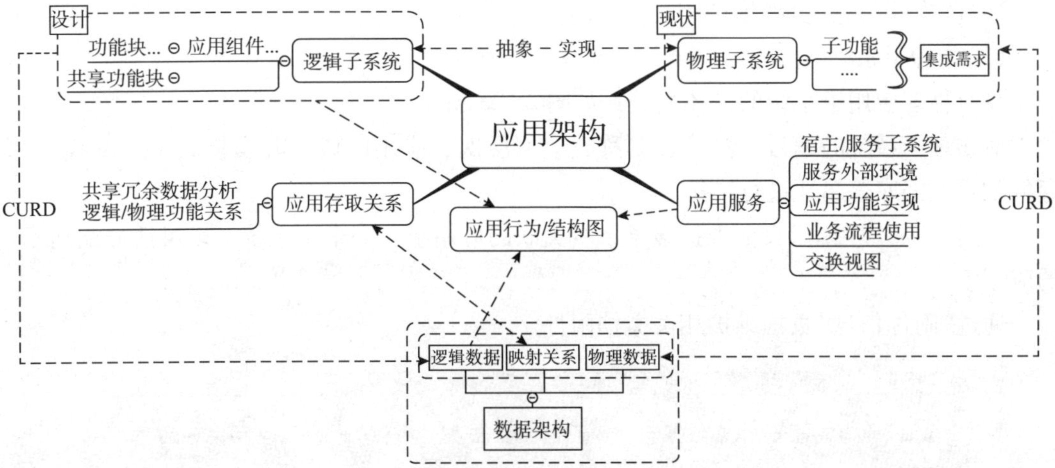

图 2-26　应用架构内容之间关系

对应用组的编号、名称等进行维护。

通过“包含子系统列表”页框维护该应用组所包含的子系统。

通过“附件信息”页框维护相关文档附件。

(2)逻辑子系统

规范表达的未来子系统划分，由应用组件组合而成。

对逻辑子系统的编号、简称、名称、应用层次、应用阶段、开发模式等属性进行维护。

点击【子功能】进入该系统的功能模块和程序模块维护，如图 2-27 所示。

通过“附件信息”页框维护相关文档附件。

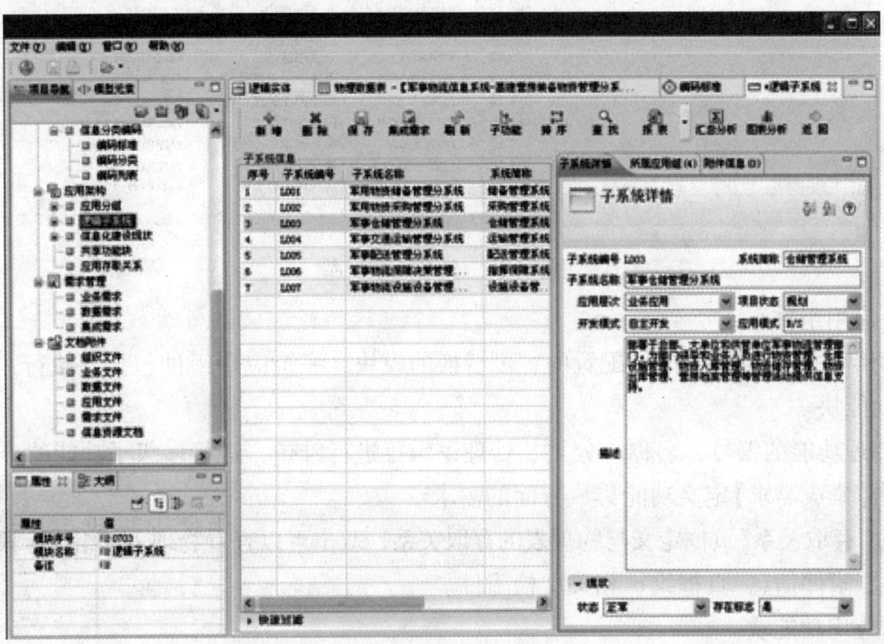

图 2-27　逻辑子系统

通过“附件信息”页框维护相关文档附件。

(3)物理子系统

现有物理应用子系统的具体划分，如图 2-28 所示。

对物理子系统的编号、简称、名称、应用层次、应用阶段、开发模式、上下线日期、存取物理数据库等属性进行维护。

通过“所属应用组”页框维护该子系统关联的应用组，一个子系统可以灵活分配到不同的应用组。

通过“附件信息”页框维护相关文档附件。

图 2-28 分系统数据库

(4)应用组件

应用组件是子系统中的可配置的、可替换的模块，一个应用组件包含并执行一个或多个应用功能块。

对物理功能的编号、名称、分类、处理逻辑等进行维护，进行多级子功能的分解。

点击【集成需求】定义功能集成方面的需求。

通过“存取关系”页框定义与物理表的存取关系，双击可以查看物理表的组成字段信息。

通过“附件信息”页框维护相关文档附件。

(5)应用功能块

应用功能用于表现应用组件的内部行为。有些通用的应用功能可以被定义为“共享功能块”，用于在子系统和应用组件中多次引用。

“共享功能块”是基于逻辑层面的定义，根据技术架构的不同，最终会落实为应用服务或者接口等。“共享功能块”通常分为两类，一类是不同应用组件中识别出的相似功能(或者在流程中多处使用的功能)；另一类是操纵同一逻辑数据结构的各种操作。

查看通用类功能的编号、名称、分类、处理逻辑等。

通过“使用子系统列表”页框查看使用该功能的子系统。

通过“附件信息”页框维护相关文档附件。

(6)应用存取关系

应用和数据实体或物理表的存取分布关系。一般由 CRUD 矩阵表达，C 代表创建，R 代表读取(使用)，U 代表更新，D 代表删除。

查看逻辑子系统对于逻辑实体、物理子系统对于物理表的存取关系列表。

第3章　军事物流信息资源需求

信息需求是引起信息行为的原动力，信息需求分析是数据资源规划中最重要、工作量最大且较为复杂的分析工作，要求对部门管理所需的信息进行深入的调查研究。信息工程的数据需求分析强调对全部门的主要业务进行分析，就像业务分析一样，要有全局的观点，要建立全局的数据标准，为数据集成做好奠基工作。

3.1　军事物流的信息分析

3.1.1　军事物流的基本过程

军事物流业务工作，包括计划管理、物资采购、运输配送、仓储包装等。基本过程如图3-1所示。

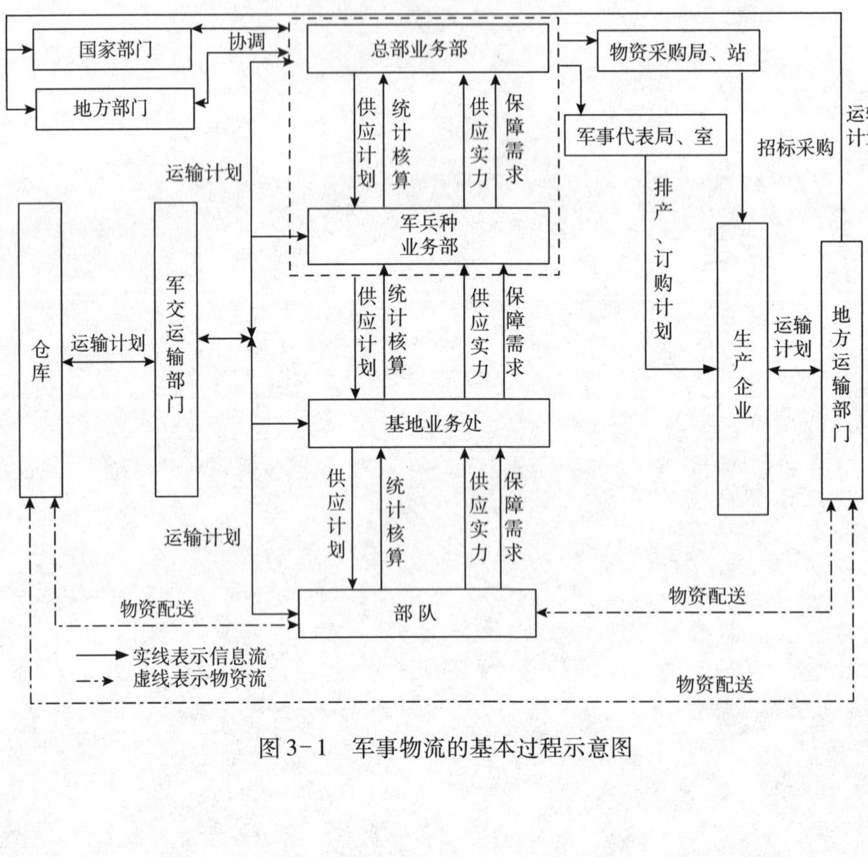

图3-1　军事物流的基本过程示意图

总部业务部门根据保障方案和部队保障需求，编制物资储备计划与供应计划，经批准后向大单位业务部门下达，然后逐级向保障基地、后方仓库或有关部队下达。

通用物资和专用物资，通常由总部与国家有关部委商定，通过军队物资采购局(站)或军事代表局(室)向企业招标订购。总部或大单位业务部门制定物资供应计划。

物资运输计划，通常由军事运输部门与物资管理部门共同制定，下达给大单位、企业或仓库和部队。

企业和仓库根据物资储备、发放和运输计划，组织物资储备和配送。

军事物流信息流主要包括三类：一是各级业务部门和物资配送单位向下的供应、储备、运输、配送计划信息流；二是各类物资采购机构对生产企业下达的物资筹措、招标采购、定购计划的采购信息流；三是军队受供单位逐级向上的请领物资需求信息流。

3.1.2　军事物流的信息流

军事物流依赖于信息共享，信息已成为军事物流的主导性要素，信息流贯穿于军事物流的各个环节。在军事物流活动中，物流活动从企业供应的源头开始，沿着各个环节向作为需求源的部队移动。信息流是对物流状态的描述，信息流伴随物流而产生，信息流是物流过程的流动影像反应。军事物流的三大信息流如图3-2所示，从图3-2中可看出信息流存在的问题。

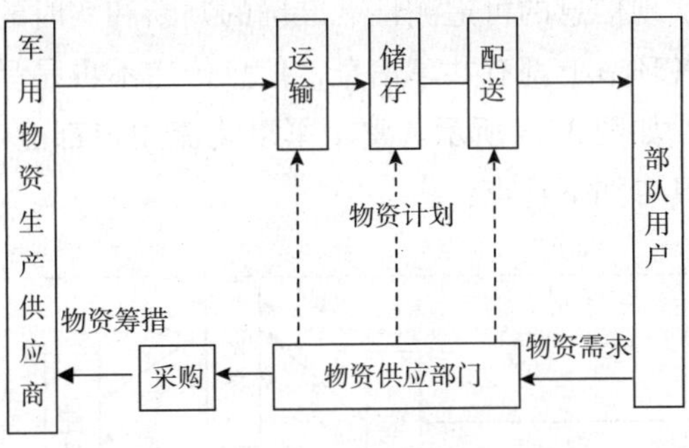

图3-2　军事物流信息流图

——→物流；- - -→信息流

在军事物流活动中，军用物资供应部门、地方生产企业之间以及军事物流的其他职能部门之间，往往出于自身部门的任务和利益考虑，缺少全过程与其他关联部门的信息共享，军事物流信息在一定程度上成为了彼此孤立的“信息孤岛”。由于各个成员之间不能及时、精确地共享信息，因而增加了物流作业和计划的不确定性，在物资保障的各个环节中不得不采取加大实物库的储备来弥补这种不确定性，从而造成军事物流运行效率低下，保障成本增加，各环节的信息自我封闭还导致部队需求信息的扭曲和滞后。

(1)信息处理手段的落后，导致效率的低下

部队物资需求在沿着军事物流向上游逐级转移的过程中，由于信息处理手段的落后，难以实现对物资需求的快速响应；现有的军事物流信息的处理建立在手工和半自动化的基础之上，信息处理的自动化、智能化程度低，这样导致对物资需求预测的不精确；军事物

流活动虽然有海量的数据积累，但可利用的“知识”严重匮乏，在进行决策时，主要依赖于定性的规章制度和个人的经验，缺乏必要的辅助决策手段，使得决策的精度低。

(2)军事物流部门之间不能有效地信息共享

军事物流部门之间信息不能有效共享的原因是多方面的，有军队物流部门内部的广域网建设尚不完善，分布于不同地域的各职能部门的信息系统在物理上大都是完全隔离的；各职能部门信息化的程度参差不齐，而且缺乏统一的规范和标准，增加了信息共享和信息集成的难度；在军队和地方企业之间以及军队后勤系统内部各职能部门之间，难以实现信息共享。

在现有的军事物流方式下，由于信息采集与传递方式的限制，信息流滞后于物流，信息加工通常在部门与部门之间存在着重复处理的情况；信息在层层传递的过程中通常会出现失真的现象，滞后和失真的信息达不到有效地控制和调节军事物流活动过程；因此，有效地利用各种信息技术，并拆除各部门和成员间的信息壁垒，通过信息公开和信息共享，才能保证对分布信息源的受控访问，支持对分散军事物流活动进行协调和调整，从而实现现代军事物流。

现代军事物流环境下信息的采集与物流进程同时发生；信息采用计算机集中存储，统一加工处理，消除了部门与部门之间的冗余处理；利用计算机网络传递信息，能保证信息的及时、准确；能够快速反馈信息并由此控制和调节物流；指挥员决策时，不仅了解结果，而且也了解过程，实现信息的可追溯性、准确的判断和实时的决策。

由于现代军事物流各环节上都有共享信息，信息传递不再是呈逐级的链状结构，而是呈纵横交错的网状结构，如图 3-3 所示。整个军事物流用户都能够透明地共享所有信息，现代军事物流的信息流具有如下特点：

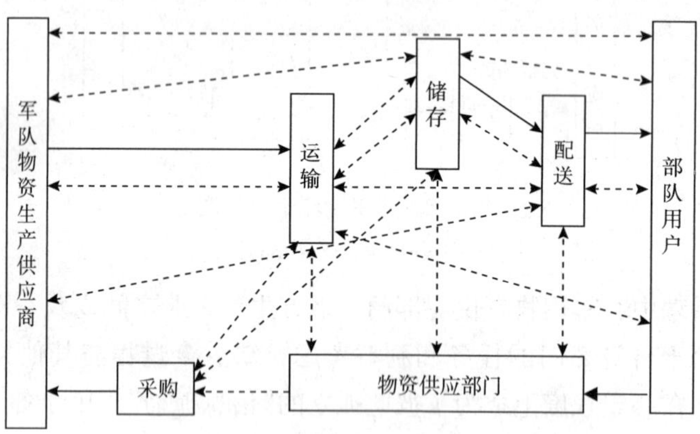

图 3-3　现代军事物流的信息流图

——▶物流；◀- - -▶共享信息；- - -▶需求信息

(1)可实现信息共享

在物资保障活动中利用信息技术，对各部门业务信息流程进行优化，信息在军事物流中互通共享，网状交流，部队需求意愿、订货计划、存储调拨、运输安排等信息从军事物流的一个节点开放地、自动地流向另一个节点，也就是说在军事物流运行条件下的信息流实现有序流动，实现军事物流的企业与企业之间、军队采购部门与企业之间以及军用物资供应部门、军事物流中心部门的内部或部门与部门之间信息共享。

(2)可实现信息同步

现代军事物流信息呈网状传递，供应商和物资供应部门等军事物流部门可进行最有效的信息交换，物资供应部门作为核心部门，能够掌握所需保障的物资，能够保证信息的及时、准确，并能够快速反馈信息，从而能够控制和调节物流活动。

3.1.3　军事物流信息类型

在军事物流信息分析过程中，信息具有多重特征，从不同的角度来看，可以分为不同的信息类型。

(1)根据数据的综合程度，分为一次数据、二次数据和三次数据

一次数据：即原始数据，指直接记录军事物流保障过程中的数据，一般以凭证的形式存在，为凭证数据。如订单、入库单、出库单、记账凭证、交货单、收货单等。

二次数据：指将一次数据经过分类、汇总之后产生的数据，一般表现为账簿数据，如反映物资库存状况的物资收发库存总账、明细账等。

三次数据：是总括反映物流保障实体状态、物资保障过程或保障成果的数据，一般表现为各种报表，如反映物资保障实体状态的基本情况表，反映保障状态变化过程的物资保障活动的状态变动表等。

(2)根据数据的变化属性，分为静态信息和动态信息

静态信息是不直接受物资保障活动影响，相对稳定的数据，是在物资保障活动之前已经准备好，如军事物流组织机构、人员基本情况、物资基本情况、军事物流设施设备、物资代码、设施代码等。

动态信息是在物资保障活动过程中产生的数据，也称过程数据，如物资需求申请表驱动而产生的物资采购订单、物资库存管理中的各种物资调拨单等。

(3)根据信息来源，分为外部信息、内部信息

外部信息指的是涉及军民一体保障的各物流企业与供应商信息，包括企业基本信息、供应商基本信息、供应商信用信息等。

内部信息指的是军队内部各保障单位主体的所有信息，包括保障单位状态信息、特征信息、保障活动信息、计划信息等。

(4)根据物资保障活动过程，分为保障实体、军用物资、保障资源和供应信息

军事物流保障实体包括军用物资生产企业、军用物资供应部门和军事物流中心等，这些部门组成了军用物资保障过程中逻辑上的过程实体关系，组成了一个与部队用户和保障资源关联的军事物流系统。

保障过程实体信息主要描述军事物流保障实体的基本信息，包括军事物流成员的组织结构、功能等。军用物资生产企业信息，主要描述生产企业的历史状况、市场信誉、制造能力、资金信息、物资质量保证体系等；物资供应部门实体信息，主要描述组织保障物资

信息、调度保障力量信息、规划军事物流活动信息等。从保障过程实体信息的分析，可以了解军事物流成员的资源优势。

军用物资信息描述与军用物资有关的所有信息，包括军用物资属性的信息，如军用物资质量信息、配套信息、功能信息等，也包括军用物资筹措活动中需研制、制造的物资信息，如物资生产厂家、制造周期信息等。

军用物资信息有两种类型，一是库存物资信息，体现物资保障能力，可通过物资库存信息查询获得；二是需根据保障需求进行研制生产的军用物资，它是制造企业根据保障需求或物资供应部门订单，组织生产的军用物资或开发出的新型物资。

在军用物资保障过程中，军事物流保障实体要充分发挥各成员的能力，利用一切可利用的资源，组织物资保障。因此，必须对其保障资源和相关特点进行分析描述。保障资源信息包括保障管理信息和保障设施信息。

保障管理信息主要描述物资保障过程中能掌握的地方资源信息的能力，军事物流管理信息、军事物流保障力量信息等；保障设施信息主要描述物资保障过程中能使用的物流设施、设备的能力。

供应信息主要描述军用物资保障需求信息，是军事物流管理的输入输出信息，并根据此信息对军事物流进行动态调整。由于保障需求信息具有随机性，是实现军事物流管理的关键信息。

3.2　军事物流组织机构

我军没有专门的物流业务管理机构，物流业务分散在后勤各部门中，承担军事物流主要功能的部门主要有军事物资计划管理部门、军事物资采购部门、军事交通运输部门和后方仓库管理部门等。在现行军事物流系统中，军事物流的“流体(实物)”主要包括战储物资、日常周转供应物资和装备物资，在这些“实物”保障中，上述部门担负着不同的任务，协同完成保障任务。

3.2.1　军用物资采购组织机构

军用物资采购工作，按照事业部门提出需求、采购机构集中采购、财务部门集中支付、审计部门实行监督的组织方式实施。总部军用物资采购管理部门是全军物资采购的业务管理部门，大单位军用物资管理部门是本级物资采购的业务管理部门，军队物资采购组织管理机构如图 3-4 所示。

在军队现行军用物资采购组织管理体系中，虽然总部军用物资采购管理部门是全军物资采购的统管部门，但是，其直接领导的部门仅限于后勤保障部系统内部采购机构，总部军用物资采购管理部门与其他军兵种采购机构是业务指导关系。

军队军用物资采购各相关部门的主要职责分别是：

总部军用物资采购管理部门：①贯彻执行国家和军队关于采购工作的方针、政策，制

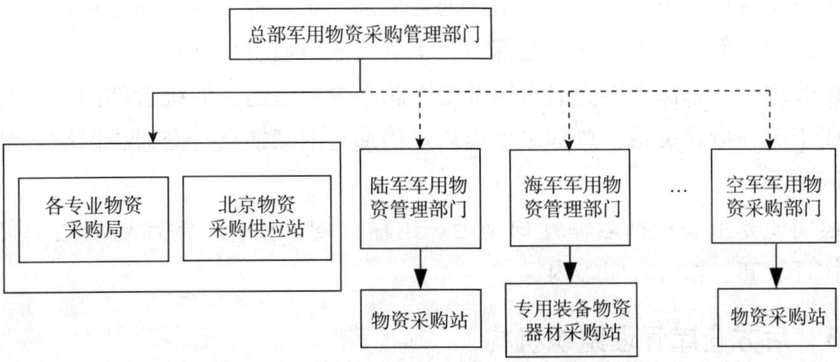

图 3-4　军用物资采购组织管理机构图

——→指挥(领导)关系；- - -→业务指导关系

定有关法规制度；②归口管理全军军用物资采购工作，负责拟制全军军用物资采购工作发展规划和年度工作计划，协调处理有关重大业务问题；③负责组织大宗原材料和机电产品的跨区采购工作。

军用物资采购机构：①归口承办总部和军兵种有关部门下达或委托的采购任务，负责订购谈判、招标、合同的签订与执行等工作；②及时了解军用物资采购任务，掌握市场行情和供货企业资信情况，协调处理合同执行中的有关问题；③承办军用物资的成本审核、质量检验、验收结算和转运交接工作。

军用物资业务分管部门：①负责编制本专业军用物资采购需求计划，向军用物资采购部门呈报相应采购任务；②负责本专业军用物资采购经费、计划、分配、供应管理；③参与本专业军用物资采购招标、价格审定、合同签订与执行等工作。

3.2.2　军事交通运输组织机构

军事交通运输部门是一个十分复杂而庞大的系统，部门与部门之间的业务关系错综复杂，总部军事交通运输部门机构如图 3-5 所示。

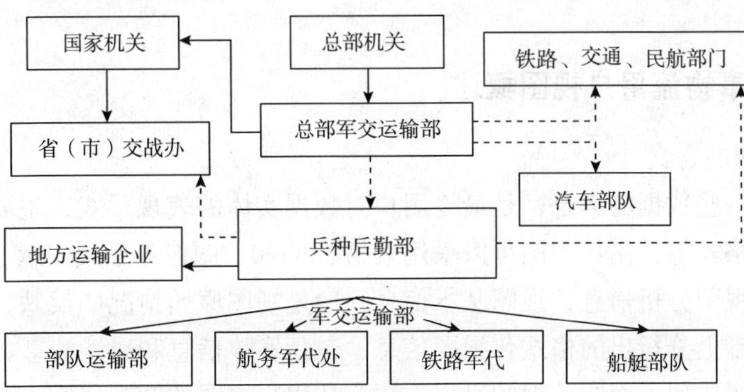

图 3-5　军事交通运输部门机构图

——→指挥(领导)关系；- - -→协调关系；- - -→业务指导关系

军队军事交通运输组织管理由军事交通运输部、军兵种军事交通运输部、交通沿线军事交通运输部门、部队军事交通运输部门及军事交通运输组织管理部门等负责。在军事交通运输组织管理中，总部军事交通运输部是军队军事交通运输的统管部门，但与各军兵种运输力量属于业务指导关系，总部军事交通运输部与国家铁路、交通、民航等部门在业务上属于协调关系。

军事运输业务主要包括运输计划制定、运输计划审核、运输计划下达、实施运输计划、运输物资装卸、物资入库等内容。

3.2.3　后方仓库管理组织机构

后方仓库管理体制是一个“条块结合、分工协作”的管理体制。所谓“条”是指按专业区分，所谓“块”是指按大单位区分。所谓“分工协作”是指行政管理，包括军事、政治和后勤管理的协作，后方仓库的组织机构如图 3-6 所示。

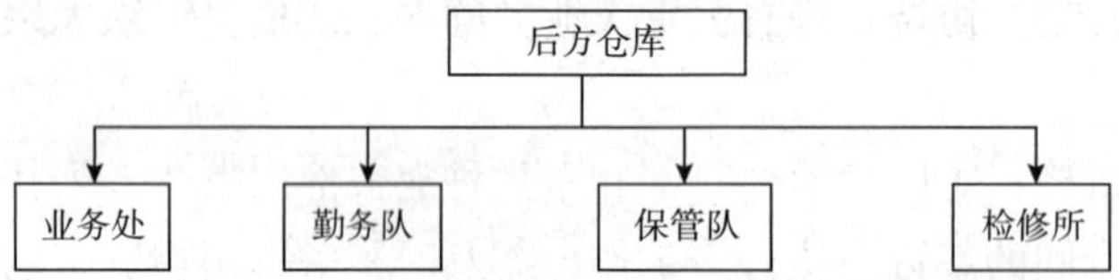

图 3-6　后方仓库管理组织机构

后方仓库物资管理是在相应物资分管业务部门直接指导下，完成物资的入库、出库、库存、盘库等日常管理业务。各军种业务主管部门负责制定军用物资库存各类计划，由后方仓库完成军用物资的入库、保管、出库以及配送业务。具体业务如下：

当仓库接到上级主管业务部门的物资调拨单后，仓库业务处根据调拨单制定入(出)库计划；仓库保管队根据业务处的入(出)库计划，做好物资接收(发出)准备，并在勤务队和检修所的协助下，进行物资入(出)库作业，并做好登记。

3.3　军事物流用户视图

3.3.1　军事物流用户视图概述

(1)用户视图的含义

用户视图是一些数据的集合，是最终用户对数据实体的表现形式，主要包括单证、报表、账册、屏幕格式等，用户视图可以采用表格、Word、图像等形式表示。用户视图包括视图基本信息和视图分析信息，视图基本信息一般是视图原始情况的反映，视图分析信息是在基本信息基础上分析出的格式化视图信息，包括实体信息和属性信息。

数据需求分析体现了面向数据的思想方法，从用户视图的调查研究入手，需要认真分析各部门业务工作的信息需求，同时进行正规的数据资源管理工作，建立起各种信息基础标准。

(2)用户视图信息要素

1)用户视图编号

给每个用户视图赋予一个编号，便于管理。编号不应重名。

2)用户视图名称

用户视图名称指用一短语表示用户视图的意义和用途。

3)用户视图分类

根据用户对视图的管理要求，将用户视图按内容进行分类。

4)用户视图生存期

用户视图在管理工作中从形成到失去作用的时间周期。

5)用户视图记录数

将用户视图看成一张表时的行数。

6)用户视图描述

对于用户视图意义、用途或内容的详细描述。

3.3.2　军用物资采购管理用户视图

军事物流采购管理的用户视图，主要是指采购活动中用到的各种单证、报表等，反映了采购活动中的数据实体。在对采购管理用户视图分析过程中，首先收集军用物资采购管理相关的各种用户视图，如表 3-1 ~ 表 3-3 所示的“军队物资采购供应商调查表”、“企业基本情况”、“报价单”等用户视图。

表 3-1　军队物资采购供应商调查表

<table>
<tr><td>供应商名称</td><td colspan="3"></td></tr>
<tr><td>地址</td><td></td><td>邮编</td><td></td></tr>
<tr><td>电话</td><td></td><td>传真</td><td></td></tr>
<tr><td>网址</td><td></td><td>E - mail</td><td></td></tr>
<tr><td>业务联系人</td><td></td><td>手机</td><td></td></tr>
<tr><td>所属企业</td><td></td><td>ISO 认证</td><td></td></tr>
<tr><td>经济类型</td><td colspan="3">国有□　集体□　私营□　三资□　股份制□　其他□</td></tr>
<tr><td>注册资金</td><td></td><td>年销售额</td><td></td></tr>
<tr><td>员工总数</td><td></td><td>成立年份</td><td></td></tr>
<tr><td rowspan="3">资格证明</td><td>法人代表授权书：有　无</td><td>制造商授权书：有　无</td><td></td></tr>
<tr><td>产品鉴定书：有　无</td><td>生产许可证：有　无</td><td></td></tr>
<tr><td>银行开户证明：有　无</td><td>银行资信证明：有　无</td><td></td></tr>
<tr><td>生产与经营现状(生产能力、市场占有份额、履行能力、财务状况、供货能力、服务水平等</td><td colspan="3"></td></tr>
</table>

续表

产品主要情况（产品目录、规格、质量、价格等）	
参加招标采购投标活动的介绍及成功案例	

表 3-2　企业基本情况

企业名称					
企业地址					
企业性质		建立时间			
通信地址		邮政编码			
联系电话		传　真			
企业网址		电子信箱			
注册机构					
注册时间		注册资本（万元）			
开户银行					
账户名称		账号			
上级主管单位					
法定代表人		职务		职称	
企业经理		职务		职称	
技术负责人		职务		职称	
财务负责人		职务		职称	
企业员额		职工总数		管理人员数	
律师事务所		律师			

表 3-3　报价单

序号	产品名称	规格型号	数量	交货时间	交货地点	交货方式	报价			服务承诺
							单价（元）	其他费用	总价（万元）	
总计（万元）										
说　明										

其次，对用户视图进行标识，按照“职能域编号 + XXX（用户视图序号）”用户视图的编码规则，进行编码标识。例如，采购管理的职能域编码为：F02，则“军队物资采购供应商调查表”的用户视图的标识码为：F02001；“企业基本情况表”的用户视图的标识码为：F02002；“报价单”的用户视图的标识码为：F02003。

第三，对用户视图进行数字化、规范化整理。例如，“军队物资采购供应商调查表”用户视图进行规范化整理后，形成数据元，如表 3-4 所示。

表 3-4　“军队物资采购供应商调查表”数据元

标识	数据元名称	数据类型	数据长度	值域	计量单位	定义
QYMC	供应商名称	字符型	60			供应商的名称
DZ	地址	字符型	60			供应商所在地址
YZBM	邮政编码	字符型	6			供应商企业所在地邮编
DH	电话	字符型	12			值班室电话
CZ	传真	字符型	12			供应商企业传真
WZ	网址	字符型	30			业务联系网址
DZYX	电子邮箱	字符型	30			业务联系电子邮箱
YWLXR	业务联系人	字符型	8			业务联系人名称
SJ	手机	字符型	11			联系人手机
ISORZ	ISO 认证	逻辑型		有、无		企业是否有 ISO 认证
JJLX	经济类型	字符型	60			企业经济类型
ZCZJ	注册资金	数字型	8			企业注册资金
NXSE	年销售额	数字型	8			企业年销售额
YGZS	员工总数	数字型	8			供应商员工总数
CLNF	成立年份	日期型				供应商企业成立年份
FRDBSQS	法人代表授权书	逻辑型		有、无		是否有法人代表授权书
ZZSSQS	制造商授权书	逻辑型		有、无		是否有制造商授权书
CPJDS	产品鉴定书	逻辑型		有、无		是否有产品鉴定书
SCXKZ	生产许可证	逻辑型		有、无		是否有生产许可证
YHKHZM	银行开户证明	逻辑型		有、无		是否有银行开户证明
YHZXZM	银行资信证明	逻辑型		有、无		是否有银行资信证明

3.3.3　军事交通运输管理用户视图

对于军事交通运输管理的用户视图的分析，同样收集军事交通运输管理相关的各种用户视图，如表 3-5 ~ 表 3-7 所示的“运单”、“物资运输计划”、“车辆使用计划”等用户视图。

表 3-5　运单

编号　　　　　　　　　　　　　　　　　　　　　　　　年　　月　　日填发

发送单位		装车地点	
接收单位		卸车地点	
承运单位		本牌号码	
装载物资			

续表

名称	规格	单位	数量	接收单位签注盖章

发送单位　　　　　　　　　　　汽车驾驶员

经手人签章　　　　　　　　　　签　　章

表 3-6　物资运输计划

<table>
<tr><td rowspan="3">单位</td><td colspan="3">运输任务</td><td rowspan="3">起始地址</td><td rowspan="3">运距/km</td><td rowspan="3">完成时限</td><td rowspan="3">承运单位</td><td colspan="3">运力安排/车数</td><td rowspan="3">备注</td></tr>
<tr><td rowspan="2">品名</td><td rowspan="2">数量</td><td rowspan="2">单位</td><td rowspan="2">中型运输车</td><td rowspan="2">轻型运输车</td><td rowspan="2">运油车</td></tr>
<tr></tr>
<tr><td></td><td></td><td></td><td></td><td></td><td></td><td></td><td></td><td></td><td></td><td></td><td></td></tr>
<tr><td></td><td></td><td></td><td></td><td></td><td></td><td></td><td></td><td></td><td></td><td></td><td></td></tr>
</table>

表 3-7　车辆使用计划表

<table>
<tr><td rowspan="2">用车单位</td><td rowspan="2">需要车数</td><td colspan="5">安排车辆</td></tr>
<tr><td>CA1092</td><td>EQ1092</td><td>EQ2100</td><td>加油车</td><td>小计</td></tr>
<tr><td></td><td></td><td></td><td></td><td></td><td></td><td></td></tr>
<tr><td></td><td></td><td></td><td></td><td></td><td></td><td></td></tr>
</table>

在对用户视图收集和命名的基础上，对用户视图进行标识，然后对用户视图进行数字化、规范化整理。例如：运输管理的职能域编码为：F04，则“运单”的用户视图的标识码为：F04001；“物资运输计划”的用户视图的标识码为：F04002；“车辆使用计划表”的用户视图的标识码为：F04003。

例如，“物资运输计划表”用户视图进行规范化整理后，形成数据元，如表 3-8 所示。

表 3-8　“物资运输计划表”数据元

标识	数据元名称	数据类型	数据长度	值域	计量单位	定义
DW	单位	字符型	60			单位的名称
WZMC	物资名称	字符型	20			物资的名称
SL	数量	数字型	8			数量
JLDW	计量单位	字符型	10			计量单位
QSDZ	起始地址	字符型	30			运输的起始地址
YJ	运距	数字型	8			运输距离
WCSJ	完成时间	数字型	8			运输完成时间
CYDW	承运单位	字符型	60			运输的单位
ZXYSC	中型运输车	数字型	8			中型运输车数量

续表

标识	数据元名称	数据类型	数据长度	值域	计量单位	定义
QXYSC	轻型运输车	数字型	8			轻型运输车数量
YYC	运油车	数字型	8			运油车数量
BZ	备注	备注型	255			备注

3.3.4　军事仓库管理用户视图

收集军事物流仓储管理相关的各种用户视图，如表 3－9～表 3－11 所示的“物资调拨单”、“装箱单”、“物资收发差错(事故)报告表”等用户视图。

表 3-9　物资调拨单

调拨单号：________　军运号：________　发出单位：________　接收单位：________

起始站台：________　到达站台：________　发出时间：________　接收时间：________

序号	物资名称	计量单位	数量	质量等级

主管单位　　　　发出单位负责人：　　　　接收单位联系人：

(盖章)

表 3-10　装箱单

收货单位________　合同号________　发票号________　字第________号

物资名称	规格型号	单位	数量	备注
合计				

发货单位　　　　装货人　　　　年　月　日

表 3-11　物资收发差错(事故)报告表

填报单位　　　　年　月　日

差错(事故)名称		发生日期	
物资名称规格型号		超(损)数	台(件套) 千克
发生原因及处理情况			
科领导意见			
库领导意见			
上级领导机构指示			
备注			

军事物流仓储管理相关的各种用户视图后，对用户视图进行标识，然后对用户视图进行数字化、规范化整理。例如，“物资调拨单”用户视图进行规范化整理后，形成数据元，

如表3-12所示。

表3-12 "物资调拨单"数据元

标识	数据元名称	数据类型	数据长度	值域	计量单位	定义
DBDH	调拨单号	字符型	10			上级发出物资依据
JYH	军运号	字符型	12			铁路运输计划编号
FCDWMC	发出单位名称	字符型	32			发出单位名称
FCZT	发出站台	字符型	16			出发车站名称
DDZT	到达站台	字符型	16			到达车站名称
WZMC	物资名称	字符型	32			发出物资名称
JLDW	计量单位	字符型	8			物资的计量单位
SL	数量	数值型	8		件	发出物资的数量
ZLDJ	质量等级	字符型	8			物资的质量等级
ZGDW	主管单位	字符型	8			主管单位名称
FCDWFZR	发出单位负责人	字符型	8			发出单位负责人姓名
JSDWLXR	接收单位联系人	字符型	8			接收单位联系人姓名
FCRQ	发出日期	日期型				物资发出日期
JSRQ	接收日期	日期型				物资接收日期

经过用户视图整理和分析，可以看出，不同的用户视图中，有相同的数据元，而数据元出现频度越多，说明数据元的共享程度越高，把数据元在不同的用户视图中进行识别，可以消除数据元的"同名异义"。

3.4 军事物流信息资源的元数据

3.4.1 元数据概述

在军事物流信息资源建设中，如何保证有效地实现信息的共享和业务协同，使之互通、互连、互操作，数据的组织标准就格外重要，尤其是元数据的规范标准是信息组织的重要标准。

(1)元数据的概念

元数据(Meta Data)是描述数据及其联系的机制，是以概念、主题或层次等形式建立的信息结构；元数据是关于数据的结构化的数据；元数据是与对象相关的数据，对数据标识、数据质量、表达方式、属性、来源、获取方式等属性的描述；元数据即代表性的数据，通常被定义为数据之数据，它包含用于描述信息对象的内容和位置的数据元素集。根据元数据的功能不同，元数据可分为管理型、描述型、保存型、技术型、使用型等类型。元数据的属性有元数据的来源、元数据生成的方式、元数据的本质、元数据的状态、元数据的结构、元数据的语义、元数据的层次等。

(2)数据元的概念

数据元是通过定义、标识、表示以及允许值等一系列属性描述的数据单元。在特定的语义环境中被认为是不可再分的最小数据单元。数据元是有关信息的数据单元，对应用系统而言，在确定的相关环境中(应用系统)被认为不可再细分的数据单元。对数据标准化而言，数据元通过使用一组属性来描述其定义、标识、表示和允许值的数据单元。对数据库和文件而言，数据元是一个组织管理数据的基本单元。因而，它必须是组织内部数据库、文件和事务集，涉及并用于建立与其他组织交流的事务集的组成部分；对数据组织而言，一个数据的组织内部、数据库或文件是由记录、字段和元组等组成，而记录、字段和元组(子字段)是由数据元组成。数据元本身包含有数字、字符、图像、声音等多类数据。

(3)元数据与数据元的区别和联系

①元数据不可能涵盖理解数据元所要表示的数据所必需的所有信息。例如，设计一个库存物资的统计表，对于统计表设计是理解数据所必要的。但是，统计表设计并不是用来表示和描述数据元的元数据的一部分。

②数据元的相关信息是任何一个元数据的一个完整的组成部分，一个组织的数据元必须具备元数据，这些元数据将便于用户理解和共享该组织的数据。

③元数据的每一个元素都是一个数据元，用符合数据元标准的元数据属性和描述方法来说明元数据。

④将元数据存储于一个库中，并使之条理化就需要建模，建模就需要从数据元的注册系统中或库中获取元数据。

⑤元数据，它是以一种一致、标准的方式来表达的数据元。

⑥元数据与数据元字典格式由行号、中文名称、英文名称、标识符(短语)、定义、约束/条件、最大出现次数、数据类型、数据的值域等属性组成。不同之处是数据元字典格式中另有语境和同义词名称等属性。

元数据和数据元从不同角度论述数据，由于描述的侧重面不同，元数据和数据元的描述属性也有些区别，但是元数据和数据元的字典格式是基本一致的。从元数据和数据元的规范用于实现数据共享的角度出发，两者也没有差异。

(4)军事物流元数据的涵义

根据元数据的涵义，综合各种元数据定义，军事物流元数据定义为：在军事物流活动中所产生的数据(包含知识和规则)的描述，是一种结构化的数据，包括数据的格式、技术和业务过程、数据的规则和约束以及数据结构等。

物流元数据也是一种数据，以数据形式管理。传统的军事物流成员依据自身的需求所建立的数据处理和管理信息系统，缺乏统一的规范，对物流元数据内容和管理各不相同，也没有元数据的共享，导致数据集成障碍，建立统一的元数据标准是解决这一问题的有效途径。建立元数据标准能够实现元数据交换、共享和管理，有利于实现整个军事物流的信息集成。

3.4.2 军事物流的元数据分析

(1)军事物流的元数据获取

军事物流的元数据是对军事物流数据进行描述，描述其语义、数据类型、数据结构、数据表示、数据范围和数据值等各种属性。军事物流活动包含军用物资采购、运输、储存等多项业务，需要集成多个异构的数据源，由于军事物流环境不断变化，军事物流部门需要调整数据来适应环境的变化。通过应用元数据管理方法，可以解决军事物流系统中的数据的表示、范围、类型等属性随着系统需求变化而柔性化改变等问题。

军事物流的元数据获取可以从现存数据模型中提取元数据，从现有数据模型中提取元数据，利用已有的信息系统数据存储组件，即信息系统的各个数据库、E-R 图、各种单据、报表中提取各种通用、专用数据元，其优点是数据来源直接，有利于发现同构异义或异构同义的数据项。但这种途径的数据元提取质量完全依赖于原有系统的数据质量，同时也很难创建全局数据视图来疏理和优化业务流程。因此，物流元数据也可从用户需求出发，通过分析军事物流业务流程，按最优物流业务流程提取元数据。

(2)军事物流的元数据类型

元数据可以支持对系统信息的组织、存储、检索和交换，物流元数据构成了军事物流的数据模型中的规范化数据。物流元数据的类型，按用途可以划分为物流单据元数据、人员元数据、物资元数据、设备元数据和物资特征元数据等，用以描述军事物流业务和军事物流管理领域的数据模型；按性质划分为技术性元数据和逻辑性元数据，技术性元数据描述与物流相关的数据特性方面的元数据等；逻辑性元数据描述反映物流数据元之间的相互关系，数据模型中元数据基本框架。

(3)军事物流的元数据存储

由于军事物流部门依照自身的需要，使用不同的开发工具建立的军事物流管理系统，大多数系统中存在着不同或不能兼容的内部元数据，没有统一的军事物流元数据标准，因此很难实现信息集成。为了解决军事物流信息集成问题，采用了层次存储组织模型，如图 3-7 所示。一个共享的物流元数据库由多个元数据库提取得到，一个元数据库包含多个物流元数据规范，每个规范可包含多个元数据对象，其中每 1 个规范代表 1 个被采用的元数据标准。基于这种层次组织模型，就可以实现元数据按照规范的分类组织，新的元数据标准可以以新的规范形式加入到某一元数据库中，该模型具有一定的开放性。

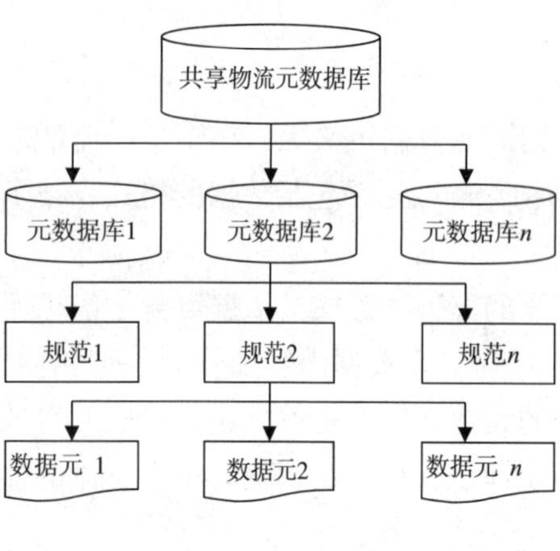

图 3-7 物流元数据存储组织模型

3.4.3 军事物流的元数据关系

军事物流层次存储组织模型，要求元数据与

物流信息实体同步，否则将无法查找和确认元数据所属标准。物流元数据与物流信息实体的同步，需要建立物流元数据和信息实体之间“元关系”，维护两者之间的数据一致性，才能解决同步更新问题。元关系属于1：N的属性型关系，用于描述物流信息实体与元数据集之间的关系。元关系的源对象是物流信息实体，目的对象是元数据集，因为一种物流信息实体本身可能就是一个数据集，其中每个数据都有自己的元数据描述。为了提高元数据的查询检索及更新等操作效率，可以把元关系作为关系类的一种扩展形式，通过关系类表进行管理，因此，只需要维护物流信息实体与元数据集之间的元关系属性表。

以下通过仓库管理中库房信息为例，分析元数据同步过程，仓库信息的元关系如图3-8所示。为了实现库房信息和元数据的关联，首先需要在库房信息类 LogisticID 与元数据集 MetaDSID 之间建立元关系，建立的元关系类可由数据库中的关系类表来管理和维护。其次，在建立元关系后，产生与该元关系对应元关系属性表，元关系属性表用于维护两类对象所管理实体之间的关联操作。基于这种“元关系”机制，通过定义物流信息实体与基于不同规范的元数据集之间的多条元关系，实现1个信息实体与多条元数据的关联，这将有助于借助元数据发布系统，在分布、异构的信息资源中，更快捷、更有效地查询、访问、获取自己需要的数据。

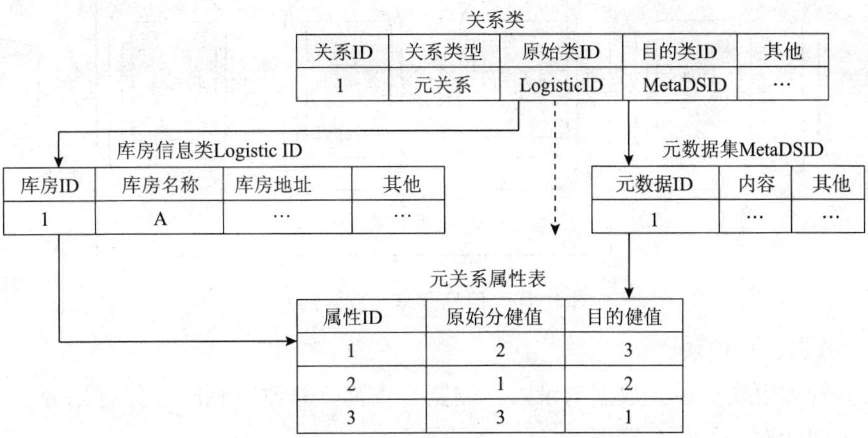

图 3-8　仓库库房信息元关系实现

在基于元数据的信息系统应用过程(见图3-9)中，各个系统模块都以元数据表与元数据读取模块为中心，各行其职地运行。其步骤为：需求分析后，得到系统的基本表与功能，通过元数据定义模块，定义出整个信息系统的元数据，然后可通过元数据来控制整个信息系统。当数据库基本表发生变化时，则通过元数据维护模块修改元数据，从而使数据库动态的做出相应的变化。

3.4.4　军事物流的元数据模型

元数据模型包括：元数据管理、元数据标注、目录服务管理和元数据库，如图3-10所示。信息资源元数据管理是指对信息资源元数据的提取、录入、浏览、查询、新增、修

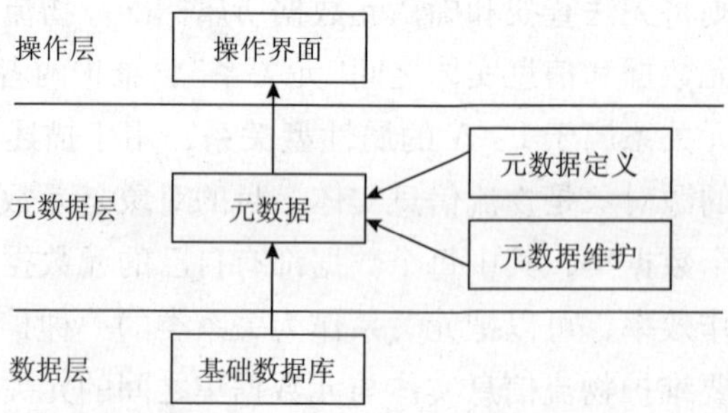

图 3-9　元数据应用过程

改、删除和集合划分等操作，实现元数据的综合管理。

信息资源元数据标注是指针对不同类别的信息资源采用统一的方式、不同的标准的标注。然后以类目和目录为分类集合，实现系统的资源类目划分、目录划分，从而实现资源的编目管理。

信息资源目录管理则以信息资源为基础，通过元数据标注提供目录服务，实现部门间信息共享。信息资源元数据库用来存储信息资源的元数据，是整个元数据管理的基础。

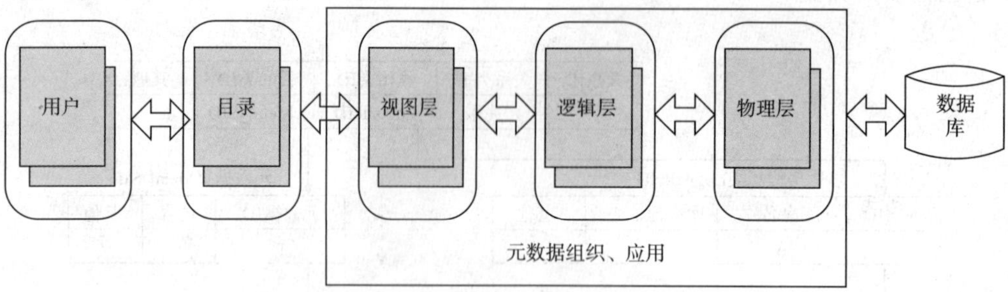

图 3-10　信息资源元数据模型

(1)元数据管理模块

元数据管理模块提供元数据的录入、浏览、查询、修改、删除、集合划分、导出等基础操作，实现元数据的综合管理。

元数据的录入操作：也可以称为元数据的注册操作，提供对资源元数据注册的功能。系统中并不是所有录入的元数据都能立即应用于系统中，需要注册受理人员对新录入的元数据进行检查，检查通过才能启用。方法是通过页面提供的元数据编辑页面直接进行注册请求和注册受理。注册操作的执行过程，如图 3-11 所示。

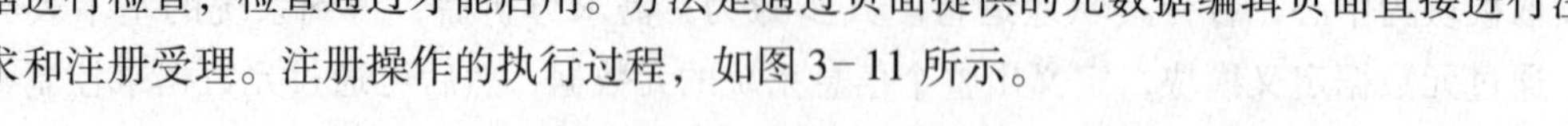

图 3-11　元数据注册执行过程

元数据的浏览操作：由于系统所需的元数据数量大、层级多，因此采用树形结构显示给用户更加合理。允许用户在树形结构上直接进行修改、增加子节点等操作。浏览操作的执行过程，如图 3-12 所示。

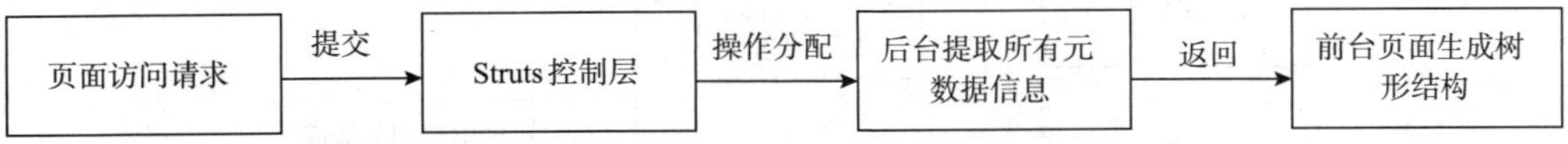

图 3-12　元数据浏览执行过程

元数据的修改、删除操作：修改操作主要根据业务需要修改元数据的基本属性，如长度、标识名等；而删除操作则需谨慎进行，因为，任何一个元数据都有可能隶属于不同的元数据描述模板，某一处的删除操作极有可能造成该元数据在多个模板内的引用失败等影响，导致模板不完整。因此，删除操作分两种方式，一个方法是逻辑删除，另一个方法是物理删除。只有当目标元数据不隶属于任何模板的时候才允许删除，否则进行逻辑删除，也即将其标志为"废止"状态，表示目标元数据当前不可用。删除操作的执行过程，如图 3-13所示。

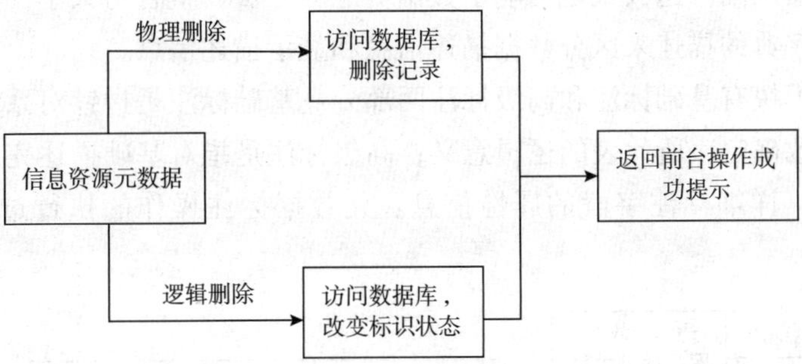

图 3-13　元数据删除执行过程

元数据模板划分操作：根据信息资源的特点，针对每类事件设定与之对应的元数据描述模板，更准确、全面地描述每类信息资源。因此，将某些意义相关或者逻辑相关的元数据划分到对应的集合里，形成元数据集合，也即元数据描述模板。元数据模板划分操作的执行过程，如图 3-14 所示。

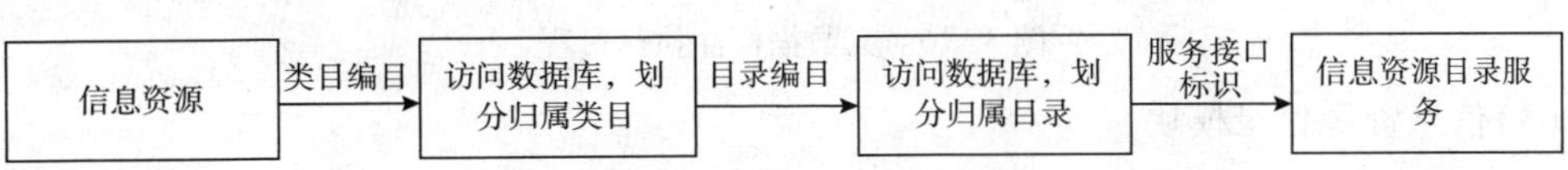

图 3-14　元数据模板划分执行过程

元数据信息导出操作：元数据的导出是将元数据库的某个物理实现的实例数据以 XML 的数据格式进行输出。元数据导出的范围有：元数据或者元数据集合。元数据信息导出操作的执行过程，如图 3-15 所示。

(2)元数据标注模块

元数据标注对信息资源的整合具有重大意义。通过标注，可以使得多方面的数据资源以统一的方式存放到数据库中，从而提供统一的检索方式，大大地提高检索效率。同时，标注操作为资源目录体系建设提供目录归属的划分依据。

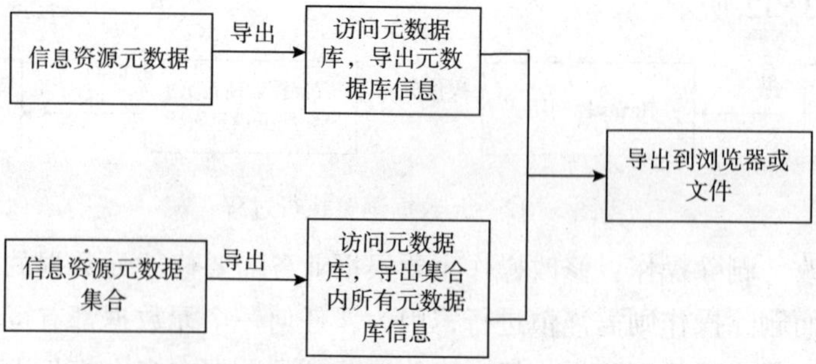

图 3-15　元数据信息导出执行过程

信息资源管理系统中常见的数据源存在形式有：SQL Server 数据库、Oracle 数据库、本地或远程 XML 文件、CSV 文件等。因此，关系属性同域异标识的现象频繁出现，例如 deptID 和 DepartmentID 在大多时候都是表示某组织机构的唯一标识号 ID，然而这两个字段却不太容易被机器匹配。这极大地影响了数据资源的分析、整合与共享。因此这些数据源都需要通过数据字典的描述来区分数据描述信息和显示描述信息。

元数据标注模块有基础标注和高级标注两部分。基础标注是指针对系统数据库中的表进行的描述，大致确定表所代表的逻辑意义；高级标注是指对基础描述完成后继续对表中的字段进行描述，详细标注字段的属性信息。元数据标注操作的执行过程，如图 3-16 所示。

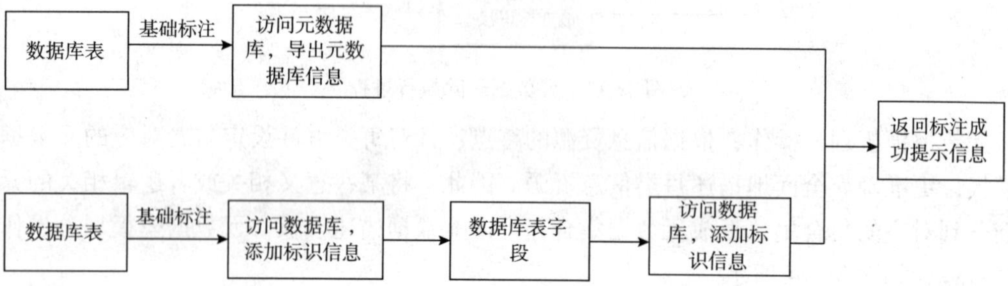

图 3-16　元数据标注执行过程

(3)信息资源目录模块

信息资源目录模块包括编目子模块和目录服务子模块。

编目系统根据资源标注的结果，提取其基本特征，划归资源的类属关系，实现元数据目录内容。

编目系统的应遵循以下技术要求：

①编目对象是具体的信息资源，主要内容包括数据集、法律法规、文件、报告、服务等，具体的形式可以是数据库、图片、音频、视频、网页、服务等。

②编目系统应支持自动、半自动方式完成元数据元素的赋值。

③唯一标识符管理功能。支持唯一标识符的分配和赋值，包括支持后的自动生成和管理。

④信息资源分类。实现对共享政务信息资源的分类。

信息编目操作的执行过程，如图 3-17 所示。

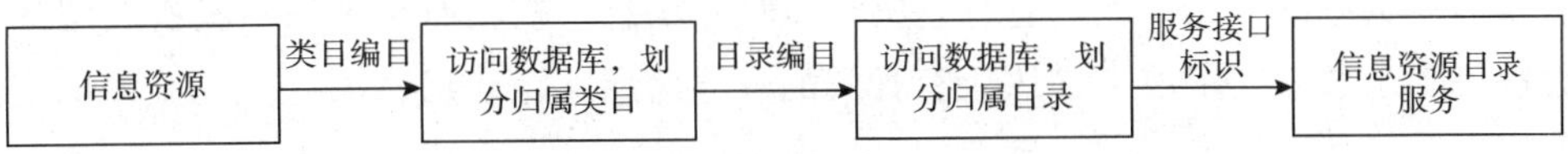

图 3-17　信息资源编目执行过程

目录服务系统基于网络实现对目录内容的发布，并向用户提供目录内容的查询。目录服务系统应遵循以下技术要求：

①目录内容发布：提供目录服务访问地址。根据管理员更新的目录服务访问地址，发布共享访问接口。

②目录内容查询：为了便于目录检索，需要提供基于网络的目录内容查询功能，考虑到目录本身的多层次性，用树形结构实现目录的分类导航。

③目录维护功能：对目录内容管理信息库、目录内容服务信息库中的目录内容提供维护功能。

目录结点注册成功后，还要对其进行维护，需要提供目录结点的查看具体信息、修改及删除功能。需要注意的有两点，一是对于删除功能，如果一个目录结点不是叶子结点，则不应删除这个结点，删除操作只能作用于叶子结点。二是在同一个父结点下不能有重复的结点，这包括名称相同和标识码相同的目录，否则造成目录结构混乱。信息资源目录服务框架，如图 3-18 所示。

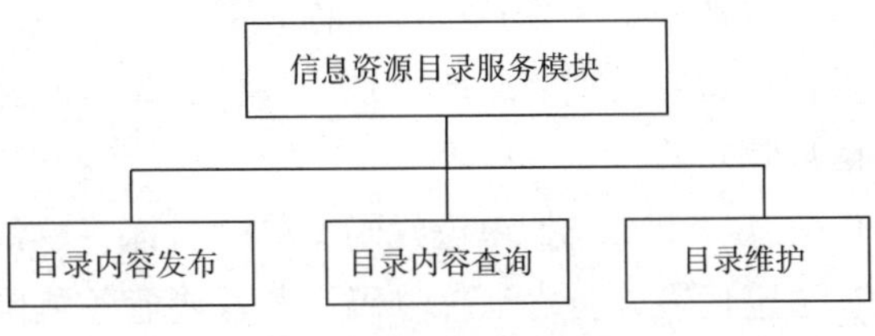

图 3-18　信息资源目录服务模块

(4)信息资源元数据库

元数据库是整个系统数据库的核心部分，也是数据共享的关键。信息资源元数据的内容由两部分构成：数据描述信息和显示描述信息，也可称为固定的元数据描述信息和可变的元数据描述信息。数据描述信息(固定的元数据描述信息)是指信息资源的基本描述信息；如信息资源的名称、物理位置、所属部门等。这些基本的信息可以给政务信息资源一个整体描述，使用户能够获悉信息资源的主要特征和用途而且相对固定；显示描述信息(可变的元数据描述信息)是指信息资源的详细描述信息，方便用户浏览，易于用户理解，提供给用户可以用于查找的线索和途径。

对于信息资源的基础描述信息，它的特征是其描述信息的结构具有长期稳定性。一旦信息资源已经确定，那么它的基本信息也就随之确定。比如：法律文件的名称、类型，数据库表的名称等，针对某类信息资源有特定的描述，针对另一类信息资源，可以采用同样的信息结构来描述。对于这种稳定的元数据信息结构，适合用关系数据库中特定数量的字段来存储描述。

对于信息资源的详细描述信息，它的特点是其信息结构具有可变性，具有较强的伸缩性，无法用确定数量的字段来描述所有种类的政务信息资源信息，因此就无法用固定的字段结构来存储元数据信息。需要动态的可扩展的元数据集合来描述。例如，不同类别的资源详细信息，不同表的字段详细信息等。

3.5 军事物流信息资源数据需求

3.5.1 军事物流基础信息

军事物流基础信息需求包括机构信息、物流基础设施信息、军用物资与装备信息、物流环境信息、法规理论以及保障标准等。

(1)机构信息

军事物流是在各级军事物流综合管理机构以及各级业务管理机构的共同指挥和协调下，由不同类型的军事物流保障实体对全军各受供单位进行物资保障的行动。在物资保障过程中，不同层级、不同类型的军事物流用户需要不同的信息来管理、执行、控制军事物流活动。

机构主要可分为军队单位和国家地方相关物流单位。

①军队单位信息：主要包括单位名称、单位简称、部队番号、部队代号、单位隶属关系、部队类别、军种、级别、建制类别、编成类别、兵种、战区、保障区、驻地、邮政编码、通信地址、电话等信息。

②地方相关物流单位信息：主要包括单位代码、单位名称、单位英文名称、单位类型代码、法定代表人姓名、法定代表人身份证件号码、经营或业务范围、资质情况、经济行业代码、经济类型代码、注册批准成立日期、营业有效期限起始日期、营业有效期限终止日期、主管部门名称、主管部门代码、注册开办资金、货币种类代码、外方投资机构国别或地区代码、职工人数等信息。

(2)物流基础设施信息

物流设施包括仓库、机场、港口、码头、物资采购站等。

①仓库：主要描述仓库级别、仓库类别、储存性质、占地面积、容量、储藏能力、占用率、保护区类型等情况。

②机场：主要描述机场等级、场站级别、驻屯能力、最大起降机型、占地面积、单机掩蔽库数量、机场停机坪情况、机场洞库情况、道路情况、附属设施情况、各类跑道情况、场务保障装备数量等情况。

③港口：主要描述驻泊能力、航道最小水深、码头数量、年吞吐能力、水鼓数量、质量现状、开竣工时间等情况。

④码头：主要描述码头平面布置型式、码头长度、宽度、结构、前沿设计水深、实际水深、钢引桥数、钢撑杆数、锚链数、供水、供油、供暖、供电、供气等情况。

⑤物资采购供应站(储运站)：主要包括整车到站、零担到站、库房面积、货场面积、调装能力、接轨站名、专用线长度、吞吐能力、起重机、内燃叉车、运输车辆、计量设备、木材装载机、零担货运车、维修设备等情况。

(3)军用物资与装备信息

军用物资与装备主要指后勤装备性能和军用物资属性信息。

①后勤装备性能：主要包括装备名称、装备型号、计量单位、装备类别、尺度、机动运输尺寸、展开作业尺寸、重量、单价、作业能力、展开时间、撤收时间、连续工作时间、最高机动速度、最大爬坡能力、适用温度、操作人数、生产厂家等数据。

②军用物资属性：主要包括计量单位、尺度、包装件数、体积、容量、重量、储存条件、允许堆垛层数、储运要求说明、供应单元计量单位、适用区域、包装材料、包装类型、储备方式、获取途径、空投标识、危险货物代码、物资控制等级、分解运输标识、生产厂家、主要用途等数据。

(4)物流环境

地理环境主要包括地理信息、交通运输以及动员潜力等信息。

①地理信息：主要描述军事地理，气象水文以及社会人文环境。军事地理可采用军事地理信息系统数据。气象水文可采用气象水文局数据。社会人文环境，主要描述各行政区划的面积、主要经济指标、重要政治、经济目标和战争潜力、民族分布、文化古迹、宗教、政治团体、卫生、人口、自然灾害等情况。

②交通运输：主要描述铁路线、等级以上公路、通航的水路、列入运营的机场，主要枢纽、交通隧道、桥涵、通信枢纽、港口、码头等情况。

③动员潜力：主要描述国家、地方国民经济动员潜力情况。

(5)法规理论

法规理论主要包括物流相关法规和保障理论资料。

①物流法规：主要包括专业分类、法规分类、内容、制定机关、颁布时间、施行时间、主题词、密级等数据项。

②保障理论：主要包括专业领域、关键字、正文内容、作者、出版单位、出版时间等数据项。

(6)保障标准

保障标准主要包括物流相关专业物资装备保障标准、消耗标准、编配标准等。

3.5.2　军事物流管理信息

军事物流相关业务管理部门是指物资采购、仓储、运输等具体业务管理部门。军事物流相关的业务部门主要包括物资储备管理业务、物资供应管理部门、物资采购管理业务部门、军事交通运输管理业务部门等。业务部门是物资筹、储、供、管业务的执行单位，在军事物流保障中起着承上启下的连接作用。

物流管理信息数据主要包括物资采购、物资供应、物资储存管理、军交运输管理等数据。

(1)军用物资采购管理

军用物资采购管理主要包括军用物资采购计划、供应商管理、合同管理、合同履行管理等。

①军用物资采购计划：主要包括物资采购计划、日常周转供应物资采购计划、装备物资采购计划等数据。

②供应商管理：主要包括供应商基本信息、供应商营运情况信息、供应商税务情况信息、供应商信用信息、供应商售后服务信息、供应商财务情况信息、供应商产品信息、供应商产品认证信息等。

③合同管理：主要包括合同储备物资采购合同信息、日常周转供应物资采购合同信息、装备采购合同信息等。

④合同履行管理：主要包括战储物资采购计划落实情况信息、日常周转供应物资采购计划落实情况信息、装备采购计划落实情况信息等。

(2)军用物资仓储管理

军用物资储存管理主要包括军用物资储备规划、军用物资库存管理、军用物资收发管理等。

①军用物资储备规划：军用物资储备五年规划、专项规划数据。

②军用物资库存管理：军用物资维护保养计划、轮换计划、处理计划、布局调整计划、军用物资储备实力等数据。

③军用物资收发管理：军用物资出、入库调拨单。

(3)军交运输管理

军交运输管理主要包括：军用物资军运计划、军运计划落实情况、军运计划执行状态。

①军用物资军运计划：战储物资军运计划、日常周转供应物资军运计划、装备管理军运计划、部队业务部门的军运计划。

②军运计划落实情况：铁路部门军运计划落实情况、民航部门军运计划落实情况、国家交通部门有关交通设施情况。

③军运计划执行状态：战储物资军运计划执行状态、日常周转供应物资军运计划执行状态、装备管理军运计划执行状态、采购物资军运计划执行状态。

3.5.3 军事物流作业信息

军事物流作业信息是指在物流活动过程，所发生的信息需求，包括：采购作业信息、运输作业信息、仓储作业信息、配送作业信息。军事物流作业，对于军事物流管理和高效率运行具有重要影响。

(1)军用物资采购作业信息

军用物资采购作业信息主要包括：采购需求信息、采购任务信息、采购任务执行情况信息等。

①采购需求信息。主要包括通用物资采购需求、进口需求、武器采购需求、油料采购需求、药材采购需求等。

②采购任务信息：主要包括采购物资验收单信息、采购物资接收与验货信息、发货进度信息。

③采购任务执行情况信息：主要包括供应商的投标信息、采购进度信息、采购物资接受和验货信息等。

(2)军事运输作业信息

军事运输作业信息主要包括：运输需求信息、运输任务信息、运输环境信息、运输任务执行情况信息。

①运输需求信息：包括铁路运输需求、水路运输需求、公路运输需求、航空运输需求、铁水联运需求等。

②军事运输任务信息：包括铁路运输单、水路运输单、公路运输单、航空运输单、铁水联运单等信息。

③运输环境信息：包括沿途天气、敌情、交通等信息。

④军事运输任务执行情况信息：包括物资运输量动态跟踪信息、物资运输预期到达信息。

(3)军事仓储作业信息

军事仓储作业信息主要包括：仓储需求信息，物资收、发、管作业信息。

①仓储需求信息：包括入库计划需求、出库计划需求、入库需求、出库需求、调拨需求等。

②物资收、发、管作业信息：主要包括储备物资收、发、管状态信息；日常周转供应物资收、发、管状态信息；装备收、发、管状态信息。

(4)配送作业信息

配送作业信息主要包括：配送需求信息、配送分拣信息、配送运输信息。

①配送需求信息：包括配送单号、配送单状态、单据类型、物资区分、主管单位、字、号、收货单位、包裹数、要求配送时间等。

②配送分拣信息：包括物资类别、数量、存储位置、收料单位、集货形式、配送方式、库内装卸力量、分拣力量、分拣物资明细、机械设备等。

③配送运输信息：包括装车物资明细、运输力量、车辆信息、打包物资明细等。

第 4 章　军事物流信息资源规划信息建模

4.1　军事物流信息建模概述

4.1.1　军事物流信息模型含义

信息模型是指对客观对象进行思维抽象后，用文字、图表、符号、关系式以及实体描述，是对客观对象的一种简化的表示形式。信息模型仅仅是客观世界经过抽象、简化以后的表示，构造信息模型是为满足对某个研究问题的需要服务，便于人们对问题进行分析和研究。

关于军事物流信息模型的定义，目前还没有一个公认的定义。可以认为军事物流信息模型是军事物流活动过程中，对军事物流信息的采集、传递、加工、使用和维护等信息活动一般规律的描述；军事物流信息模型反映了军事物流业务活动所涉及的实体关系，是军事物流信息间的联系模型，包括以下几种模型：

①业务活动模型。业务活动模型反映了信息处理的活动有哪些，这些活动对信息的产生、存储、传递和使用起着重要的作用。按照“职能域—业务过程—业务活动”的层次结构建立业务活动模型，并采用表格化的形式表现出来。

②信息流程模型。信息流程模型反映了信息活动间数据的流动情况。用数据流程图的来表示信息流程模型。

③实体关系模型。实体关系模型反映了数据实体及其相互间的关联关系，用实体关系图来表示实体关系模型。

4.1.2　军事物流信息建模分析技术

在军事物流管理中，有大量信息需要处理，需要有行之有效的信息分析方法，才能从大量信息中提炼出有价值的信息。通过信息分析，掌握军事物流活动的规律性。军事物流信息建模分析就是通过军事物流活动的大量信息进行搜集和整理，建立军事物流管理的信息模型，这种军事物流信息模型是对军事物流活动的客观描述，不是针对某个具体军事物流活动的管理信息进行建模，具有较强的一致性、通用性。信息建模分析技术是一项实用性很强的科学，它是在实践中不断积累和发展而形成的方法体系。

信息建模的分析有许多方法，典型的有：

(1)功能分解法(Function Decomposition)

功能分解法是以系统提供的功能为中心来分析信息系统，其表示方式如下：

功能分解法 = 功能 + 子功能 + 功能接口

应用功能分析法分析军事物流信息，首先确定军事物流管理信息系统的各种功能，然后将系统功能进行分解，划分成各种子功能，同时明确功能之间的接口，对于较大的子功能进一步分解，直到该功能单元具有明确的定义，功能/子功能分解法需要设计相应的数据结构。

功能分解法较好地运用了抽象原则，这种从系统需要的功能出发构造系统的方法能够直接反映用户的需求。但是，这种方法对需求变化的适应能力很差。在军事物流的信息管理中，为了适应不断变化的物资保障需求，功能成为军事物流的信息系统中最不稳定因素。因此，以功能为中心来构造军事物流的信息系统，并在此基础上设计数据结构，作为系统基本成分的功能模块容易受到需求变化的影响，而需求变化会导致军事物流的信息系统发生根本性变化。

(2)数据流法(Data Flow Approach)

数据流方法又称为结构化分析法，其基本策略是跟踪数据流，研究职能域中数据如何流动以及在各个环节上进行何种处理。职能域被映射为由数据流、处理过程和文件等成分构成的数据流图(Data Flow Diagram)，并用处理过程说明和数据字典对数据流和数据处理过程进行详细说明。运用逐步求精的原则，一个处理过程可以通过细化而分解为下层的数据流图。数据流法的表示形式为：

数据流法 = 数据流 + 数据处理(加工) + 数据存储 + 处理说明 + 数据字典

数据流方法必须应用一些严格的原则以避免错误和疏漏，例如数据必须从源点开始出发到终点结束，在此期间只允许数据的传输、转换和存储，而不允许数据的消失和产生。

应用数据流法对军事物流信息分析，可分解军事物流活动环节，分别对各军事物流计划、采购、仓储运输、配送等环节进行信息流分析，同时明确各环节之间的信息传递关系，对于复杂的物流环节，可对物流信息处理逐层分解，直到信息处理单元具有明确的含义。军事物流的数据流分析，需要设计相应的数据关系。

与功能分解法相比，数据流法研究的重点在以数据流和数据处理过程为中心，同样存在对需求变化的适应能力比较弱的缺点，即使系统功能的局部变化也会引起一个处理过程和与它相连的许多数据流的修改，进而影响到与这些数据流相连的所有处理过程。此外，在较大的复杂系统中，有大量的数据流和数据处理过程，这样会造成大量的分析文档。

(3)信息建模法(Information Modeling)

信息建模方法是在实体 - 关系建模技术(Entity-Relationship Design E - R 方法)基础上，进行了改进的方法。S. Mellor 和 S. Shlaer 将其发展为语义数据建模方法并引入了许多面向对象的特点。信息建模技术的表示如下：

信息建模法 = 实体(对象) + 属性 + 关系 + 父类型/子类型 + 关联对象

从本质上讲，信息建模方法是一种系统分析方法，其核心概念是实体和关系。实体描述职能域中的一个事物，包含一组描述事物数据信息的属性；关系描述职能域中各事物之间在数据方面的联系，它带有自己的属性信息，作为实体(对象)的抽象描述，该方法使用了类型和子类型的概念。

信息建模方法的处理策略是：发现现实世界中的属性，用属性描述对象，或者列出认识到的属性，把属性放到实体对象中；增加关系，用父类型/子类型概括属性的共性；用关联对象对关系进行细化描述。

应用信息建模方法对军事物流信息分析，对各军事物流环节的实体分析，明确各实体之间的信息关系，军事物流的信息建模，需要设计相应的数据表。

信息建模技术强调信息建模和状态建模，而不是对象建模；没有把对于实体属性的操作封装到实体对象中，实体只有属性，没有服务，父类和子类之间也只是继承属性，不支持服务(过程处理)的继承。

评价一种系统分析方法优劣有不同的判断原则，对上述几种信息分析方法，从信息对问题或系统的理解，改进信息交流，需求变化的适应性以及支持软件的复用等情况进行比较，见表4-1。

表4-1　信息分析方法的比较

信息分析方法	对问题或系统的理解	改进交流	对需求变化的适应性	支持软件复用
功能分解法	差	差	最差	差
数据流法	较差	差	较差	差
信息建模法	较好	较好	略好	略好

由于军事物流的复杂性，很难用一种方法，应使用功能分解法、数据流法和信息建模方法均存在一定的局限性，而采用功能分析法、数据流法和信息建模法相结合，对军事物流信息系统进行分析时，具有较大的灵活性和优越性。

4.2　军事物流业务模型

4.2.1　军事物流业务分析与业务模型

信息资源规划对军事物流业务进行分析，是按信息工程的思想方法，重新认识军事物流业务管理活动，以便能系统地、本质地、概括地把握军事物流的功能结构。即进行军事物流“业务梳理”，按照信息工程方法论，用“职能域—业务过程—业务活动”这样的层次表达完整的业务功能结构，即形成系统的业务模型。

业务模型的建立过程可分为阶段：第一阶段，定义职能域模型；第二阶段，识别定义每个职能域的业务过程；第三阶段，列出每个业务过程的各项业务活动。

职能域又称为职能范围、业务范围，是指对军事物流中的一些主要业务活动领域，如物流计划、物资采购、物资储存、物资运输、物资配送等的抽象，是按照业务管理职能进行分类和划分。定义职能域是信息资源规划的一项重要任务。职能域是部门功能划分的抽象，不是现有机构部门的照搬。因此，一经识别和定义，将要保持相对的稳定性即组织结构可能随时间变化而发生一些变化，但是，只要军事物流系统的业务范围不变，主要的职能域是不变的，一个职能域的界定，包括职能域的命名和职能的描述。

军事物流职能域主要包括军事物流计划管理、采购管理、仓储管理、运输管理以及配送管理等，为了更好地对军事物流职能域进行分析，对职能域编码采取两位数字顺序码，如表 4-2 所示。

表 4-2 职能域编码和定义

编码	职能域名称	定　义
F01	物流计划	为完成军事物流活动所开展的计划编制、组织实施、检查计划和修订计划的过程
F02	采购管理	指军事采购部门从目标市场上获取满足质量、数量和价格要求的相应资源的购买过程，包括确定采购需求、选定供应商、履行采购合同、进行质量验收、集中支付资金的程序组织实施
F03	仓储管理	对军用物资进行接收、保管、发放过程中所开展的计划、组织、指挥、控制和协调工作
F04	运输管理	指军事运输部门开展军用物资运输计划、调动或协调运力、组织实施运输等活动。军事物流运输管理主要包括确定运输工具、装载、卸载过程和运行实施情况进行实时掌控
F05	配送管理	根据部队需求，对军用物资进行备货、分拣及配货、配装等作业，并按时送达指定地点的物流活动

职能域可以用列表表示，也可以用方框图表示，如图 4-1 中每个方框代表一个军事物流的职能域。

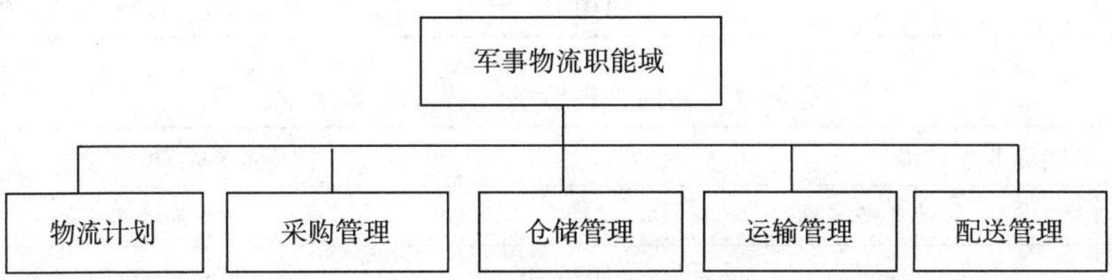

图 4-1　军事物流的职能域模型

业务过程或业务流程，是对职能域业务的进一步细化，是职能域中一组联系紧密的活动。一般来说，一个职能域中可以包括一定数目的业务过程。界定一个业务过程，包括业务过程的命名和作用的描述。

业务活动是业务功能分解后最基本的，不可再分解的最小的功能单元。

为了使业务模型的建立和管理计算机化，要建立一套编码规范，业务模型编码规则如下：

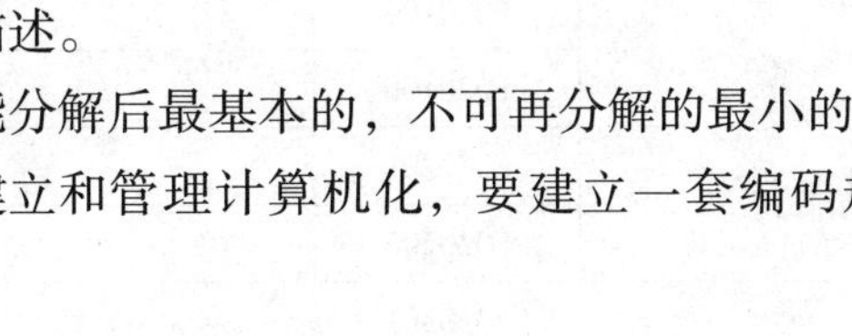

其中：末 4 位全空为职能域；末两位全空为业务过程。

业务过程编码采取四位数字顺序码，业务活动编码采取六位数字顺序码，根据对军事物流职能域、业务过程和业务活动的分析，建立军事物流业务模型表示如表 4-3 ~ 表 4-7 所示。

表 4-3　计划管理业务过程和业务活动

物流业务过程		物流业务活动	
编码	物流业务名称	编码	物流活动名称
F0101	储备物资计划管理	F010101	储备物资需求计划拟制
		F010102	储备物资需求计划审核
		F010103	储备物资需求计划下达
		F010104	储备物资购置计划拟制
		F010105	储备物资采购计划拟制
		F010106	储备物资采购计划审批
		F010107	储备物资采购计划执行
F0102	日常供应物资计划管理	F010201	日常供应物资需求计划拟制
		F010202	日常供应物资需求计划审核
		F010203	日常供应物资需求计划下达
		F010204	日常供应物资购置计划拟制
		F010205	日常供应物资采购计划拟制
		F010206	日常供应物资采购计划审批
		F010207	日常供应物资采购计划执行

表 4-4　采购管理业务过程和业务活动

物流业务过程		物流业务活动	
编码	物流业务名称	编码	物流业务名称
F0201	采购计划管理	F020101	制定物资需求计划
		F020102	询价
		F020103	比价
		F020104	制定采购计划
		F020105	采购计划审核
		F020106	采购计划上报
F0202	采购订单管理	F020201	签订采购合同
		F020202	下达订单
F0203	供应商管理	F020301	建立供应商基本档案
		F020302	评价供应商
F0204	采购合同管理	F020401	合同履行检查
		F020402	合同纠纷处理
		F020403	合同变更处理
		F020404	合同档案管理

表 4-5　仓储管理业务过程和业务活动

物流业务过程		物流业务活动	
编码	物流业务名称	编码	物流业务名称
F0301	仓库设施设备管理	F030101	仓库设施管理
		F030102	仓库设备管理
		F030103	仓库设备转级报废管理
F0302	物资入库管理	F030201	入库通知单拟制
		F030202	入库物资检验
		F030203	物资入库
F0303	库存物资维护保养	F030301	物资温湿度管理
		F030302	物资有效期预警
		F030303	物资盘点
		F030304	物资翻堆倒垛
F0304	物资出库管理	F030401	出库通知单拟制
		F030402	审核出库通知单
		F030403	物资出库

表 4-6　运输管理业务过程和业务活动

物流业务过程		物流业务活动	
编码	物流业务名称	编码	物流业务名称
F0402	铁路运输管理	F040201	运输计划制定
		F040202	运输单证处理
		F040203	运输费用计算
F0403	水路运输管理	F040301	运输计划制定
		F040302	运输时间估算
		F040303	运输费用计算
		F040304	运输工具选择
F0404	航空运输管理	F040401	运输计划制定
		F040402	运输费用计算
		F040403	运输单证处理
F0405	公路运输管理	F040501	运输路径计算
		F040502	运输车辆选择
		F040503	运输费用计算
		F040504	运输单证处理

表 4-7 配送管理业务过程和业务活动

物流业务过程		物流业务活动	
编码	物流业务名称	编码	物流业务名称
F0501	订单处理	F050101	订单接收
		F050102	统计订货数量
		F050103	处理单证出货数量
F0502	物资流通加工	F050201	包装处理
		F050202	粘标签
		F050203	统计、分析
F0503	配送分拣	F050301	接收分拣物资任务
		F050302	复核分拣物资数量
		F050303	分拣理货
F0504	配送作业	F050401	编制出货单据
		F050402	装车
		F050403	运输路线规划
		F050404	出车调派单

职能域与业务过程的确定，主要应该考虑独立于当前组织机构的职能，但在现行的职能域与业务过程分析时，会有以下两种情况：一是经逻辑分析而得出的职能模型中可能包括这样的职能域，它横跨两个或多个现行系统的业务部门；二是对现行系统所列出的业务过程中可能有这样的一些过程，它们分别属于不同的职能域，但功能相同或相近。因此，在确定职能域与业务过程时，不能主要依靠用户分析员来完成，应该同业务人员共同商讨，经过反复提炼，才能把各职能范围和职能域的业务活动全部地、准确地建立起来。

识别与确定业务活动，采用自顶向下的分解过程，把职能域分解成多个功能，每个功能再被分解成更低层的功能，这样逐级向下分解，直到产生最基本的活动为止。一般来说，业务活动应该是最基本的、不好再分解的功能，在建设的计算机信息系统中，这些基本功能大多数是要计算机化的。

在分析识别业务活动过程中，常常会发现有的活动是重复的、接近的或者是不合理的，对于这种情况，信息资源规划工作就应该消除业务活动中重复的部分，合并相似的活动，才能得出良好的业务活动模型，为组织结构与业务流程的重组与优化提供依据。只有这样，随信息化建设的不断深入，组织机构、管理职能会调整得更加科学合理，从而提高整体的军事物流管理水平。

4.2.2 军事物流计划业务信息模型

依据物资类型不同，军事物流计划管理有所不同，计划管理流程也有所不同，以下分别对储备物资和日常周转供应物资的计划管理业务流程进行分析。

(1)储备物资计划管理业务流程

首先由总部业务分管部门或大单位主管部门编制年度储备计划(需求)，上报总部计划部门汇总、审核，形成经费总需求，并提报财务部门。待财务部门确定年度储备经费预算指标后，总部向各有关业务单位和部门下达经费预算分配指标，由总部分管部门和大单位主管部门根据下达的经费指标组织编制储备计划，逐级上报总部汇总、审核，经总部批准后，拆分下达至各有关单位和部门执行。总部分管部门和军用物资采购管理部门依据下达的储备物资计划生成采购计划，经批准后会同采购机构与供应商签订采购合同草案，上报相关业务部门审核，批准后正式生效。储备物资计划管理业务流程如图 4-2 所示。

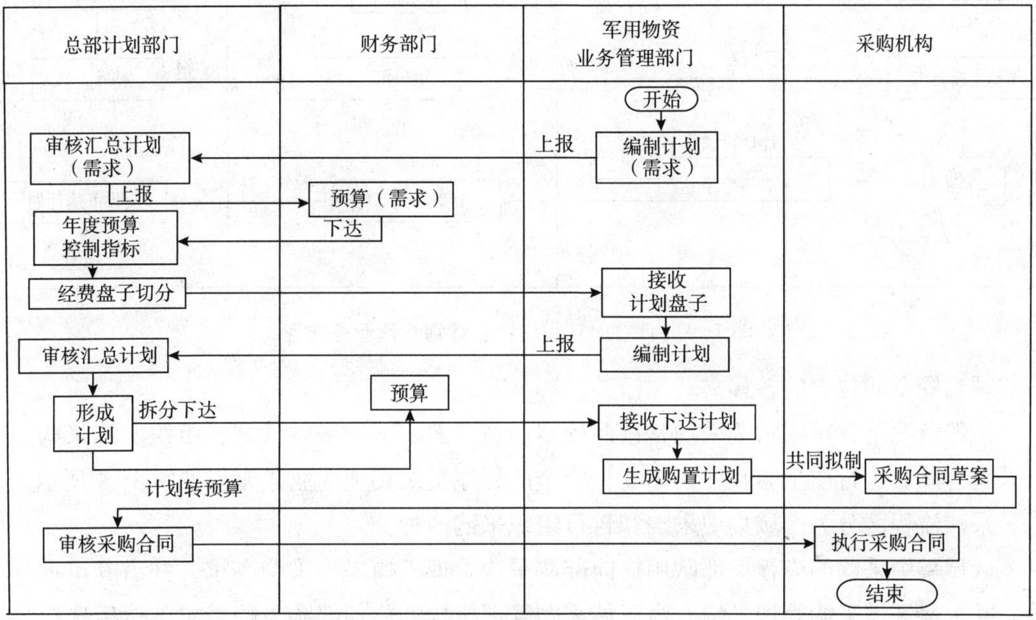

图 4-2　储备物资计划管理业务流程

(2)日常周转供应物资计划管理业务流程

日常周转供应物资通常由总部相关业务部门向各大单位、各军兵种相关业务部门下达计划，再通过保障单位(保障基地)等单位的相关业务处(科)下达到后方仓库，其业务流程见图 4-3 所示。

4.2.3　军事物流采购业务信息建模

从军事物流的角度来看，军用物资采购是军事物流的初始环节，军用物资采购是指军事采购部门从目标市场上获取满足质量、数量和价格要求的相应资源的购买过程，包括确定采购需求、选定供应商、谈妥价格、确定交货及相关条件、签订合同并按要求收货付款。在这个过程中，一是实现将物资的所有权从供应商转移到用户手中，这是一个商流的过程，主要通过货币与文件交换实现所有权的转移；二是实现商品实物从供应商手中转移到用户手中，这是一个物流的过程，主要通过运输、储存、包装、装卸和流通加工等手段

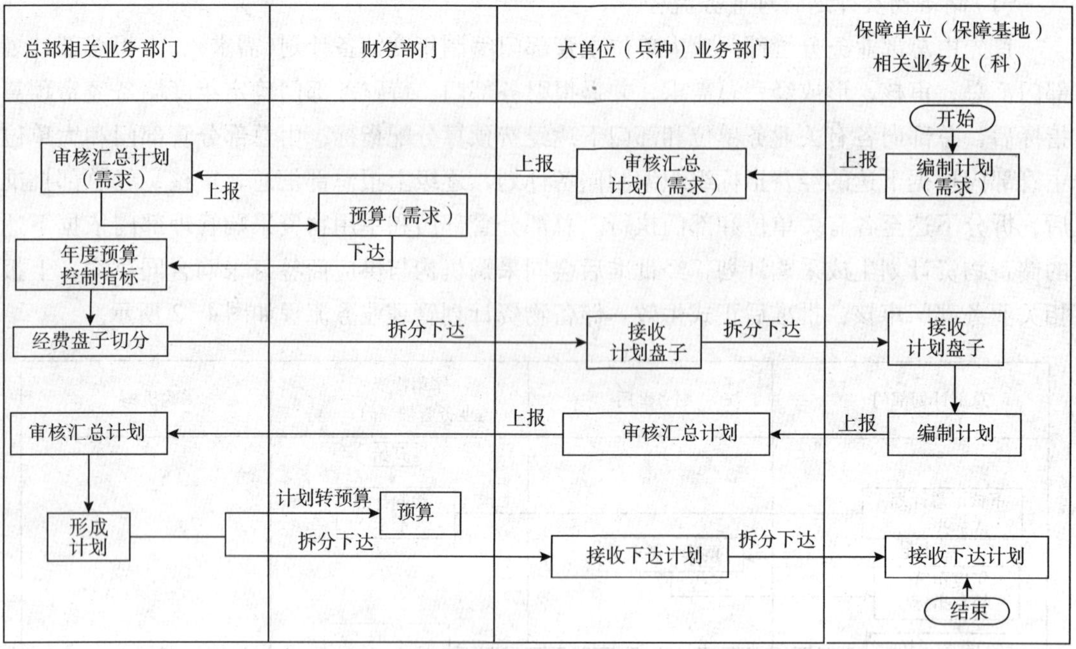

图4-3　日常周转供应物资计划管理业务流程

来实现物资空间位置的转移。

一般情况下，军用物资采购是按照确定的物资需求下达采购计划，组织实施采购，履行采购合同，进行质量验收，集中支付资金的程序组织实施。业务流程如图4-4所示。

采购流程区分为区域集中采购和自行组织采购两种。

区域集中采购的流程：部队用户向部队采购管理机构提出采购需求，并由其审批、汇总，并上报区域采购管理机构，由区域采购管理机构汇总各部队采购需求，然后选择区域采购机构，直接实施采购。在签订供货协议后，由供应商直接向部队采购机构实施供货，部队财务部门进行资金支付，纪检审计部门实施全程监督。

部队自行组织的物资采购流程：部队用户向部队采购管理机构上报需求，经采购管理机构审批汇总后，直接下达给部队采购机构，由其组织采购。在与供应商签订合同后，供应商按协议供货，财务部门进行资金支付，纪检审计部门实施全程监督。

4.2.4　军事物流仓储业务信息建模

(1)军用物资出入库业务流程

物资业务主管部门向仓库下达物资入库单，仓库业务处接收上级部门的单据任务后，根据业务性质分发至业务助理员，助理员接受收货任务后，提交业务处长审核；业务处长审核完成之后，提交仓库领导审批；审批后，业务助理进行单据的拆分，下发到各库房，并报告业务处长，通知保管队、勤务连、机械队配合收货；业务助理员组织技术人员进行检测、验收后，由保管队组织收货入库。物资入库业务流程如图4-5所示。

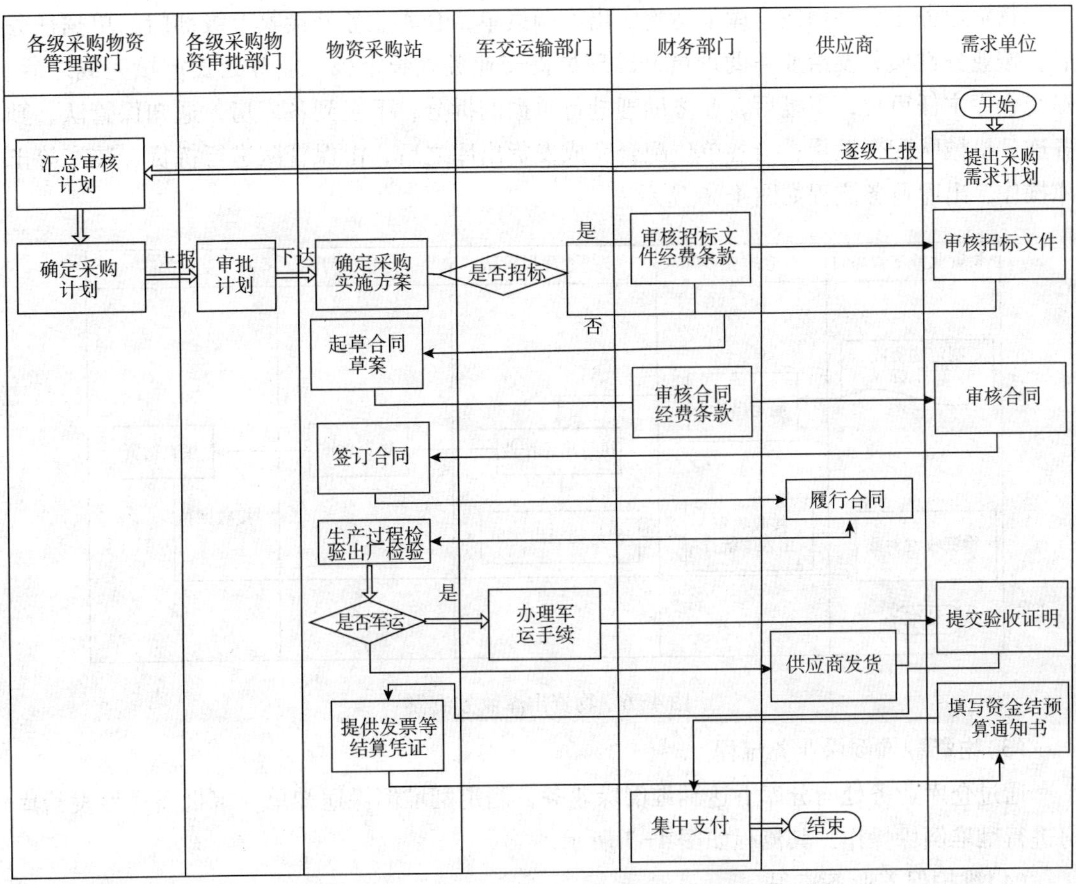

图 4-4　军用物资采购业务流程

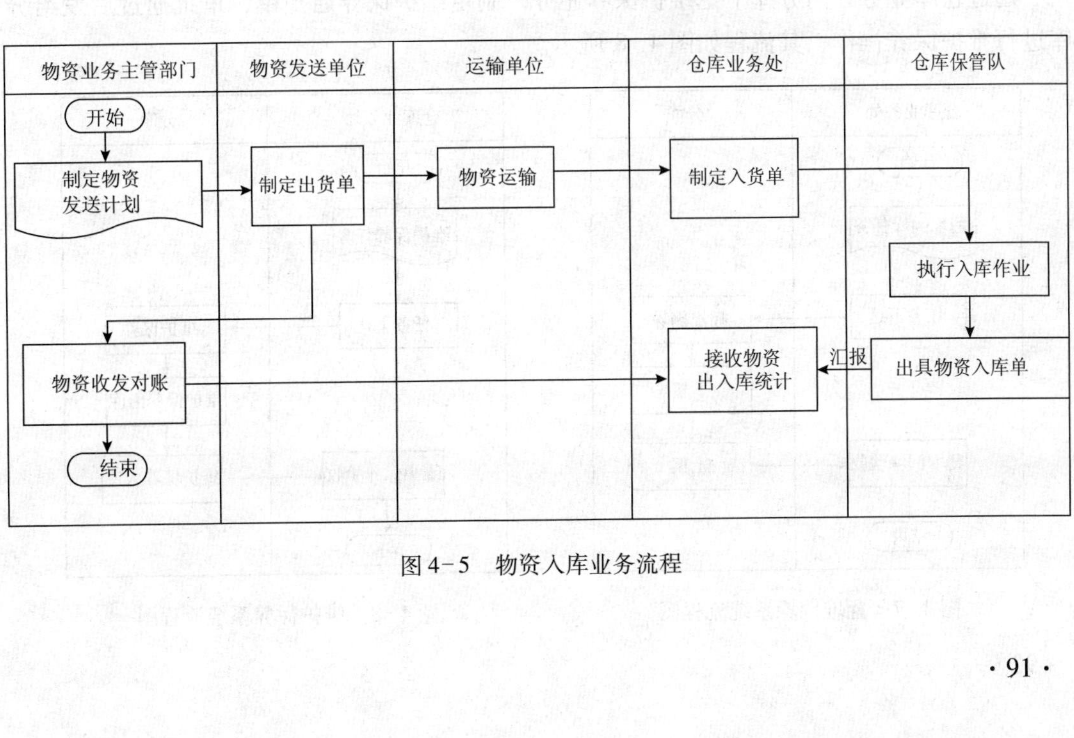

图 4-5　物资入库业务流程

(2)军用物资出库业务流程

物资业务主管部门向仓库下达物资出库调拨单，仓库业务处接收上级部门的单据任务后，按业务性质分发给业务助理员，助理员提交业务处长审核；业务处长审核完成之后，提交仓库主任审批；审批后，业务助理进行单据的拆分，下发到各库房，通知保管队、勤务连、机械队配合发货；当各单位配合完成发货出库之后，由保管队进行拣货、装车等出库操作，出库业务流程如图 4-6 所示。

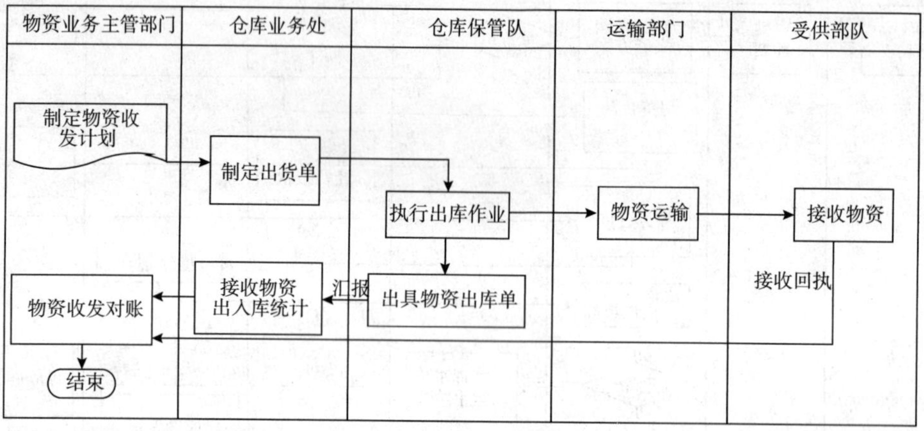

图 4-6　物资出库业务流程

(3)物资翻堆倒垛业务流程

通过仓库业务处向分库下达翻堆倒垛业务，制定翻堆倒垛通知单，审批通过后发给库房进行翻堆倒垛操作，其流程如图 4-7 所示。

(4)维护保养业务流程

通过仓库业务处向分库下达维护保养业务，制定维护保养通知单，审批通过后发给分库进行维护保养操作，其流程如图 4-8 所示。

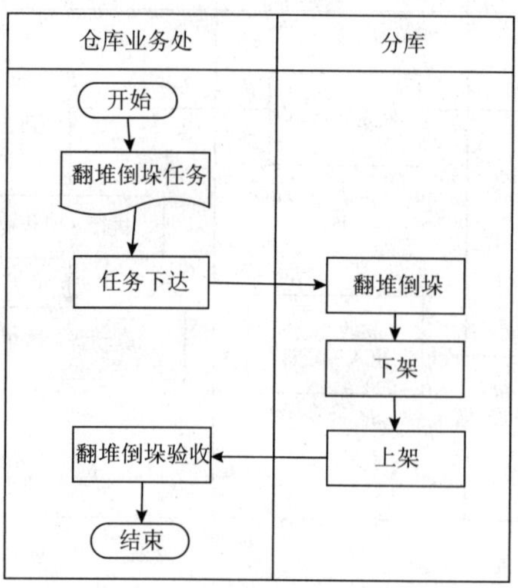

图 4-7　翻堆倒垛系统流程图

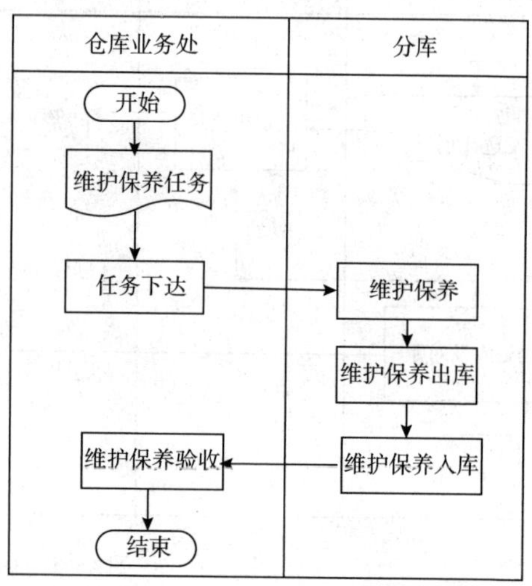

图 4-8　维护保养系统流程图

4.2.5　军事物流运输业务信息建模

军事交通运输业务工作流程包括制定计划、调动或协调运力、组织实施等阶段。军事物流运输组织实施主要包括装载、运行和卸载过程。运输的装、卸载在物资管理部门的组织下进行，主要由收物单位或发货单位实施，运输保障单位予以协助；运输过程主要由运输保障部门组织实施，运输管理部门对运输实施情况进行实时监控。

不同类型的军事运输业务工作流程各有不同。

(1)公路运输业务流程

公路运输业务主要围绕三个单据展开：运单、取(派)通知单、运输交接单。业务工作流程如图4-9所示。

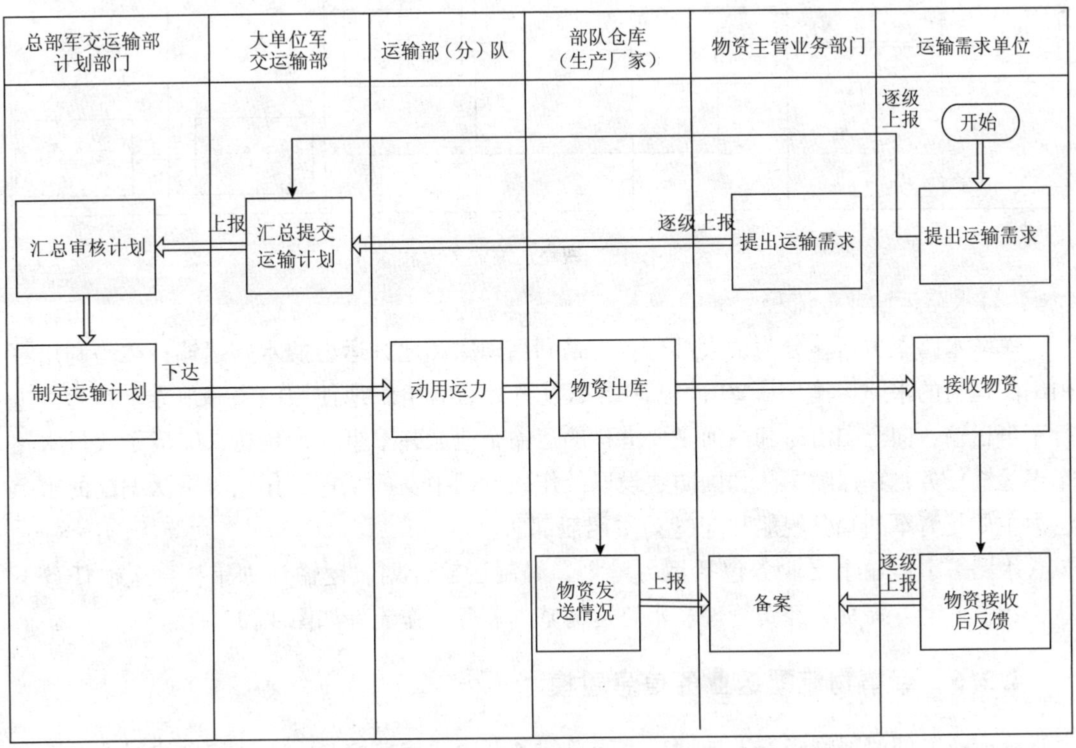

图4-9　公路运输业务流程

运单。它是交接货物、处理索赔与理赔以及向银行结算货款或进行预付款的重要单据；是承运人收到承运货物签发的证明文件，也是承运方进行运输的合法单据。

取(派)通知单。它是承运方安排人员、车辆到客户所在地取货的证明，是货运员和司机取货时所使用的单据，也是承运人取货后再转运的凭证。

运输交接单。它是运输过程中货运员和司机使用的单据，是作为运输的唯一凭证。

(2)铁路运输业务流程

铁路运输流程主要包括编制运输计划、计划审核、任务下达、提货、装卸、经费结算等。铁路运输业务流程如图 4-10 所示。

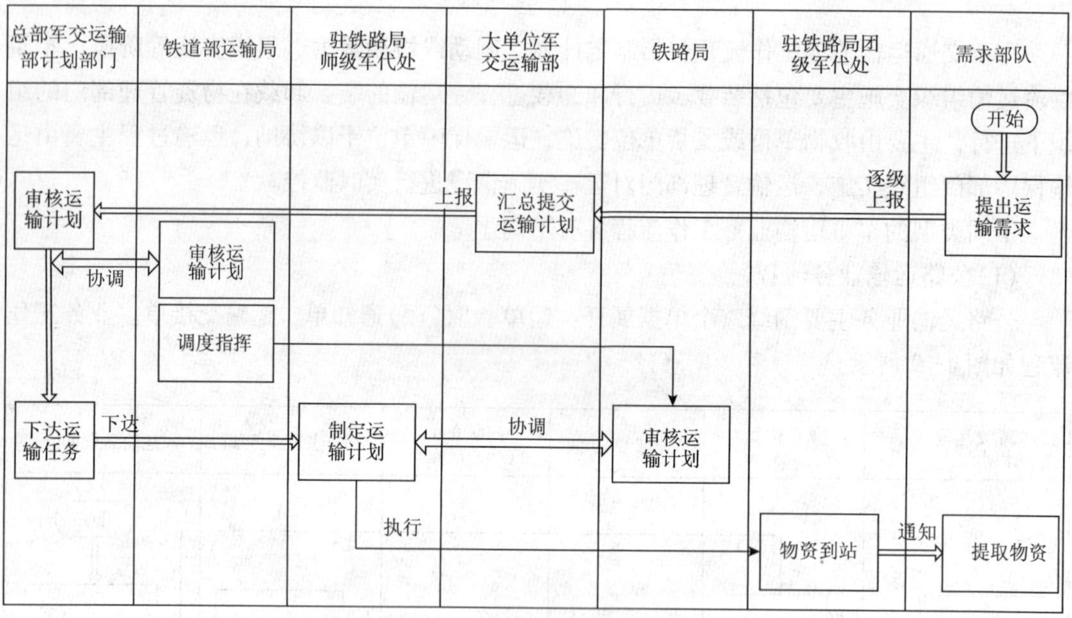

图 4-10　铁路运输业务流程

(3)水路运输业务流程

军队水路军事运输分为两大部分：一是利用国家和地方运力的水路运输；二是利用军内编配运力的水路运输。从 20 世纪 50 年代初开始，有组织地使用国家和地方水路运力进行军事运输，向全国沿海和内河主要港口的运输企业派驻军事代表机构，完成了大量水路军事运输任务，在保障军队和国防建设以及作战行动中发挥了重要作用。军队编配的水上运力主要是海军的勤务舰船和陆(空)军船艇部队。

水路军事运输主要业务包括运力筹划、编制运输计划、运输计划审核、运输任务下达、运输调度、提货、经费管理。水路运输基本业务工作流程如图 4-11 所示。

4.2.6　军事物流配送业务信息建模

仓库业务处根据物资配送计划，将配送任务下达到信息控制中心，信息控制中心根据配送任务，制定配送计划，下发到各库房，并报告业务处长，通知综合技术保障中心、保管队、勤务队、机械队，共同执行分拣配送任务，物资进入分拣配送中心，首先进行验收，确认物资数质量；然后由分拣配送中心，对货物进行分拣；之后进行打包；最后视情况，协调军队有关运输力量以及地方物流力量，分配货物到各个物流单位；与物流单位填写好交接单后，在系统内进行确认，系统自动给信息控制中心确认配送信息，完成分拣配送流程，如图 4-12 所示。

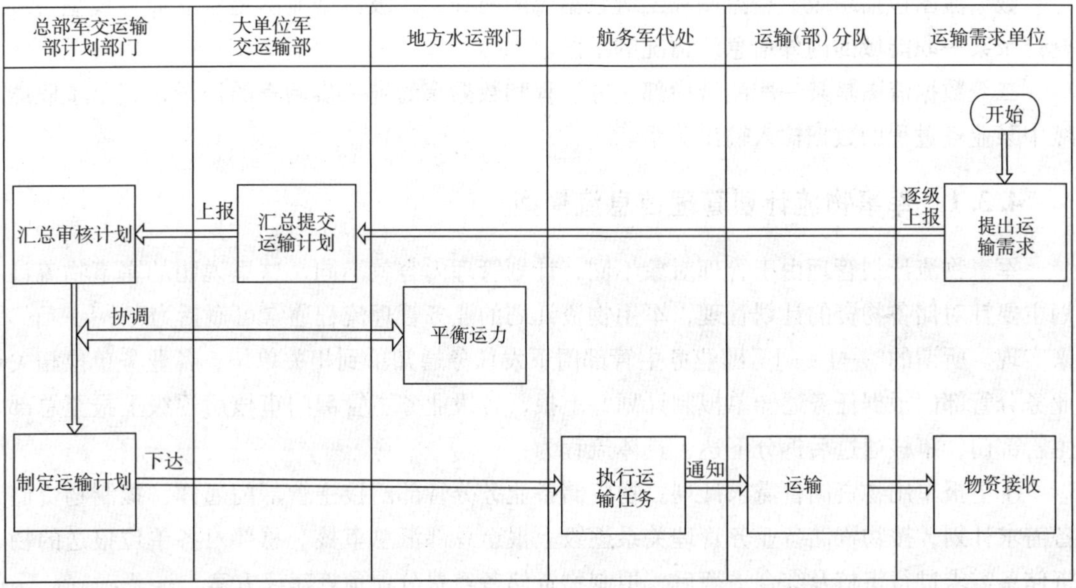

图 4-11　水路运输业务流程

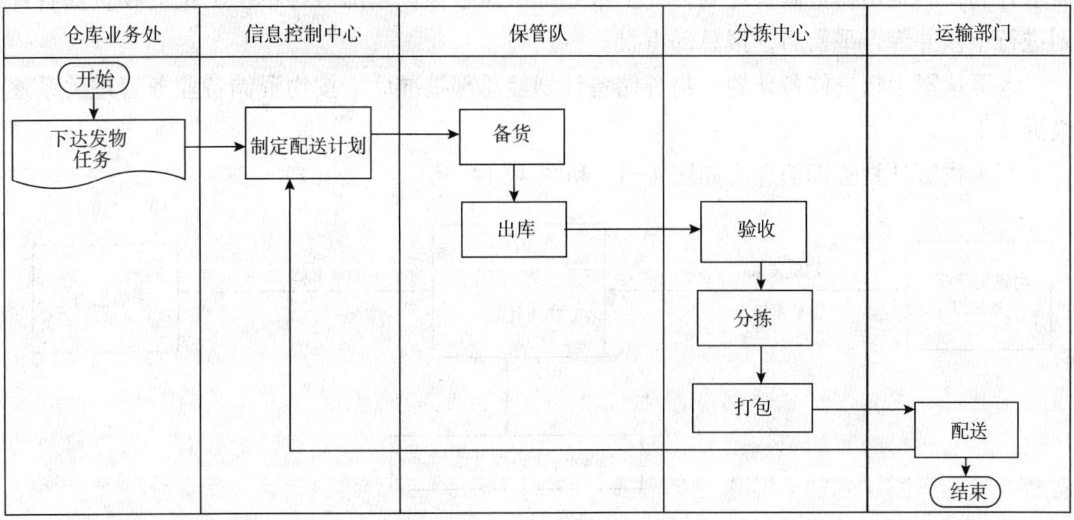

图 4-12　物流分拣配送流程

4.3　军事物流信息流模型

军事物流信息流是指军事物流活动中产生的物资流、资金流、人员流等的抽象表达形式。信息流也称数据流，数据流图是对数据流的图形表述，是信息流结构化分析的重要方法，数据流程图便于表达功能需求和数据需求及其联系，清晰表达数据流的情况，有利于系统建模。

数据流图包括一级数据流图和二级数据流图两种。一级数据流图是建立业务模型、调查记录某一职能域的内外信息流情况的手段。

二级数据流图是某一职能域内部业务过程和数据流的进一步调查的记录，记录了职能域中某业务过程的数据输入输出关系。

4.3.1 军事物流计划管理信息流模型

军事物流计划管理由于管理对象不同，计划管理内容就不同，这里说明的军事物流计划主要针对储备物资的计划管理，军用物资计划的业务管理流程通常可概括为“一上一下”来实现。所谓的“一上一下”即业务主管部门下发任务通知单到相关单位，各业务单位相关业务分管部门根据任务通知单拟制计划并上报，各级业务主管部门审核后逐级上报至总部主管部门，审核通过后拆分下达，具体流程为：

①上报军用物资储备需求计划。物资储备业务分管部门接主管部门通知，拟制物资储备需求计划，按物资储备业务管理关系逐级上报至总部汇总审核。总部对各单位报送的物资储备需求进行审核及综合平衡后，拟制物资储备经费分项预算建议方案。

②上报军用物资储备计划。分管部门根据物资储备经费预算控制指标，调整物资储备需求计划，制定出物资储备计划，并上报总部汇总审核。总部对各单位上报的物资储备计划进行审核并综合平衡后，报总部审批。

③下达军用物资储备计划。物资储备计划经总部批准后，按物资储备业务管理关系逐级拆分下达。

军事物流计划管理信息流如图 4-13 和图 4-14 所示。

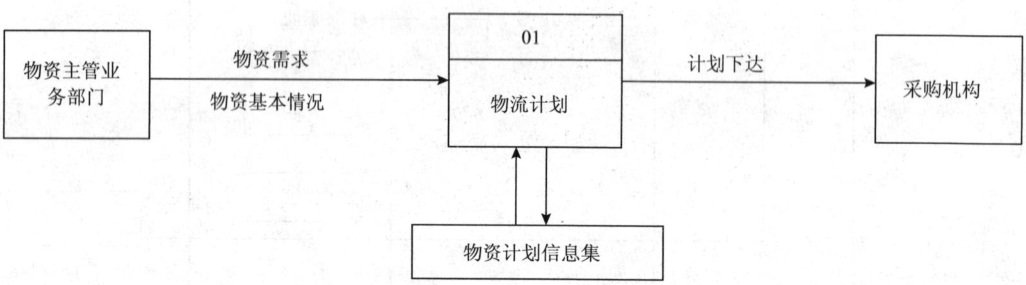

图 4-13　计划管理一级数据流图

4.3.2 军事物流采购管理信息流模型

结合军事物流业务流程，按照军事物流的采购、仓储和运输等功能环节，分析军用物资采购数据流程，如图 4-15 和图 4-16 所示。

采购计划是根据用户需求编制的，采购部门制定采购计划时，依据请购单制定采购计划，再向供应商询价。供应商报价后，通过对不同供应商提供的同一种物资的价格、质量等性能的对比，确定供应商，其数据流图如图 4-17 所示。

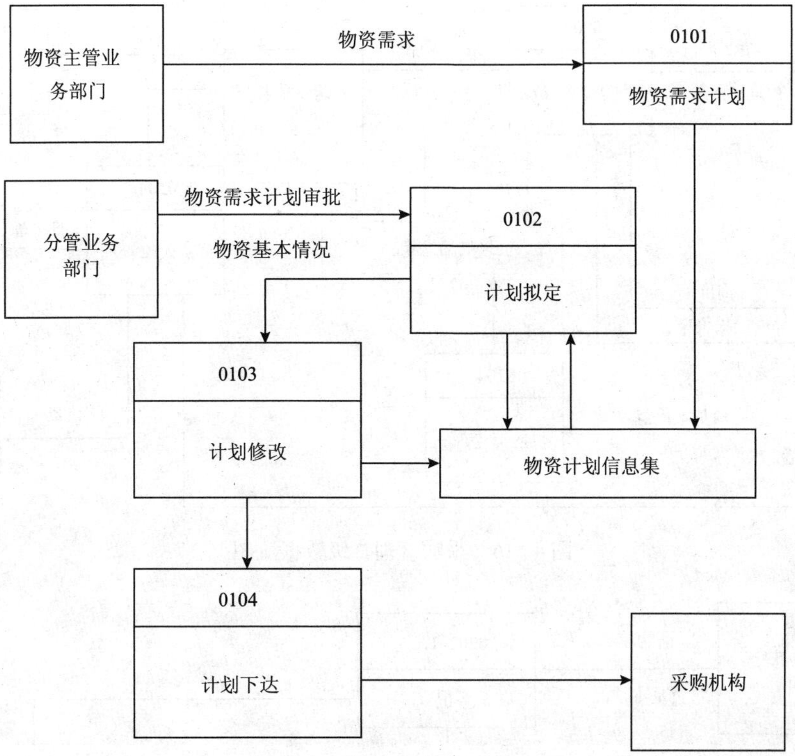

图 4-14　计划管理二级数据流图

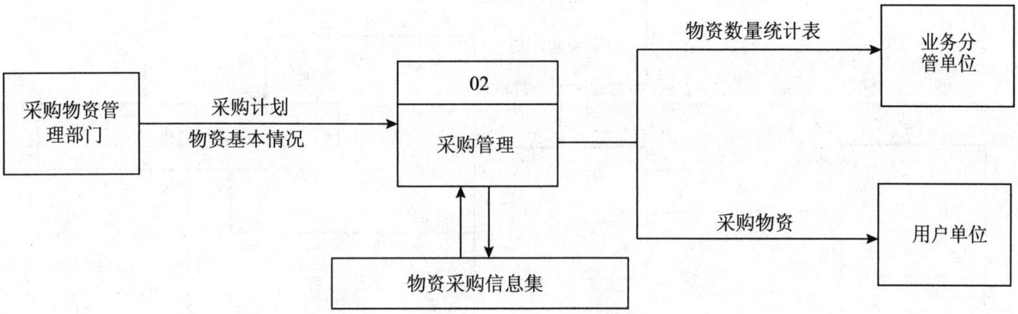

图 4-15　采购管理一级数据流图

4.3.3　军事物流仓储管理信息流模型

军事仓储管理主要业务由入/出库管理、库存物资维护保养、物资翻堆倒垛和库存分析等构成。军事仓储管理一、二级数据流图如图 4-18 和图 4-19 所示。

4.3.4　军事物流运输管理信息流模型

军用物资运输数据流图如图 4-20 和图 4-21 所示。

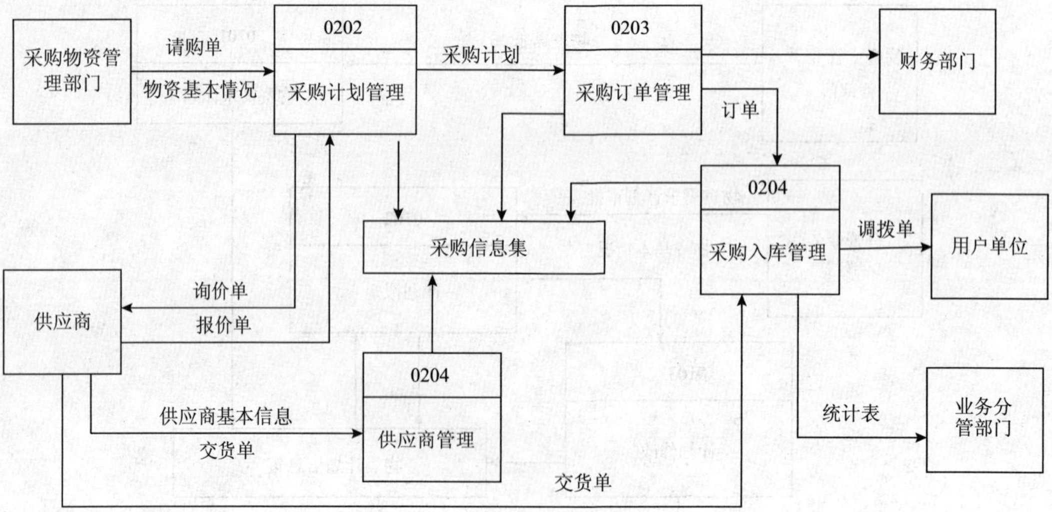

图 4-16　采购管理二级数据流图

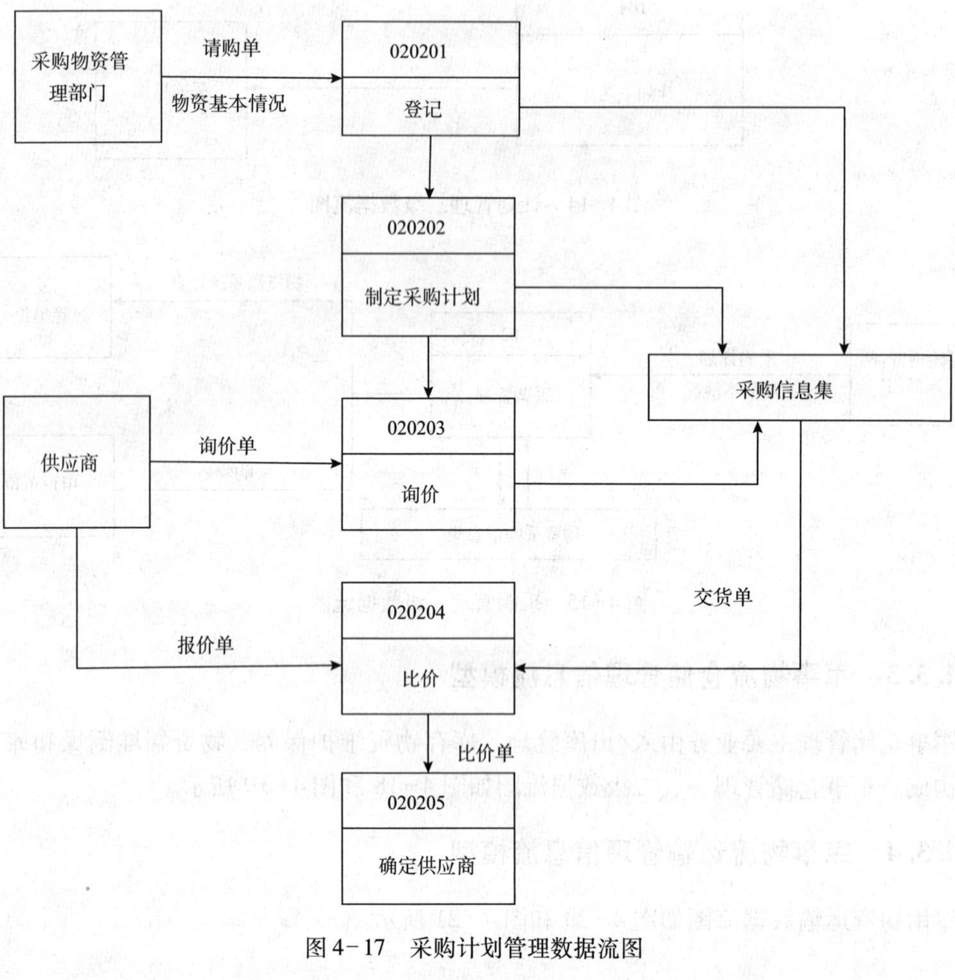

图 4-17　采购计划管理数据流图

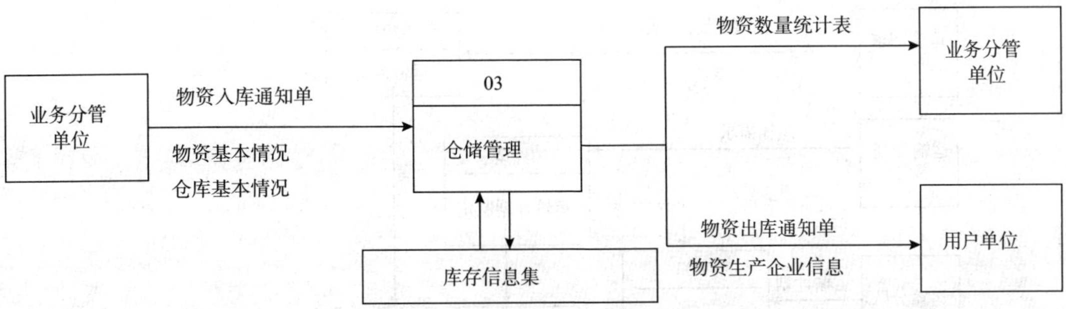

图 4-18　仓库物资管理一级数据流图

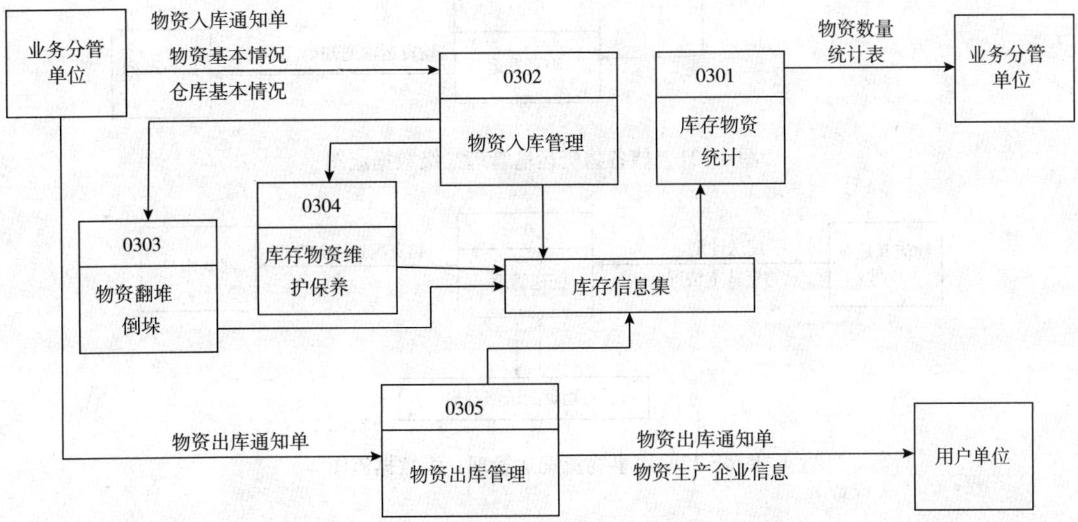

图 4-19　仓库物资管理二级数据流图

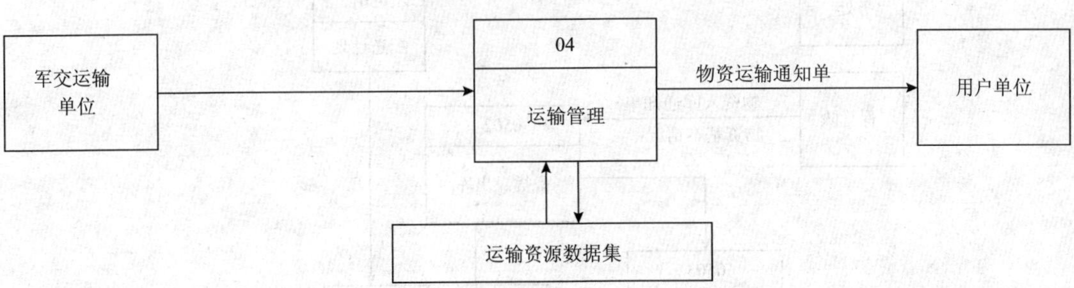

图 4-20　储备物资运输管理一级数据流图

4.3.5　军事物流配送管理信息流模型

军事物流配送数据流图如图 4-22 和图 4-23 所示。

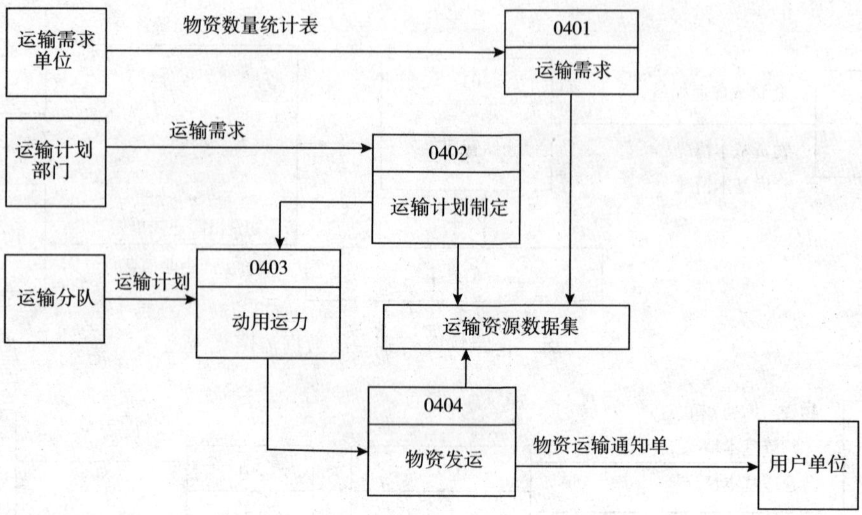

图 4－21　储备物资运输管理二级数据流图

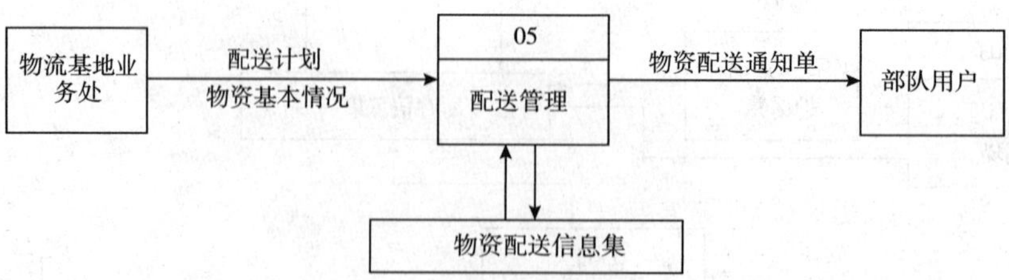

图 4－22　军事物流配送管理一级数据流图

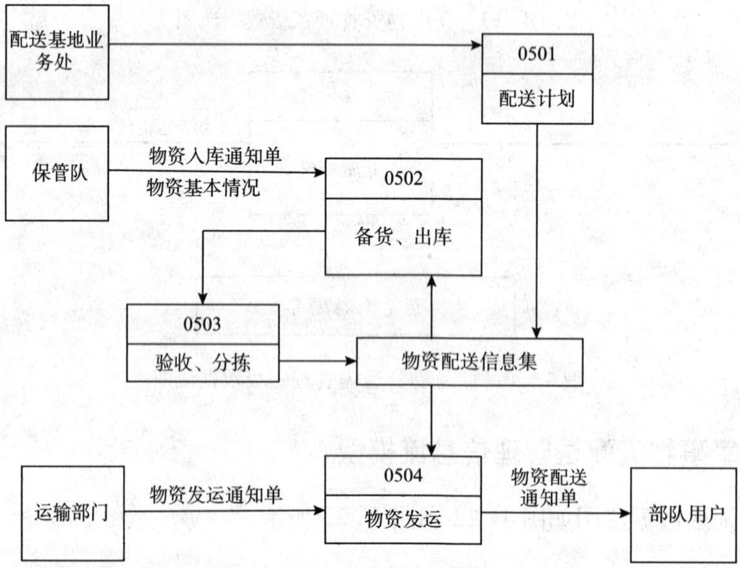

图 4－23　军事物流配送管理二级数据流图

4.4　军事物流信息关系模型

4.4.1　军事物流信息关系模型概述

(1)实体关系模型建立

1)识别实体

建立数据模型，首先要基于业务过程、业务活动、识别业务活动中涉及的实体。实体是客观世界中具有相同属性和特征的抽象事物的集合，集合中的元素就是实体的实例。实体可以是有形的对象，如人员、装备、用户；也可以是无形的，如工作职务、协会。每个实体应该用一个名词来命名，有时也可以加上一个修饰词。可以认为一个实体具有该名词所确定的性质。

确定实体是信息模型建立过程中最为关键步骤，实体选择得正确、全面与否直接影响着信息模型的准确性和实用性。在区分实体和非实体时，可以通过以下几个准则来鉴别：①实体可以被描述(它有性质)；②它有 n 个这类的实例；③每个实例可被区分和标识：④它不能用来描述事物(否则只能看作是属性)。

2)确定实体属性

所谓属性是指实体具有的特征和性质，属性是对实体语义的详细定义，对属性的描述一般包括：①名称，即实体属性的名称。②键，一个实体有许多事例，因此需要有一个标志能够唯一识别每一个实体的实例。实体中能够唯一区别实体实例的一个或多个属性称为键或关键字。在某些情况下，实体的实例需要两个或多个属性共同识别，这组属性称为复合键。在实体中，至少存在一个键用来标识实体的所有实例，不存在没有键的实体，也不存在键属性的值为空的实例。例如人员实体，属性有人员编号，姓名，性别，年龄，职称，所在部门，学历，电话等，其中人员编号是标识人员的唯一标志，因此，人员实体的关键字就是人员编码。

3)确定实体间关系

在建立信息模型的过程中确定实体间的关系也是一个非常关键的步骤，关系是两个实体间的逻辑联系。事物不是孤立存在的，而是彼此之间存在着广泛地联系。关系是指两个或多个实体之间存在的一种自然的对应关系，包括以下几种类型：①1 对 1 的关系；②1 对多的关系；③多对多的关系。

例如：在采购管理活动中，对一个供应商可以评价多次，因此，供应商基本信息和供应商之间是 1 对多的关系；1 个供应商可以询价多次，从而供应商和询价单之间也是 1 对多的关系；1 个询价单有多个物资明细，因此，询价单和询价单明细之间也是 1 对多的关系；对供应商一个询价单报价一次，形成一个报价单，因而询价单和报价单之间是 1 对 1 个关系；如果一个采购订单没有按时交货，可以针对这个采购订单发出多次催货单，也可以对多个订货单，向供应商发出一个催货单，因此，采购订单和催货单之间是多对多的关系。

4)数据模型的构建

数据模型是对客观事物及其联系的数据化描述，是复杂的数据关系之间的一个整体逻辑结构图。数据模型根据实体关系转化而来。由实体关系图向逻辑数据模型转换，转换规则如下：

一个实体型转换为一个关系，实体的属性就是该关系的属性，实体的码就是该关系的码。

一个联系也可转换为一个关系，与该联系相连的各实体的码，以及联系的属性可转换为关系的属性。该关系的码有以下几种情况。

对于 $1:n$ 的关系，可以将该关系中对应于1 的实体的主码作为一个属性插入到 n 的实体关系中去。

对于 $1:1$ 的关系，则可以根据实际情况任选一方的关键字作为一个属性，插入到另一方的关系中。

对于 $m:n$ 的关系，应该将关系转换为一个关系模式，并且将关联实体的关键字作为这个关系模式的属性。即取所连接的各实体码的组合为关系的码。

(2)军事物流信息关系模型

1)实体类信息关联模型

军事物流系统的各类事物是相互制约、相互依赖的，事物间存在一定的关联结构，所谓关联(association)表示不同类的对象之间的结构关系。

通过对军事物流过程实体信息需求分析，军事物流过程实体关联信息模型如图 4-24 所示。过程实体类信息与军用物资类信息、供应类信息组成多对多的关系，与保障资源类信息组成一对多关系。

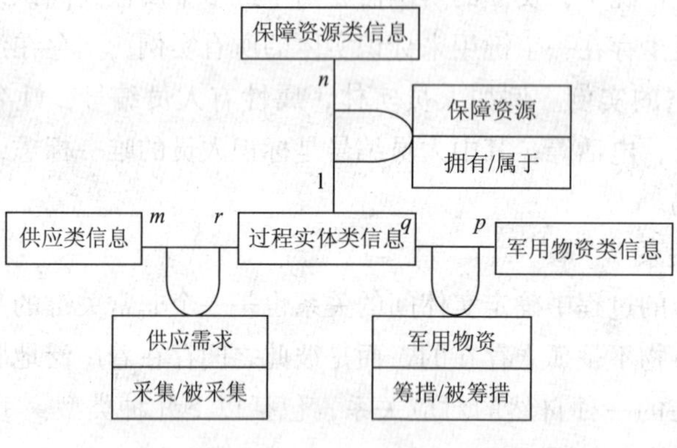

图 4-24　过程实体类信息关联模型

军用物资类信息指过程实体能够筹措或供应的物资信息。

供应类信息驱动军事物流过程实体的运行，包括物资保障需求或部队用户反馈信息等。

保障资源类信息包括过程实体所拥有的设备设施、能源信息等。资源不仅包含制造硬件设施设备，还包含实体的保障管理方式、质量保证体系、人员组成的信息等。

2) 资源信息关联模型

在军事物流管理过程中，根据军用物资信息模型所定义的物资信息，通过搜索军事物流资源信息模型中的相应保障资源信息，可以实现保障要求和保障能力之间的匹配，找到适合保障物资供应的过程实体，实现军事物流过程实体的选择。

资源关联模型如图4-25所示，保障资源类信息与管理类信息和保障装备类信息组成一般-特殊类关系；管理类信息为次级一般类，包含保障环境、物流管理、保障能力三种特殊对象类；保障装备类与物流设备类和物流设施类组成一对多的整体-部分类关系。

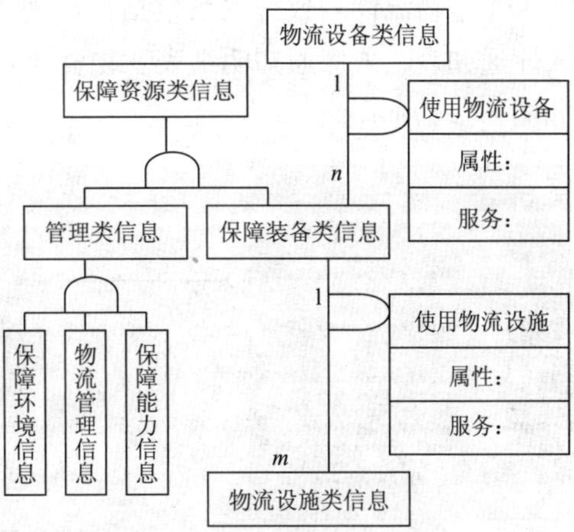

图4-25　保障资源关联模型

3)物资类信息关联模型

军用物资信息模型用来进行物资的描述，军事物流管理信息流中的物资信息包括储备物资和日常周转供应物资信息。从后勤储备物资类别考虑，可根据类目和细目的关系，采用相似的区分方法定义出物资类，如军需类、被装类、食品类等。物资定义是相对的概念，从物资保障需求的角度来看，或者单独地看待物资类目，都可以看成是不同层次上定义的物资。

为了体现数据的完整性和充分性，物资信息模型采用类概念来描述物资保障要求信息。一个复杂的物资保障任务，可以分解成不同用途的物资，这些不同用途的物资在军事物流中通过与相应制造企业过程单元的加工能力的匹配，可以找到实现物资筹措的最佳信息途径；通过物资筹措过程之间的有机结合，形成某类物资保障的完整军事物流过程。如图4-26所示为军用物资类关联模型。物资细目类、物资大类和物资类信息依次组成递阶式的整体-部分类的一对多关联关系；物资作业流程类和流程类组成一对多的整体-部分类关系；流程类和保障资源类中的设备类、设施类、工具类通过“使用”实例组成实例连接关系；物资细目类和保障流程类、特征类之间由“具有”实例组成的实例关系。

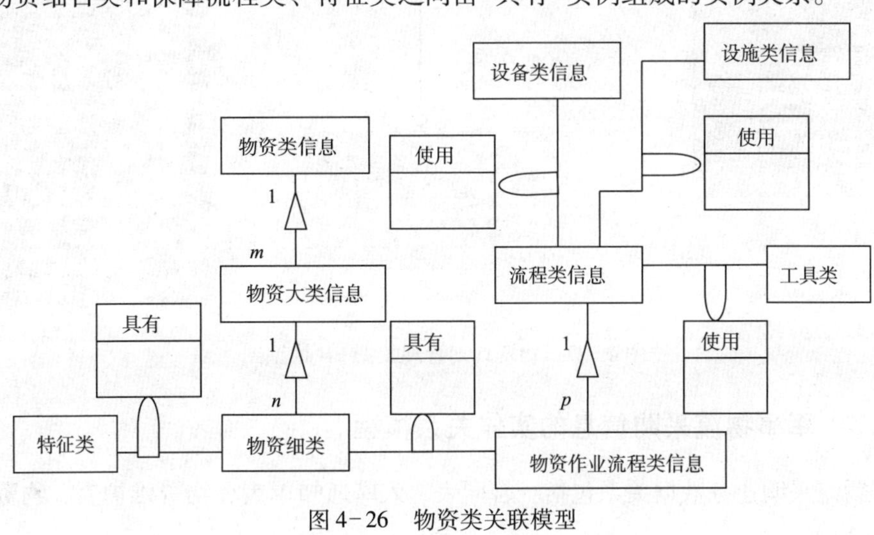

图4-26　物资类关联模型

4.4.2 军事物流计划信息的实体关系模型

军事物流计划数据关系包括：计划表、物资表、物资明细表、合同表、合同明细表、入库通知表、入库通知明细表。物资计划管理数据的概念模型(ER 模型)，数据实体关系如图 4-27 所示。

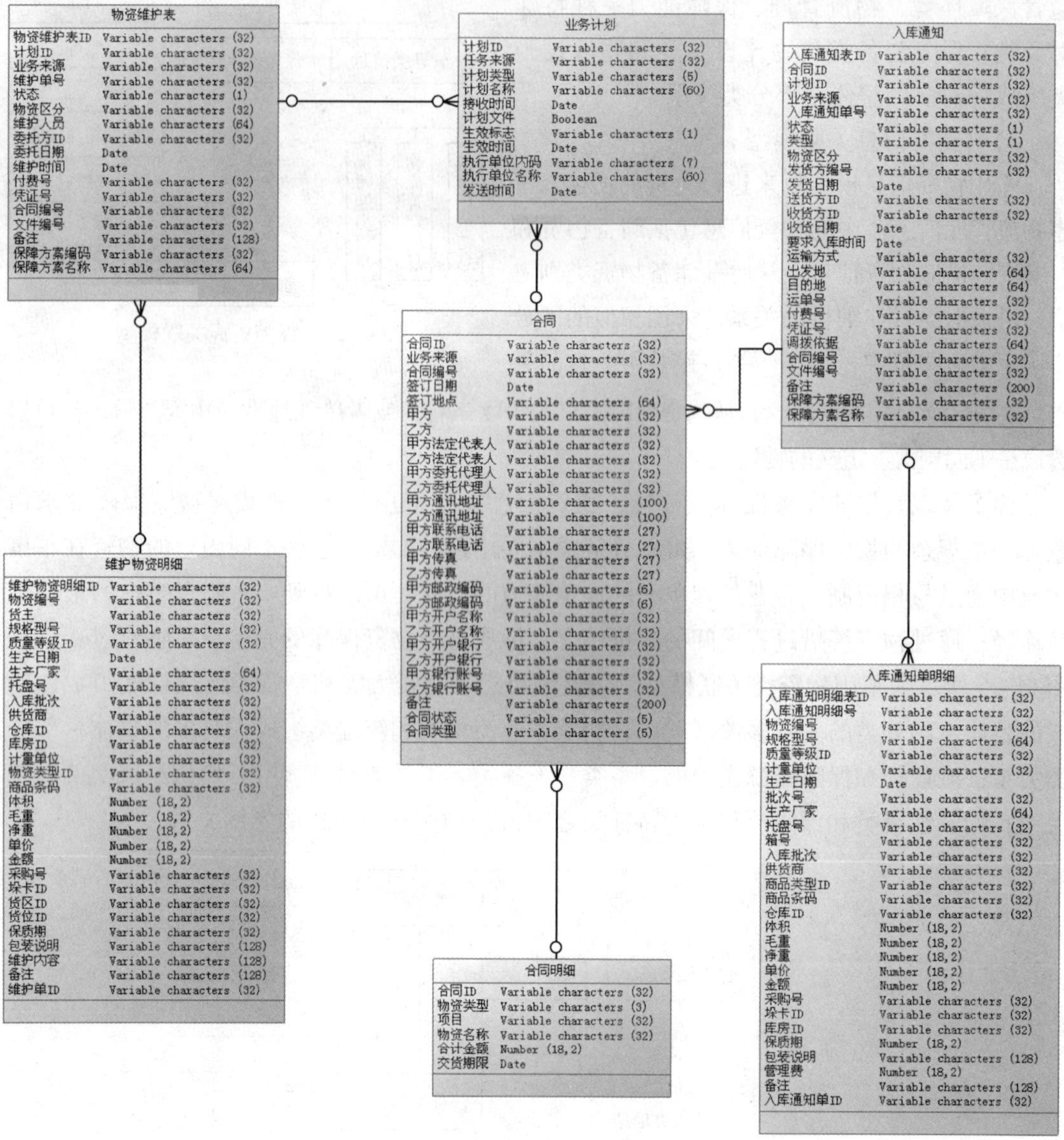

图 4-27 物资计划管理数据 ER 模型图

4.4.3 军事物流采购信息的实体关系模型

军事物流采购业务数据关系包括：合同表、入库通知单表、物资维护表、物资维护明细表、合同明细表。数据实体关系如图 4-28 所示。

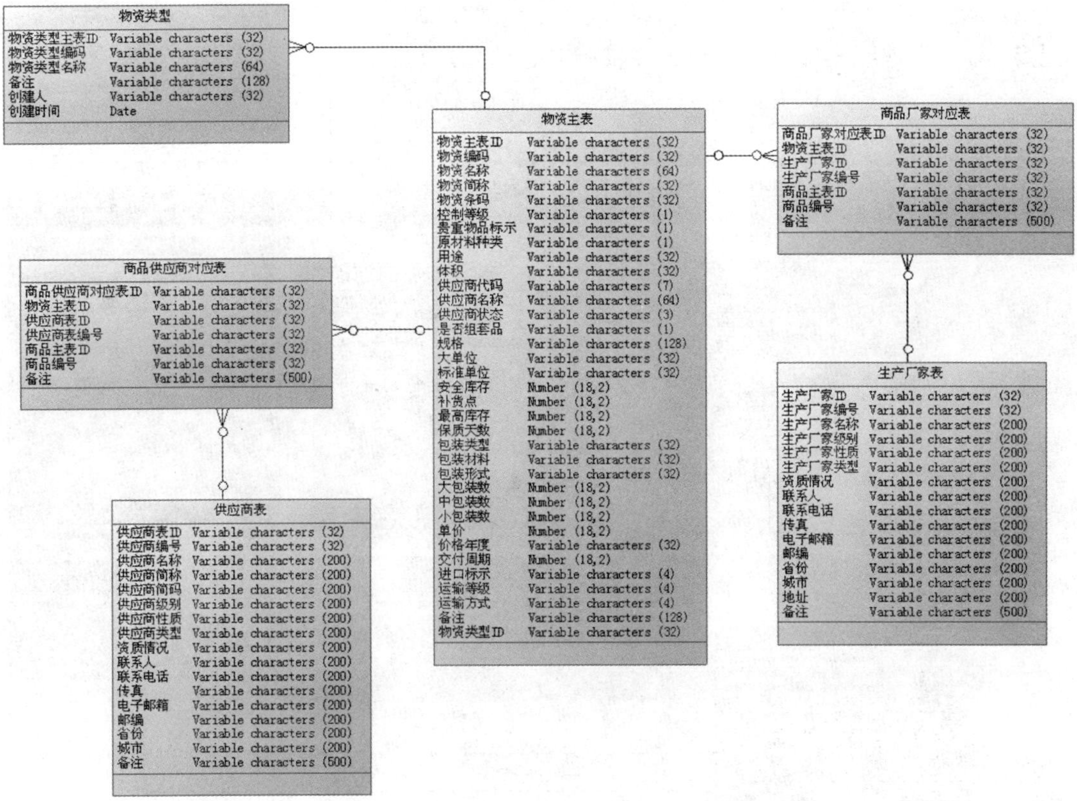

图 4-28　军事物流采购管理数据 ER 模型图

4.4.4　军事物流仓储信息的实体关系模型

军事物流仓储管理数据关系包括：物资仓库表、仓库设施表、仓库设备表、仓库物资表、物资库存管理表等。军事仓储物资管理数据的概念模型(ER 模型)，数据实体关系如图 4-29 所示。

4.4.5　军事物流运输的信息实体关系模型

军事物流运输管理数据关系包括：运输基础设施基础数据表、运输任务表、运输需求表、运输车辆派遣表、运输动态监控表等。军事物流运输管理数据的概念模型(ER 模型)，数据实体关系如图 4-30 所示。

4.4.6　军事物流配送信息的实体关系模型

军事物流配送管理数据关系包括：物流基地设施表、物流基地设备表、物流配送管理表、物资采购管理表、物资分拣管理表等。军事物流配送管理数据的概念模型(ER 模型)，数据实体关系如图 4-31 所示。

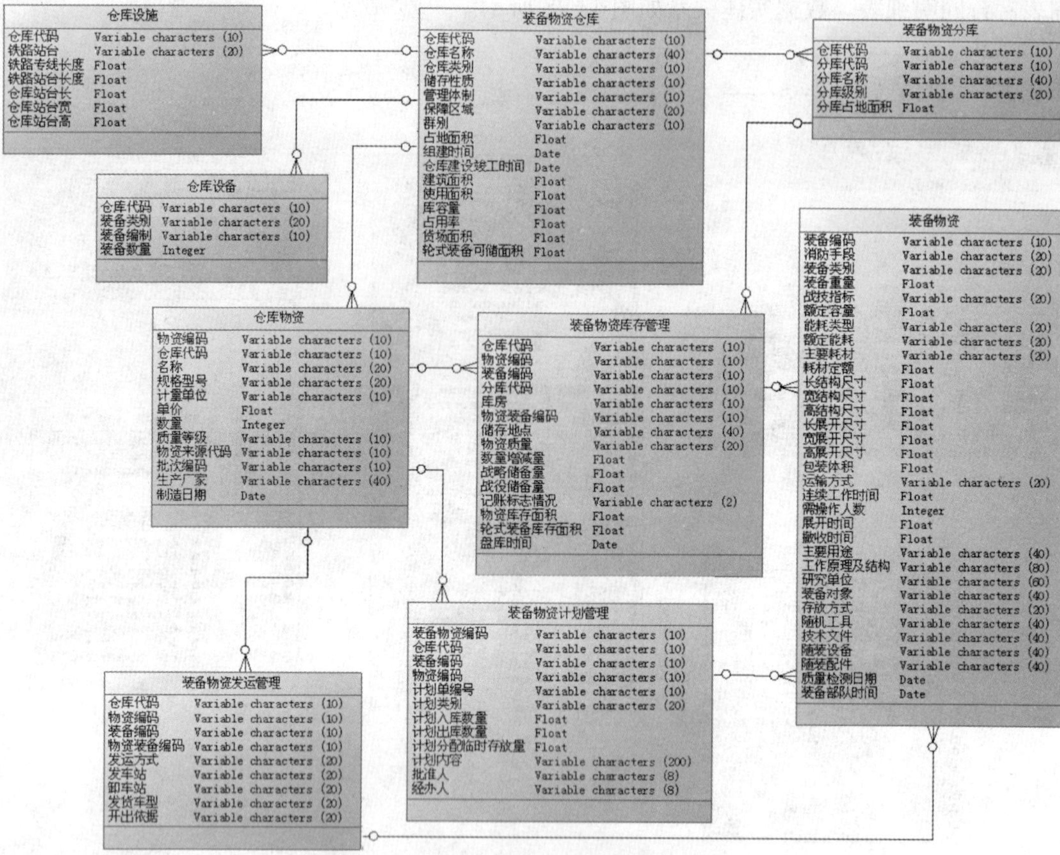

图 4-29　军事物流仓储管理数据 ER 模型图

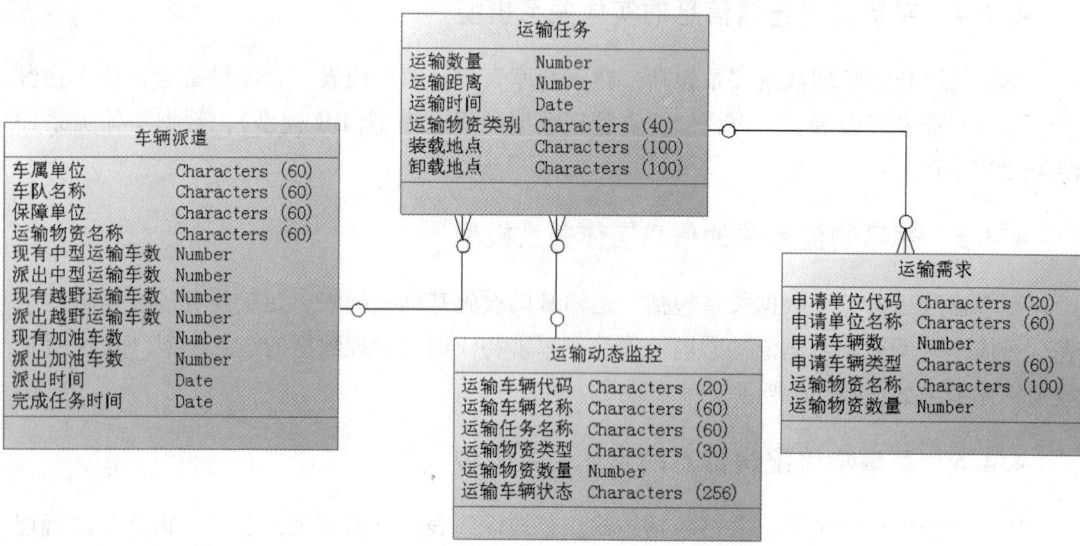

图 4-30　军事物流运输管理数据 ER 模型图

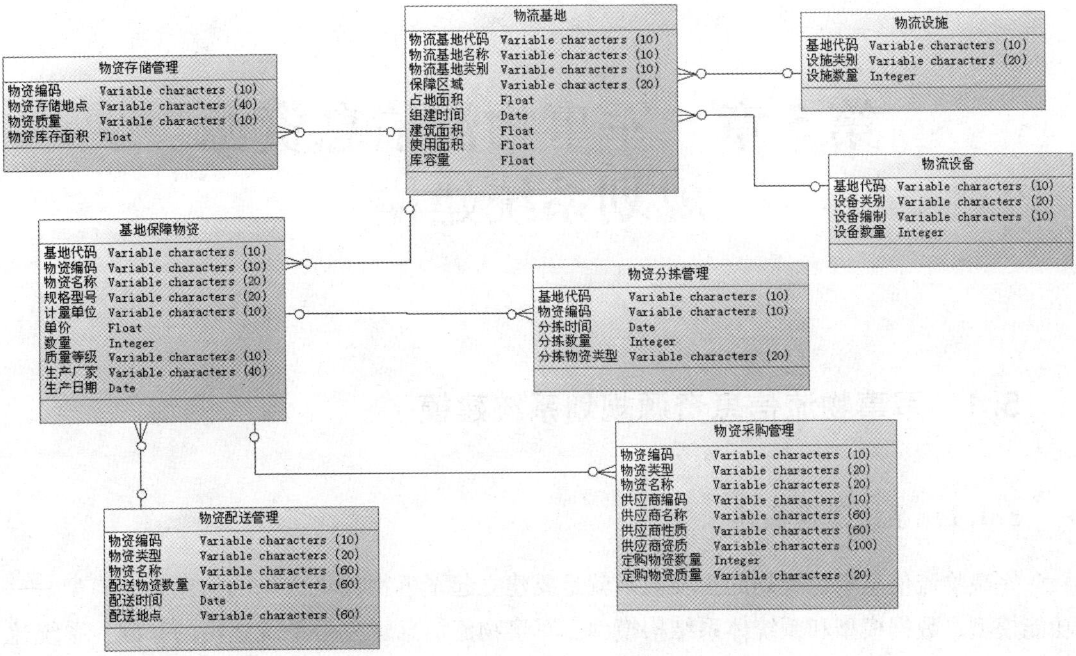

图 4-31　军事物流配送管理数据 ER 模型图

第5章　军事物流信息资源规划系统建模

5.1　军事物流信息资源规划系统建模

5.1.1　系统建模概述

军事物流信息资源规划的主要成果就是要建立起军事物流集成化的信息系统模型——功能模型、数据模型和系统体系结构模型。军事物流信息建模是系统建模的基础，系统建模是在信息建模的基础上进行，这也是信息资源规划的核心和关键性工作。只有建立起军事物流的系统模型，并在这种总体模型的指导、控制和协调下，才能实现军事物流信息化的总体目标。

系统建模主要包括系统功能建模、系统数据建模和系统体系结构建模。

(1)系统功能建模

系统功能建模是在业务模型的基础上建立系统功能模型，实际上是用户功能需求的定型。系统功能建模要确定所规划的系统应该具有哪些功能，主要解决"系统应该做什么，能做什么"的问题。

系统功能建模的主要资料是业务梳理/业务模型。并非所有的业务过程和业务活动都能实现计算机化的管理，有些业务过程、业务活动可以由计算机自动进行，有些业务过程、业务活动可以人机交互进行，而有些业务过程、业务活动仍然需要由人工完成。将能由计算机自动处理的、人机交互进行的过程和活动，经过分析、整理和提炼后，按"子系统－功能模块－程序模块"组织起来，就是系统功能模型。

系统功能建模主要内容：

①定义子系统：简明描述子系统的目标和主要功能；

②定义功能模块：简明描述主要功能；

③定义程序模块：对相应的业务活动做计算机化可行性分析后，形成程序模块，并对部分程序模块做必要的简明描述(程序概述、程序类型和处理逻辑概要)。

(2)系统数据建模

系统数据建模是确定规划的系统应该有哪些业务主题数据库，即各功能模块的运作是在什么数据的支持下进行的，这些数据组织到基本表的层次应具有什么样的结构，这就是数据建模的目的。数据建模的内容主要包括：

①定义主题数据库：复查用户视图和数据流分析资料，根据用户视图，提出概念的主题数据库(数据库名称及内容列表)，每一概念数据库规范化到 3－NF 的一组基本表；

②定义基本表：在全域数据实体对象的识别和分类的基础上，进行 E－R 分析，设计基本数据表；

③定义子系统数据模型：某个子系统所涉及的主题数据库及其基本表；

④定义全域数据模型：整个集成系统的所有主题数据库及其基本表。

数据建模以主题数据库和其基本表的识别、定义为主要工作，提出规划系统的数据模型——系统有哪些主题数据库、每个主题数据库有哪些基本表，以及它们之间的联系。

(3)系统体系结构建模

系统体系结构建模是识别定义每一主题数据库/基本表被功能模块存取的关系，从而形成各子系统和全域的 C－U 矩阵，这是科学地制定总体网络－计算机配置方案、数据分布策略和项目进度计划的根据，同时，也是系统共享数据库的创建、维护和使用等责任的规定依据。

5.1.2　军事物流系统建模主要目标和工作内容

军事物流系统建模就是对所规划的军事物流信息系统有统一的认识，能科学地制定军事物流系统的总体方案，包括：通信网络方案、计算机体系结构方案、应用系统开发方案、信息管理制度建设方案以及人员培训等，对集成化的军事物流信息化建设提供支撑。

军事物流系统建模工作，首先要确定军事物流信息系统的目标，在进行信息资源规划时，就已明确规划的集成化信息系统的目标，但在进行军事物流系统建模时，还要进一步细化信息系统建设目标，成为系统建模的工作指导。准确定义信息系统的目标，一般要涉及以下几个方面：

①军事物流管理目标是什么；

②军事物流信息系统如何支持军事物流管理目标；

③军事物流信息系统的用户类型划分及怎样提供用户服务；

④军事物流信息系统的特征等。

例如，军事物流信息系统目标可以界定为：系统支持总部、大单位、军事物流保障实体和保障对象，从军事物流计划、采购、仓储、包装、运输、配送业务等物流环节实现信息化管理，具备统筹优化能力，先进实用、安全高效的物资保障系统，实现军事物流需求实时掌握、资源透明可视和过程跟踪控制，为形成基于信息系统的物资保障体系，提高保障效能提供技术手段。

与需求分析紧密相联的系统建模工作，主要包括信息系统的三种模型的建立：

①系统功能建模要确定所规划的系统应该具有哪些功能，即全局地、自顶向下地看，系统应该做什么，能做什么，这就是功能建模的目的，具体内容包括：

了解军事物流的管理体制和管理机制，掌握已有的有关管理模式的研究成果；复查职能域和业务过程定义；进行计算机处理的可行性研究，提出可自动化处理与人机交互完成的模块；选取已经开发和使用的应用系统中的有用程序模块；借鉴同类系统的有关模块。

系统功能建模是以各功能模块的识别和定义为主要工作，提出规划系统的功能模型——系统由哪些子系统、功能模块、程序模块所构成。

②系统数据建模是确定规划的系统应该有哪些业务主题数据库，即各功能模块的运作是在什么数据的支持下进行的，这些数据组织到基本表的层次应具有什么样的结构。这就是数据建模的目的，具体内容包括：

复查用户视图和数据流分析资料，提出概念的主题数据库(数据库名称及内容列表)，经过讨论和全局协调，将每一概念数据库规范化到3-NF的一组基本表；在全域数据实体对象的识别和分类的基础上，进行E-R分析；选取已经开发和使用的应用系统中有用的基本表结构；借鉴同类系统的有关基本表结构。

系统数据建模是以主题数据库和其基本表的识别、定义为主要工作，提出规划系统的数据模型——系统有哪些主题数据库、每个主题数据库有哪些基本表，以及它们之间的联系。

③系统体系结构建模识别定义每一主题数据库/基本表被功能模块存取的关系，从而形成各子系统和全域的C-U矩阵，这是科学地制定总体网络-计算机配置方案、数据分布策略和项目进度计划的根据，同时，也是系统共享数据库的创建、维护和使用等责任的规定依据。

系统建模在进行的深入分析研究工作过程，需要有统一的、科学的方法和规范，还要注意加强指导、控制与协调。

5.2 军事物流信息资源规划系统功能建模

5.2.1 系统功能模块的涵义

系统的功能模型(Function Model)是对规划系统功能结构的概括性表示，采用“子系统—功能模块—程序模块”的层次结构来描述。系统功能建模就是要解决“系统做什么”的问题。经过功能需求分析，得出业务模型，在业务模型的基础上建立功能模型，系统的功能模型是对要开发的信息系统的功能结构做出简明准确的定义。

由业务模型确定功能模型是对通过对业务过程和业务活动作计算机化的可行性分析。业务模型是对现行系统功能的概括性认识，功能模型是对新系统功能的概括性认识，两者大体存在如下的对应关系：

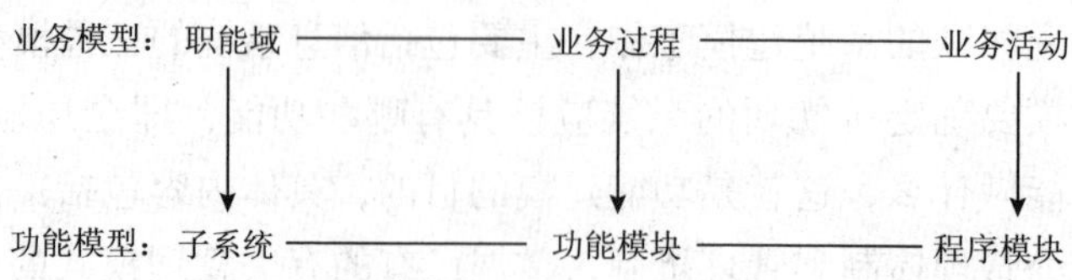

对业务过程和活动进行计算机化可行性分析，是指识别和区分：哪些业务过程、业务活动可以由计算机自动进行，哪些可以人－机交互进行和哪些仍然需要由人工完成。

功能模型的建立就需要改造那些人工活动部分，并对某些过程或活动进行必要的分解与综合，包括重新设计。

(1)定义子系统

定义子系统是建立功能模型的第一步，首先，在提出子系统的划分时，要明确以下内容：

①明确子系统的目标，即需要对系统总体目标进行分解，作具体的界定；

②说明子系统的边界，明确子系统覆盖的职能域或跨职能域，明确子系统服务的管理层次或跨管理层；

③确定信息系统类型，如事务处理(TPS)、管理信息系统(MIS)、联机实时处理分析(OLTP/OLAP)、决策支持系统(DSS)、战略信息系统(SIS)等；

④列出子系统的主要功能，如运用“关键成功因素”进行分析。

(2)定义功能模块和程序模块

在子系统划分定义后，就要定义子系统的功能模块和程序模块，在定义功能模块和程序模块时，要明确以下内容：

①对子系统的目标进行分解，形成功能模块上的目标；

②说明功能模块的边界，明确功能模块所属的职能域或跨职能域，明确功能模块服务的管理层或跨管理层；

③确定信息加工处理类型，如是事务处理、信息形成模块，还是属于实时处理分析；

④显示关键性功能模块，可借助“关键成功因素”进行分析；

⑤通过分解与集结的权衡，确定功能模块与程序模块的层次关系，分解要注意控制细化程度，集结要注意控制综合程度；

⑥分析选取已经开发和使用的有用模块；

⑦每一功能模块需要用短文加以描述，而程序模块则不必描述。

5.2.2　军事物资采购功能建模

物资采购包含需求计划管理、采购任务管理、采购方式管理、采购合同管理、质量检验管理、采购档案管理、采购投诉管理、统计报表查询和应急采购管理，如图 5-1 所示。

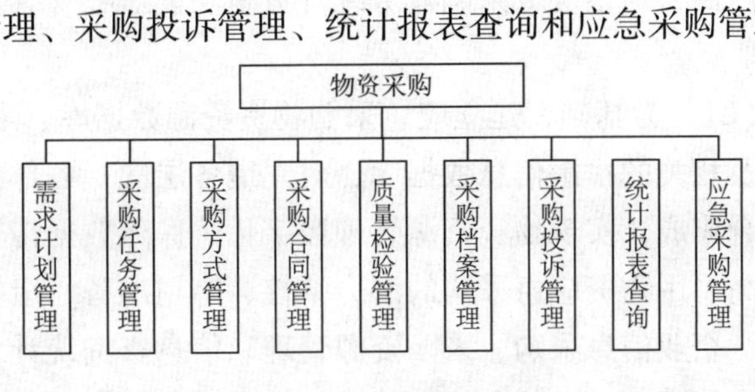

图 5-1　物资采购功能

(1)需求计划管理

提供采购需求计划填报、审核、查询、汇总、打印等事业单位功能，提供审核需求计划、编制采购计划、审核采购计划、查询采购计划、采购任务核文、采购任务抄送、采购任务下达、报表打印等采购管理部门功能。

(2)采购任务管理

根据“采购业务分段管理”，提供录入任务、接收任务、成立采购项目、审核采购项目、采购项目查询、采购任务查询、成立供应商选取小组、合同小组、质量检验小组等采购机构功能。

(3)采购方式管理

根据“采购业务分段管理”，提供采购业务文本模板管理、采购方式流程管理等总部级采购业务基础数据管理功能，提供分配采购任务、采购任务管理、采购项目实施、日志管理、采购项目查询、供应商采购活动评价等采购机构应用功能，提供评标管理、查看招投标文件等评审专家应用功能，提供离线标书功能，以便供应商制作电子版投标文件。

(4)采购合同管理

按照“采购业务分段管理”要求，提供采购合同模板管理、生成合同、暂存合同管理、合同履约管理、合同查询、供应商履约评价等采购机构应用功能。

(5)质量检验管理

按照“采购业务分段管理”要求，提供质量检验、历史记录查询等质检小组应用功能。

(6)采购档案管理

对采购实施过程中的所有数据进行归档、封存，提供档案录入、生成、暂存、借阅等功能。

(7)采购投诉处理

向所有能访问网站的用户提供添加投诉功能，向内网用户提供历史记录查询功能，向投诉处理人员提供投诉回复、投诉查询等管理功能。

(8)统计报表查询

提供需求计划查询、采购计划查询、采购任务查询、采购活动查询、采购档案查询等采购项目查询功能，提供采购项目实施查询、采购任务看板、采购流程展示、远程视频监控等采购项目监管功能，提供产品采购情况查询、采购任务完成情况、采购方式统计、采购机构任务统计、供应商参与情况等采购业务统计分析功能。

(9)应急采购管理

以地理信息系统(GIS)为基础，建立应急采购物资资源数据库、采购保障力量数据库、国家军队储备数据库及相关的军事信息数据库，对军地各层次、各部门的采购资源信息和采购保障信息进行综合集成，实现物资资源管理数字化、保障数据传输网络化和应急采购管理体系智能化，提高军用物资应急采购的潜力掌控、筹划准备、组织实施和快速反应等能力。主要功能包括：企业信息采购、采购资源管理、信息查询统计、需求计划管理、采购辅助决策、业务文书管理、基础信息管理等功能。

5.2.3　军事仓储系统功能建模

军事仓储以合理配置仓储资源、规范仓储作业流程、提高仓储作业水平为目标，实现对仓储资源的可视可控，如图 5-2 所示。

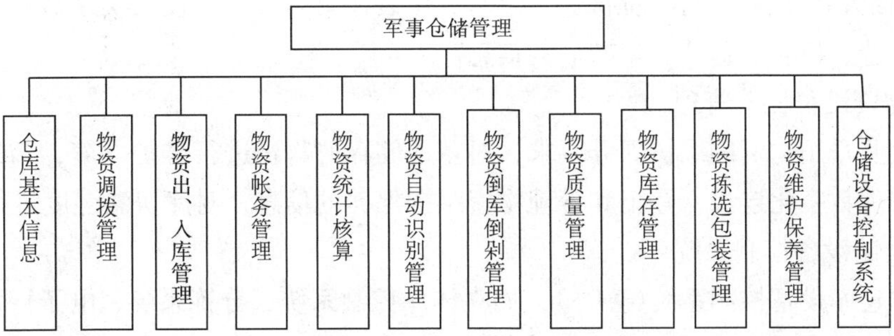

图 5-2　军事仓储业务管理

(1)仓库基本信息管理

对仓库的位置信息、编制信息、历史沿革、人员信息、库容信息、月台数等信息的录入维护。

(2)调拨管理

能够根据各类物资业务管理部门下发的调拨单和物资的库存情况，形成军用物资的出、入库单。对物资调拨单的接收、新建、提交审核、审核、审核并转领导、驳回、分发、作废等功能的操作。

(3)出、入库管理

能够完成调拨物资的出、入库信息登记和管理。实现出、入库单的打印，入库验收，入库验收确认，入库上架操作，出库拣货，出库确认操作。

(4)账务管理

能够完成总账、分户账、库房账、明细账、垛位账的记载和查询。

(5)统计核算

能够对仓库物资收支结存、物资占用面积情况、保障任务情况统计、收发计划执行、仓库收发工作量、物资收发凭证等信息进行查询。

(6)物资自动识别管理

能够与军用物资自动识别设备(系统)相结合完成对仓库物资的自动识别功能。

(7)物资倒库倒剁管理

能够根据仓库内部管理的需求，对物资移库、移剁情况进行登记。

(8)物资质量管理

能够根据物资实际存储情况，对物资数量、有效期等信息进行统计汇总，并能自动给出库存物资有效性警示。

(9)库存管理

实现对仓储物资库存的管理，主要实现库存情况查询，按物资类别等方式进行实力汇总和综合展现。

(10)物资拣选包装管理

能够按照军用物资的组套包装标准和集装要求，对接收或发出的物资进行拣选、组套、包装和集装化包装，与物资拣选、组套、包装、集装自动化设备实现数字化连接，登记和管理拣选、组套、包装、集装后的信息。

(11)物资维护保养管理

能够按照军用物资的维护保养要求，对基地储存的物资进行维护保养，与维护保养自动化设备实现数字化连接，登记和管理物资维护保养的信息，对库房温湿度进行监控等。

(12)仓储设备控制系统

能够对仓库设备控制系统(WCS)，如立体库控制系统、分拣系统、电子标签系统、输送系统、托盘调度系统(WCC)等自动化系统进行集成。

(13)其他系统集成

能够集成库内视频监控、温湿度监测、门禁报警、查库巡检、周界防范、消防报警、大罐测量、油气浓度监测等与其他子系统。

5.2.4 军事物流运输功能建模

军事物流运输包含军交运输动态监控、公路军事运输动态监控、车辆使用管理、汽车运输部队管理、水路军事运输动态监控、航空军事运输动态监控、交通保障动态监控和军交运输器材管理模块，如图 5-3 所示。

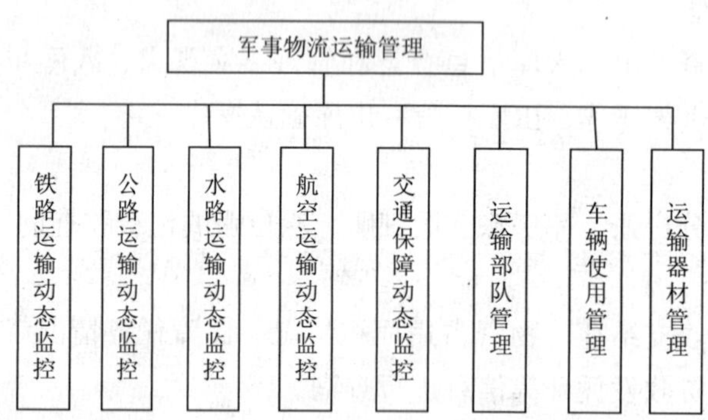

图 5-3　军事物流运输管理

军交运输动态监控系统，主要功能是实现军事交通运输的业务管理和全程监控，基本功能要求如下：

(1)铁路军事运输的动态监控

主要实现对部队战备铁路输送方案和输送保障方案、战略物资铁路输送方案的编制、管理以及辅助决策；实现铁路军事运输计划的提报与管理、铁路军事运输调度的辅助支持、铁路军事运输的统计与管理、铁路军事运输值班交班的管理、新兵铁路军事运输计划的管理；实现从国家铁路信息系统自动获取与铁路军事运输相关的信息，实现最大限度的铁路运输信息资源共享；实现对铁路军事运输动态的实时追踪展示和相关信息查询。

(2)公路军事运输动态监控

主要实现公路军事运输计划的管理、运输任务的统计、汽车运力的派遣、运输安全的管理等；实现对一些重点类型的运输计划、运输完成情况等信息的统计汇总、综合查询、图形分析的管理；实现对民用运力信息、运输公司情况、各种道路情况、运输动态信息等信息的管理；实现重装备公路运输的车辆选型功能。

(3)水路军事运输动态监控

主要包括水路运输计划和新老兵水路运输计划的管理、值班调度、水路军事完成情况的统计分析；实现海上军事运输在航船舶动态的掌控；编制部队战备水路输送方案和输送保障方案编制。

(4)航空军事运输动态监控

主要实现运输计划、运输调度、统计分析的自动化管理；实现各类运输战备方案的自动生成、汇总及管理，内容包括部队战备空中输送方案、输送保障方案、应急运输保障方案等；实现航空军事运输信息实时交换、动态可视。

(5)交通保障动态监控

主要包括交通战备主要业务信息处理和登记；实现对交通战备基础数据和交通战备业务数据统一的查询和统计。

(6)汽车运输部队管理

主要包括对汽车运输部队的定位跟踪，对汽车运输部队的远程运输指挥；自动采集传输车辆行驶信息，对超速行驶、疲劳驾驶、超区域行驶等违规驾驶行为进行报警；对各类车辆动态信息实时采集、处理、传输。

(7)车辆使用管理

主要包括车辆安全技术状况、车辆行驶里程、车辆行驶速度、驾驶员连续驾驶时间等变动信息的自动采集和设备的集成控制；车辆保障方案与使用计划的编制、车辆任务派遣下达、车辆运行安全、车辆维修技术保障等的动态控制。

(8)军交运输器材管理

主要包括军交运输器材装备和物资的储备计划、装备分配计划、物资供应保障计划和数质量管理等功能。

5.2.5　军事物流配送功能建模

分拣配送包含配送交接、物资打包、物资分拣、排车装车、回车确认、配送单查询和统计报表查询模块，如图 5-4 所示。

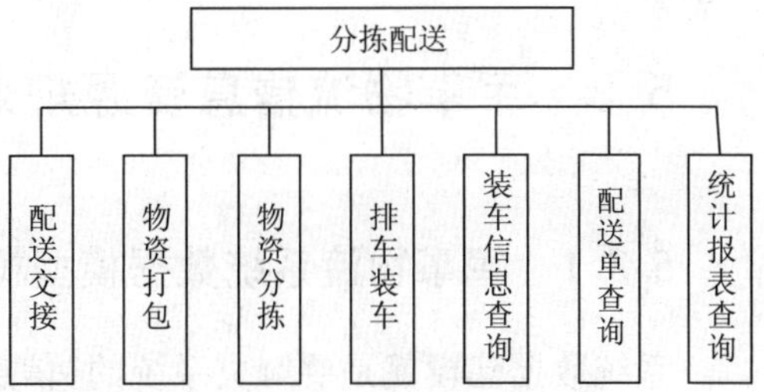

图 5-4　分拣配送

(1)配送交接

配送交接主要实现仓库出库流程发出的

物资在和配送人员进行交接时物资的清点和确认。配送交接主要交接内容为物资数量和物资质量。该模块主要有两个方面的功能，一个是物资交接管理，另一个是物资交接确认后信息的查询。

(2)物资打包

物资打包功能主要实现将各库房或仓库发放到配送中心的物资按单位或订单进行打包。打包的方式有多种多样，比如可以采用手工打包、打包机打包等。打包管理主要包括的四个方面功能，分别为配送通知单查询、打包、拆包、包裹查询。配送通知单查询主要是查询当前要打包的数据；打包为将当前要打包的单证物资进行打包操作，在打包确认时并打印出包裹标签；拆包功能是在打包操作失误时，可以将当前包裹进行拆包并可以重新打包；包裹查询是查询当前已经打包过的单证中有多少包裹及包裹号是什么。

(3)物资分拣

物资分拣的功能主要实现将打包好的物资进行按区、按单位分拣，便于配送和装车。分拣模块分为一次分拣和二次分拣、配送单查询等。一次分拣主要实现将同一配送单的包裹分拣到一个小车或暂存区内；二次分拣是按同一单位或配送方向的包裹合在一个暂存区内，配送单查询是查询相关的分拣配送数据，便于核对和校验。

(4)排车装车

排车装车的功能主要实现将分拣好的物资进行装车，每车有一个确定的车牌号用来作为该车的唯一标识，待物资装车完成后进行确认，一车可以装一个或多个单位的物资，同时装满一车后进行装车确认，生成一个装车单。待装车确认完成后可以查询当前生成的装车单中物资和包裹信息。

(5)装车信息查询

装车信息查询功能主要实现将物资送到目的返回后进行配送信息确认，以便后期跟踪和查询。若物资由于其他不可抗拒的力量无法送达时，可以要进行重新排车，进行下次配送，来查询当前的配送完成状况。

(6)配送单查询

配送单号用于管理分配到各区域公司的运单号，为系统各功能使用配送单号的数据来源。该界面主要用来对配送单单号区间进行新增、修改、删除和查询操作。

(7)统计报表查询

主要涉及分拣、配送、调度、发车、配送单据等查询。

5.3 军事物流信息资源规划系统数据建模

5.3.1 军事物流系统数据模型概念

系统数据建模就是要解决系统的“信息组织”问题。这是信息资源规划的核心部分，是数据环境重建的根本保障。

(1)数据模型

数据模型是对客观事物及其联系的数据化描述，是对用户信息需求的科学反映，是规划系统的信息组织框架结构。数据模型分为：

①全域数据模型——整个集成系统的所有主题数据库及其基本表；

②子系统数据模型——某个子系统所涉及的主题数据库及其基本表。

(2)概念数据模型

概念数据库是最终用户对数据存储的看法，反映了用户的综合性信息需求。概念数据库一般用数据库名称及其内容(简单数据项或复合数据项)的列表来表达。采用“离散集表达法”，每个概念的主题数据库有如下的表达形式：

数据库名称(数据内容列表，……)

例如：物流保障设施管理中的“仓库主题数据库”，可得到：

仓库(物流设施代码，所属物流基地代码，仓库级别，仓库类别，储存性质，占地面积，容量，库房数量，收发能力，占用率，……)

全域或某一职能域的概念数据模型，是指全域或某一职能域的全部概念数据库的列表。

概念数据模型采用“实体框表达法”比较合适：方框里面注明主题数据库的名称，后面的列表则是数据库的信息内容。

例如：仓库物资管理系统的概念数据模型，如图 5-5 所示。

图 5-5　仓库物资管理系统的概念数据模型

总体数据规划中的数据建模，首先是产生概念数据模型，以便反映用户信息需求的总体观点。建立概念数据模型，需要较广泛深入了解业务活动，以便分析识别、定义出各个数据库名称和数据内容，并形成统一的模型。

定义主题数据库的基础是对用户视图的数据流进行分析，按照结构化设计数据库设计方法，首先要分析输出类用户视图，再分析输入类用户视图，两者相结合并参照存储类用户视图就可以定义主题数据库。

(3)逻辑数据模型

逻辑数据库(Logical Database)是对概念数据库的进一步分解和细化。在数据组织的关系模式中，逻辑数据库是一组规范化的基本表。

由概念数据库演化为逻辑数据库，主要工作是采用数据结构的规范化原理与方法，将每个概念数据库分解、规范化成三范式(3－NF)的一组基本表，一个逻辑数据库就是这一组三范式基本表的综合。

逻辑数据库的表述，包括各基本表的标识、名称、主码和属性列表，以及基本表之间的关系。全域或某一职能域的“逻辑数据模型”，是指全域或某一职能域的全部基本表及其关系的表述，逻辑数据模型能更科学准确地反映用户的信息需求。

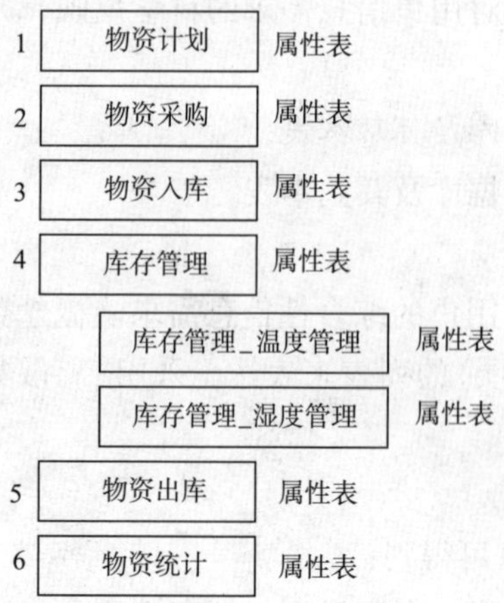

图 5-6 军事物流系统的逻辑数据模型

逻辑数据模型的表达法采用“实体框表达法”，如图 5-6 所示。

其中：

序号 1，2 ，3……标出了主题数据库的顺序编号，一个主题数据库包括一组基本表(一个方框代表一个基本表，个别的主题数据库可以只含有一个基本表)；

一级基本表，存储着主题数据库的基本的、静态的、概要性的信息；二级基本表，存储着主题数据库的详细的、动态的、可进一步展开的信息；

属性表(Attributes List)是指基本表的内容按数据元素的顺序列表；

主键(Primary Key) 是指属性表中能惟一标识一条记录的数据项。

采用的这种基本表集的二层有序结构来表示逻辑数据模型，是对 JamesM artin 的结构化 E－R 图的简化。

5.3.2 数据建模方法

数据建模过程是从用户视图到主题数据库，从数据流程图到 E－R 图，从数据实体到基本表的研究开发过程。

(1)数据建模的基础资料

在进行数据建模过程中，需要准备数据建模的基础资料，其内容包括：

①各个职能域的用户视图及其组成；

②各个职能域的数据流程图(1－DFD，2－DFD)；

③各个职能域的输入数据流、输出数据流和数据存储分析报告；

④全域的数据元素集；

⑤全域的数据元素——用户视图分布分析报告等。

(2)数据建模的基本工作和步骤

数据建模的基本工作是：

①识别定义业务主题，按主题将用户视图分组定义为实体大组，提出概念数据模型；

②按业务需要进一步分析实体的属性，规范化数据结构产生基本表，提出逻辑数据模型；

③数据元素规范化，进一步审核基本表的组成。

数据建模的依据资料及成果之间的关系如图 5-7 所示。

数据建模大致分三步：

第一步，进行实体－关系分析。可以从业务主题出发确定实体大组，识别各个实体；

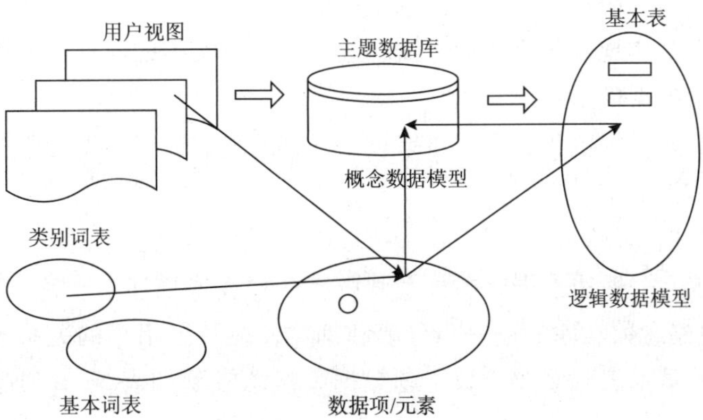

图 5-7　数据建模的依据资料

也可以从数据流程图(DFD)出发，确定各个实体及关系，绘制 E-R 图。这样可以建立概念数据模型，并对逻辑数据模型的建立做好准备。

第二步，进行数据结构规范化分析。利用数据结构规范化的理论和方法，将每一实体规范化到三范式，即形成基本表，并确定基本表之间的关系，这就建立了逻辑数据模型。

第三步，进行数据元素规范化分析。利用数据元素规范化的理论和方法，建立较完整的类别词表和基本词表，以便控制数据元素的一致性，使基本表进一步规范化。

对各个数据库来说，这三个步骤就是数据库的概念设计(第一步)和逻辑设计(第二、三步)。

(3)基本表与数据元素规范化

数据建模的第三步——数据元素规范化分析，是在需求分析(用户视图组成)过程中对数据元素做初步规范化工作的继续深入。基本表与数据元素的概念和关系，在每一个主题数据库都分解为一组基本表之后，就要认真研究每个基本表的组成，其单元应该是在信息系统中具有“原子意义”的数据元素，而不是还可以分解的复合数据项。同时，还要注意解决由于众多基本表的组成而积累起来的“数据元素集”中的一致性问题，即通过分析，发现并处理“同名异义”和“同义异名”的数据元素。为此，要用好“基本词表”和“类别词表”。

(4)一级表与二级表的划分

每一个主题数据库分解为一组基本表，都有一个“一级基本表”(简称“一级表”)和几个“二级基本表”(简称“二级表”)。

5.3.3　军事物流系统数据模型

数据库设计是为了获得支持高效率存取的数据结构，在信息资源规划第二阶段展开数据建模工作，就是数据库设计最重要的前导性工作。数据建模要解决新系统的数据环境建设的基本问题——系统的数据框架。

数据建模的基本工作和步骤：

第一步，根据管理知识、经验和数据流分析结果，识别定义业务主题，按主题将用户视图分组定义为实体大组，建立概念数据模型；

第二步，数据结构规范化，按业务需求进一步分析实体的属性，规范化数据结构产生基本表，建立逻辑数据模型：

第三步，数据元素规范化，进一步审核基本表的组成，将数据元素标准和信息分类编码标准落实到基本标准中。

其中，概念数据库(Conceptual Database)是最终用户对数据存储的看法，反映了用户的综合性信息需求，一般用数据库名称及其内容的列表或描述来表达；逻辑数据库(Logical Database)是对概念数据库的进一步分解和细化，在数据组织的关系模式中，逻辑数据库是一组规范化的基本表。例如全域主题数据库概念模型如表5-1和逻辑数据模型如表5-2所示。

表5-1 主题数据库部分列表

主题数据库标识/名称	主题数据库内容
01 物流计划	物资基本信息管理、物资需求计划管理、物资请领计划审核管理等
02 物流采购	物资采购计划管理、采购合同管理、物资质量检验管理、应急采购管理等
03 军事仓储	物资入库管理、库存管理、物资质量管理、物资维护保养管理、物资出库管理等
04 运输管理	铁路运输动态监控管理、公路运输动态监控管理、水路运输动态监控管理、航空运输动态监控管理、车辆使用管理等
05 配送管理	物流配送交接管理、物资打包管理、物资分拣管理等

表5-2 逻辑数据库——基本表组成

逻辑数据库标识/名称	基础表内容
01 物流计划	物资基本信息管理、物资需求计划管理、物资请领计划审核管理等
02 物流采购	物资采购计划管理、采购合同管理、物资质量检验管理、应急采购管理等
02_01 采购需求计划管理表	需求计划单号、需求计划名称、编制时间、需求单位编码
02_02 采购合同管理表	合同编号、物资编号、物资名称、合同名称、机构代码、机构名称等
02_03 物资质量检验管理表	物资编号、物资名称、检验时间、检验机构代码、检验机构名称、检验内容、检验结果等
03 军事仓储	物资入库管理、库存管理、物资质量管理、物资维护保养管理、物资出库管理等
04 运输管理	铁路运输动态监控管理、公路运输动态监控管理、水路运输动态监控管理、航空运输动态监控管理、车辆使用管理等
05 配送管理	物流配送交接管理、物资打包管理、物资分拣管理等

经过用户视图规范化和数据流分析，就可以对军事物流管理职能域的信息需求加以综合，这就是建立该域的主题数据库模型。为解决系统集成问题，主题数据库技术是最有效的途径。以主题数据库规划、设计和实现为主题的军事物流数据环境建设，是信息工程的核心内容。军事物流管理职能域的相关主题数据库和基本表组成，这些基本表分别由若干个功能模块创建、维护和使用。

主题数据库的基本特征有；面向业务主题建库（不是面向单证报表建库）；信息共享；所有源数据满足一数一源；一个主题数据库由一个或多个基本表组成。

一个概念主题数据库可以细化为一组基本表，所谓的基本表，指的是具有原子性（即最小的、不能再分解的信息单元）、演绎性（可由表中的数据生成全部输出数据）、规范性（表中数据满足三范式）。每个基本表都列出其属性表和主键（能唯一确定一条记录的属性）。这样，就为数据库的设计实现做好了准备。各管理职能域概念数据模型是从全域把握信息框架。为了落实这些主题数据库分别是由哪些功能模块创建、维护和使用的，还需要做进一步的细化，这就是建立各子系统的逻辑数据模型。

5.4　军事物流系统体系结构建模

5.4.1　军事物流信息系统体系结构的概念与表示法

在信息工程方法论中，信息系统体系结构（Information System Architecture），是指系统数据模型和功能模型的关联结构，由于这种模型采用 C－U 矩阵来表示，所以也叫 C－U 矩阵模型。系统体系结构模型是一种逻辑模型，它的建立，是决定共享数据库的创建与使用、进行数据分布分析和制定系统开发计划的科学依据。根据规划系统规模的大小，系统体系结构模型分为：

全域系统体系结构模型：即全域 C－U 矩阵，它表示整个规划范围所有子系统与主题数据库的关联情况。

子系统体系结构模型：即子系统 C－U 矩阵，它表示一个子系统的所有功能模块与基本表的关联情况。

全域系统体系结构模型如图 5－8 所示，其中，行代表各子系统，列代表各主题数据库，行列交叉处的"C"代表所在行的子系统生成所在列的主题数据库，即负责该主题数据库的创建和维护；"U"代表所在行的子系统使用所在列的主题数据库，即读取该主题数据库的信息；"A"表示既生成又使用所在列的数据库。

子系统体系结构模型是针对子系统的体系结构，例如军事仓储管理子系统的体系结构如图 5－9 所示，每一个子系统做一个 C－U 矩阵，其中各列代表基本表（分别属于某主题数据库），各行代表各子系统的功能模块或程序模块，行列交叉处的"C"代表所在行的模块生成所在列的基本表，即负责该基本表的创建和维护；"U"代表所在行的模块使用所在列的基本表，即读取该基本表的信息；"A"表示既生成又使用所在列的基本表。

图 5－9 中所表达的系统功能/程序模块与基本表之间的存取关系，可用图 5－10 表示逻辑关系。图 5－10 等价于图 5－9，也是一种数据流图，只不过相对于需求分析阶段的数据流图，可以称为系统建模阶段的数据流图；前者侧重反映当前管理系统，后者侧重反映所规划的新系统。用 C－U 矩阵来表达系统的体系结构比用数据流图更科学、更简明、更实用。

	主题数据库1	主题数据库2	主题数据库3	…
子系统1	C	A	U	…
子系统2	U	C	A	…
子系统3		U	C	…
…	…	…	…	…

图 5-8　全域系统体系结构模型的一般模式

	物资供应标准表	物资需求记录	库存物资	…
物资供应标准表维护	C			…
物资需求	U	C	A	…
制订入库计划	U	U	C	…
库存监控			A	
库存物资管理			U	
库存物资查询			U	
…	…	…	…	…

图 5-9　子系统体系结构模型示例

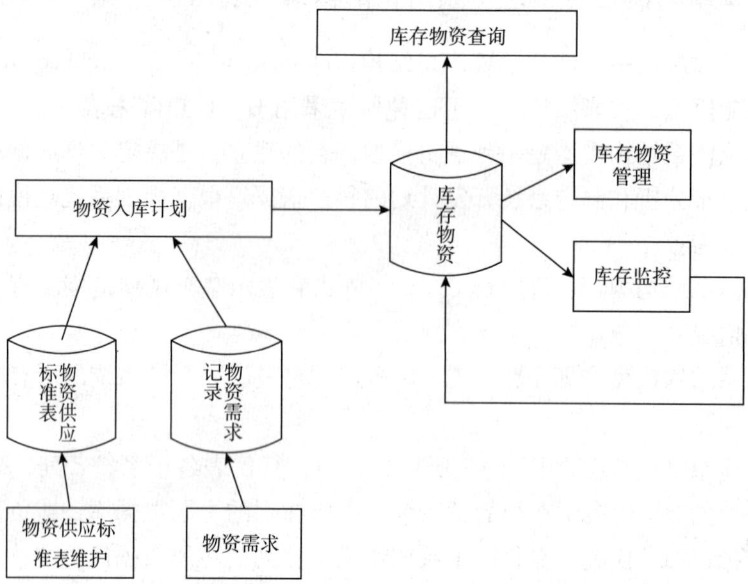

图 5-10　子系统数据流图

5.4.2　C-U 矩阵的建立方法

从子系统 C-U 矩阵的构成可以看出，识别基本表与程序模块之间的关系，可以从两个方向进行，逐一考察一个子系统的每个程序模块，找出它所存取的基本表；逐一考察一个子系统的每个基本表，找出存取它的程序模块。基于“以数据为中心”的思路，可按图 5-11 的方法来寻找程序模块。

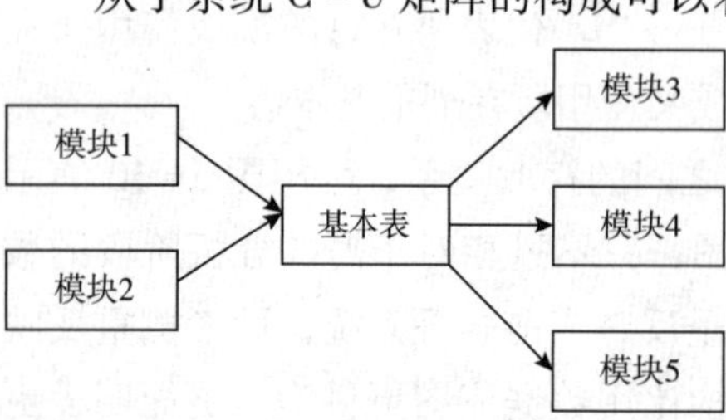

图 5-11　基本表与功能/程序模块关联模式

逐一识别、定义和记存各基本表与功能/程

序模块的关系，可通过软件工具来完成这项工作。根据记录下来的一个子系统所有的基本表与功能/程序模块的关系，软件工具就能自动计算生成这个子系统的 C－U 矩阵；有了各子系统的 C－U 矩阵，就能自动计算生成全域的 C－U 矩阵。

5.4.3　子系统体系结构模型

在对实际系统的业务流程、管理功能、数据流程以及数据分析都作了详细的了解和形式化的描述以后，就可在此基础上进行系统化的分析，以便整体地考虑新系统的功能子系统和数据资源的合理分布。进行这种分析的有力工具之一就是功能/数据分析。

功能/数据分析法是 IBM 公司于 20 世纪 70 年代初的企业系统规划法(BSP)中提出的一种系统化的聚类分析法。功能数据分析法是通过 U/C 矩阵的建立和分析来实现的。这种方法不但适用于功能/数据分析，也可以适用于其他各方面的管理分析。

(1)U/C 矩阵及其建立

要建立 U/C 矩阵要经历以下步骤：

①进行自顶向下地系统划分；

②逐个确定其具体的功能和数据；

③填上功能/数据之间的关系，得到一个初始的 U/C 短阵。

图 5-12 是军事仓储管理子系统 U/C 矩阵实例。

基本表功能/模块	组织机构信息表	物资基本信息表	物资使用信息表	物资储存环境表	物资资金情况表	物资质量情况表	物资养护情况表	物资调配记录表	物资库存记录表	物资等级转换表	物资报废情况表
组织机构信息管理	C										
物资基本信息维护	U	C	C	C							
物资调配管理	U	U	U				U	C	U		
物资入库管理								U		U	U
物资出库管理							U	U		U	U
物资状态评估						U					
物资资金审核										U	
物资资金管理					A					C	C
物资信息查询			U	U							
物资质量管理				U		C					
物资库存管理			U				A		A		
物流消耗管理		U	U			U			U		

图 5-12　军事仓储管理子系统的 U/C 矩阵

(2)系统功能划分与数据资源分布

U/C 矩阵的求解目的是为了对系统进行逻辑功能划分和考虑今后数据资源的合理分布。一般说来 U/C 矩阵的主要功能有如下四点，而这里的重点主要是后两点：

①通过对 U/C 矩阵的正确性检验，及时发现前段分析和调查工作的疏漏和错误。

②通过对 U/C 短阵的正确性检验来分析数据的正确性和完整性。

③通过对 U/C 矩阵的求解过程最终得到子系统的划分。

④通过子系统之间的联系 U 可以确定子系统之间的共享数据。

1）系统逻辑功能的划分

系统逻辑功能划分的方法是在求解后的 U/C 矩阵中划出一个个的小方块。划分时应注意以下事项：

①沿对角线一个接一个地画，既不能重叠，又不能漏掉任何一个数据和功能。

②小方块的划分是任意的，但必须将所有的 C 元素都包含在小方块之内。划分后的小方块即为今后新系统划分的基础。每一个小方块即一个子系统。

③对同一个调整出来的结果，小方块，即子系统的划分不是惟一的。

具体如何划分要根据实际情况以及分析者个人的工作经验和习惯来定。子系统划定之后，留在子系统小方块的外面还有若干个 U 元素，这就是今后子系统之间的数据联系，即共享的数据资源。

2）数据资源分布

在对系统进行划分并确定了子系统以后，所有数据的使用关系都被小方块分隔成了两类：

①小方块以内。在小方块以内所产生和使用的数据，则今后主要考虑放在本子系统的计算机设备上处理。

②小方块以外。而在小方块以外的数据联系，即图中小方块以外的 U，表示的是各子系统之间的数据联系，这些数据资源今后应考虑放在网络服务器上供各子系统共享或通过网络来相互传递数据。

信息资源规划在完成了上述主要的工作步骤以后，基本上确立了信息资源的标准化管理体系，建立了全局和各职能区域的信息系统框架——功能模型、数据模型和系统体系结构模型，营造了以主题数据库为核心的数据环境，对应用系统的整合和扩展起到了规范化的指导、协调和控制作用，为走向全面的管理信息化奠定了坚实的数据环境基础。

第6章　军事物流信息资源标准

6.1　信息资源管理基础标准

6.1.1　数据标准含义

数据标准化是通过制定、发布和实施标准，对各种数据进行统一定义的过程。其主要内容包括制定数据管理的法规性文件或标准、明确数据标准化方法、提供数据标准化工具等。数据标准包括：元数据标准、数据元标准、数据模式标准和数据分类与编码标准。

元数据标准化主要是对数据外部特征进行统一规范描述，包括数据标识、内容、质量等信息，便于用户发现数据资源。数据元标准化是对数据内部基本元素的名称、定义、表示等进行规范，主要用于数据集成、共享。数据模式标准化是对数据组织方式的规范化描述，便于相关人员对数据组织有一致的、准确的理解。数据分类与编码标准化是对数据进行统一的分类和编码，避免对同一信息采用多种不同的分类与编码方法，造成数据共享和交换的困难。数据标准化的作用体现在：

①统一术语、概念。在各种业务管理中，需要使用很多术语、概念，如报表的标题、列的名称，在具体业务处理过程中，由于各种原因，业务人员、技术人员对这些术语和概念的含义和用法等存在不同的理解。数据标准化就是要规定业务中术语、概念的含义和范围，对这些术语和概念的内涵做出明确的界定，做到无歧义的理解和表达，对规范业务、提高系统设计的准确性和效率具有一定作用。

②优化和规范业务分类与编码。在各个领域中，各种管理对象都存在着分类的需求，但各具体部门、人员由于出发点不同，对同一类信息可能会有不同的分类和编码；已有的分类编码，有些不符合分类编码的标准化原则。因此，需要对这些不合理的分类进行优化规范，成为标准数据。这不仅能够提高业务管理水平，而且便于信息在不同的系统之间进行交换和共享。

③为信息系统设计提供数据规范。在不同的信息系统中，对于同一数据集，建立的数据模型不一致，或者对于同一数据，数据的名称、定义、长度、表示等不一致或相互矛盾，信息系统之间就会难以协同工作。数据标准规定了数据的概念、组成、结构、相互关系，是数据库设计的依据，从而保证不同系统的数据模型以及数据含义和格式的一致性，真正实现信息交换和共享。

数据标准与业务、信息系统的关系如图6-1所示。数据标准来源于业务，是对业务信息的科学总结，是对业务的规范和提升；数据标准指导信息系统的开发，为信息系统设计提供数据规范，同时通过信息系统的开发，来检验数据标准。

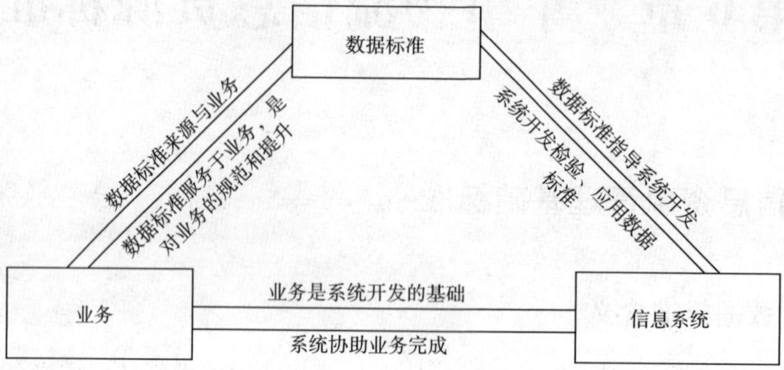

图6-1　数据标准与业务、信息系统的关系

6.1.2　数据资源管理基础标准

威廉·德雷尔在《数据管理》一书中总结了数据资源管理的基础——数据管理标准化。认为：没有卓有成效的数据管理，就没有成功高效的数据处理，更建立不起来整个部门的计算机信息系统。早期的计算机信息系统开发，缺乏关于数据结构的设计和管理方面的科学方法，直到20世纪80年代，信息系统设计人员才重视数据管理的标准，数据管理的标准化成为信息系统设计的基础。

在制定和实施数据标准时应该注意以下问题：

①在制定数据标准时，要考虑数据的综合应用，不能把个例当成普遍情况。虽然没有适用于所有情况的标准，但是，不应把个例当成数据标准制定。

②管理部门必须支持执行标准。标准一旦制定，就应严格执行，对于违背执行标准情况，管理部门必须纠正违背标准的行为。

③标准必须是从实际出发的、有生命力的、切实可行的。标准必须以共同看法为基础，标准中复杂难懂的东西越少，就越好执行，要保持标准的简明性。

④标准决不是绝对的，必须有某种灵活的余地。尽管有些标准必须严格遵守，但是大多数标准不应该束缚数据的灵活应用。

⑤标准应具有先进性。标准要控制和管理当前和未来的活动，标准不是恢复和重演过去的做法。

⑥标准必须容易执行。必须容易发现违反标准的情况，能有自动检查标准符合情况的方法。

⑦标准应加以宣传推广。数据管理标准制定完成，要向各级业务管理人员宣传数据标准，讲明为什么需要这些标准。数据管理标准要求程序员和分析员改变他们的数据设计方法。

⑧标准在制定时，要综合考虑和研讨所要制定的标准细节。

⑨标准应该逐渐地制定完成。一旦标准制定出来，就要开始执行，但执行标准是渐进的、有节奏的。允许非数据管理人员有充足的时间对新的标准做出反应和适应。标准的实现必须是渐进过程，而不是突变过程。

⑩数据管理的最重要的标准是一致性标准——数据命名、数据属性、数据设计和数据使用的一致性。

所谓“数据资源管理基础标准”，是指那些决定信息系统质量的、因而也是进行数据资源管理的最基本的标准。根据《数据管理》和有关文献的研究，以及实践的探索，数据资源管理基础标准，也就是数据管理标准，有：数据元素标准、信息分类编码标准、数据模型标准。

6.1.3　军事物流信息资源管理基础标准

军事物流信息资源标准是军事物流信息资源中的基础部分，作用于军事物流信息化建设的整个过程，以标准化为技术管理手段，分析现有军事物流相关的信息技术标准，形成规范统一的数据标准体系，确保军事物流信息化建设过程的规范性和一致性，切实提高军事物流信息化建设质量与效果。

按照数据标准的分类，军事物流信息资源基础标准，由数据元标准、信息分类编码标准、数据模型标准等构成，标准框架见图 6-2。

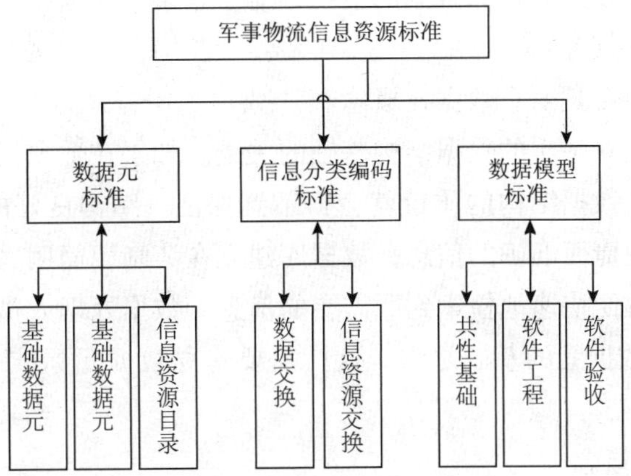

图 6-2　军事物流信息资源标准框架

①数据元标准，主要是军事物流信息化建设中应采用的基础数据元标准、信息分类与代码标准、数据资源目录标准等。

②信息分类编码标准，主要是军事物流系统信息交换中应采用的数据交换标准、信息资源交换标准等。

③数据模型标准，主要是军事物流系统软件开发中应采用的共性基础标准、软件工程标准、软件验收标准等。

6.2 数据元标准

6.2.1 数据元标准概述

(1)数据元的含义

数据元(Data Elements)是最小的不可再分的信息单位，是一类数据的总称。例如：物资资料中的被装名“夏常服”、“冬常服”等，可以抽象出“物资名称”这个数据元素；每被装都有一个编号，可以概括出“物资编号”这个数据元素。通常人员档案中的“简历”、“受奖情况”等，不是数据元素。因为“简历”至少包括时间、地点等信息，是可以继续分解的信息；“受奖情况”也是可以继续分解的信息。

国家颁布的《信息技术——数据元的规范与标准化》(GB/T 18391. 1—2002/ISO/IEC 11179—1：1999)关于数据元的定义如下。

数据元由以下三部分组成：

①对象类：现实世界中的想法、抽象概念或事物的集合，有清楚的边界和含义，并且特性和其行为遵循同样的规则而能够加以标识；

②特性：对象类的所有个体所共有的某种性质；

③表示：值域、数据类型的组合，必要时也包括度量单位或字符集。

对象类是希望用于收集和存储数据的事物，对于军事物流来讲，对象类的例子有采购单、库存物资、运输计划等。

对象类和特性的组合是一个数据元概念。

数据元的质量是建立坚实的数据结构基础的关键。如果在数据元素的创建和命名上不加以适当的考虑，整个数据结构的质量就会得不到保证。结构良好的数据元的重要意义，在于向各种用户提供便捷而准确的信息；数据库建立在清晰、简明、标准化的数据元的基础上，就能保证用户方便快速地检索到所需要的信息。数据处理人员应该把所有数据建立在有限数目的“核心”数据元的基础之上。这就需要建立数据元标准——数据元命名标准、标识标准和一致性标准。

(2)数据元标准的概念

数据元标准是某一特定领域或专业团体为了使用数据元来管理、描述和保存资源，根据自身特殊的、多样化的需求，专门计划、倡议和制定的标准。其目的旨在规范和统一本领域的数据元应用和管理，提高数据的共享程度，便于相关信息资源的充分利用。

6.2.2 数据元命名标准

数据元命名的原则是用一简明的词组来描述一个数据元的意义和用途，这个词组是一个名词短语，并且，数据元素名只应包含规范的汉字和字母字符(A ~ Z)。参照 GJB/Z 139—2004 标准，标准数据元的名称由三部分组成：基本词(必需的)、特性修饰符(可选的)和类属元素(必需的)组成。数据元名至少包括一个基本词和类属元素，可选的修饰符可用于进一步表明数据元的内容。标准数据元命名格式如下：

<table>
<tr><td rowspan="2">基本词
(必需 1)</td><td rowspan="2">特性修饰符
(可选 0～n)</td><td colspan="2">类属元素</td></tr>
<tr><td>类词修饰符
(可选 0～n)</td><td>类词
(必需 1)</td></tr>
</table>

基本词：是必需的，位于数据元名称的首位。逻辑数据模型的实体名是基本词的基础。

特性修饰符：是对数据元的进一步描述，是这个实体的属性。特性修饰符可以没有也可以有多个，但一般的数据元名中都包含有特性修饰符。

类属元素：由类词修饰符和类词组成。

类词：是描述数据元所属类别的词。在数据元的组成中，有且仅有一个类词。类词分为两类：定性类词和定量类词。类词的创建必需经过批准。目前已定为国家标准的有 13 个定量类词(金额、角度、面积、坐标、日期、线度、质量、数量、比率、温度、时间、体积、重量)和 4 个定性类词(代码、标识符、名称、文本)。

类词修饰符：是类属元素中用于进一步细化或描述类词的词(形容词)。类属元素中可以不包含类词修饰符。

对数据元的命名要求如下：

①数据元名应以相关的实体名为基础；

②数据元名应是一个名词短语；

③数据元名只应包含规范的汉字和字母字符；

④修饰符应位于被修饰成分的前面并且其后紧跟被修饰符；

⑤在数据元名中，类属元素应该位于最后面；

⑥数据元的名称在数据字典中应是唯一的；

⑦在数据元名中，类属元素应该位于最后面；

⑧数据元的名称在数据字典中应是唯一的；

⑨数据元名不应包含组织、计算机或信息系统、命令、表格、屏幕或报告等的名称；

⑩数据元命名不应包含缩略语，除非已经批准并且被纳入了数据字典。

6.2.3　数据元定义标准

数据元命名标准是用一简明的词组来描述一个数据元的标准，数据元定义标准是指给数据元下定义的标准，即用一句话来确切界定数据元。所以“数据元命名”和“数据元定义”的区别，如果数据元命名的词组结构和含义清晰，就不必再作定义；否则，需要作定义。另外，数据元的定义常常与专业技术术语解释相结合，甚至包括数据之间的关系或计算方法，这些都是在数据元创建时应该加以注意的。对数据元的定义要求如下：

①数据元定义应规定数据是什么，而不应规定“为什么”、“何处”或“何时”使用或“谁”使用数据；

②数据元定义是一个语法和结构正确的简单句；

③数据元应反映相关实体的特征，并且定义中可以使用实体名和类属元素名；

④数据元定义里如果包含缩略语，应清楚地说明；

⑤数据元定义应简明；

⑥数据元定义应精确和无二义；

⑦数据元定义应避免循环定义；

⑧数据元定义不应包含数据元的示例或具体特性。

6.2.4 数据元标识标准

数据元标识即数据元素的编码，是计算机和管理人员共同使用的标识。数据元标识用限定长度的大写字母字符串表达，字母字符可按数据元名称的汉语拼音抽取首音字母，也可按英文词首字母或缩写规则得出。

例如：

数据元标识(汉语)	数据元标识(英文)	数据元名称
CBBM	APL_ ST_ DT	申报开工日期
SBSL	EQP_ QTY	设备数量
GSSBGCL	EST_ EQP_ QTY	概算设备工程量
GJZBDM	KPI_ CD	关键指标代码

6.2.5 数据元一致性标准

数据元命名和数据元标识要在全部门中保持一致，或者说不允许有“同名异义”的数据元素，也不允许有“同义异名”的数据元。这里的“名”是指数据元的标识，“义”是指数据元的命名或定义。

例如，“同名异义”的数据元有：

数据元标识(汉语)	数据元名称
CM	船舶编码
CM	车辆编码

这是因为没有遵循数据元素标识规则，用两个字符来标识数据元(过于简单)的结果。如果坚持汉语拼音或英文缩略的数据元标识规则，就消除了“同名异义”现象：

数据元标识(汉语)	数据元标识(英文)	数据元名称
CBBM	SHP_ CD	船舶编码
CLBM	VHC_ CD	车辆编码

数据元的“同义异名”的例子，如前面提到的“职工姓名”和“员工姓名”的标识分别是 ZGXM 和 YGXM，还有“单位编码”和“单位号码”的标识分别是 DWBM 和 DWHM 等等，实际上是对同一个数据元用了不同的标识。

数据元的创建和使用的规划是数据资源规划的重要内容。

执行数据元一致性标准，进行数据元的一致性控制，靠人工的方法是十分困难的，必须有相应的软件工具支持。

6.2.6　数据元生命周期

数据元的生命周期被定义为：开发态(D：Development)、候选态(C：Candidate)、批准态(A：Approved)、拒绝态(R：Refused)、归档态(A：Archived)：

①开发态是数据元的草案状态，即将被提交标准化；

②候选态是数据元已经经过了技术复审和功能复审，被提交到标准审核组进行最后的决策的状态；

③批准态是数据元通过了标准审核，成为标准数据元素，可发布和使用；

④拒绝态是数据元没有通过技术复审和功能复审，发回申请人重新修改后提交；

⑤归档态是标准数据元不再有效的状态。

6.2.7　数据元应用标准

数据元标准规定数据元分类、标识、描述及数据元字典，在军事物流资源规划时，各业务部门应遵循数据元实用标准。

军事物流资源规划中的数据元应用标准，主要包括人员类、机构类、物资类、设施类、指挥类、文电档案类、军交运输勤务类、基建营房勤务类、军需勤务类、军队物资采购类、油料勤务类。

(1)人员类数据元标准

主要描述人员个体信息，包括某一人员个体的基本情况，政治面貌及行政奖惩情况，教育及培训情况，婚姻、家庭及社会关系情况，现职级情况，工薪、福利及保险，被装信息，住房情况，简历及流动情况，绩效情况，人事档案情况，复转离退情况，出国(境)情况等。

(2)机构类数据元标准

主要描述单个机构信息，包括某一个机构(单位)基本情况、装备(人员)编制情况、装备(人员)现有情况、地理位置情况、人员变动情况、历史沿革等。

(3)物资类数据元标准

描述单件物资信息。主要包括物资基本数据(如名称、代码、规格等)、管理数据(如生产厂家、储备方式、包装要求、编配要求、储存要求等)、技术数据(如尺寸、材料、颜色、战术技术指标等)等。

(4)设施类数据元标准

主要描述人工建造的军用设施信息。包括仓库、站台、铁路专用线、道路及特殊用途建筑物等。

(5)指挥类数据元标准

主要描述后勤保障、后勤防卫和其他后勤行动组织领导活动的相关信息。包括后勤工作规划计划、后勤决策、后勤部署、后勤力量、后方防卫、后勤动员等。

(6)文电档案类数据元标准

主要描述单份文电档案(除了文电、档案外，也包括图书、资料、法规、标准等以纸介质形式出现的文档)的信息。包括文电档案基本信息、收发文信息、管理信息等。

(7)军事交通勤务类数据元标准

主要描述军队运用各种运输方式运送人员和物资，以及军事交通基础设施、运输工具、技术装备、组织机构和管理等业务工作信息。包括军事运输组织实施、交通运输的战备、军事交通技术保障等。

(8)基建营房勤务类数据元标准

主要描述军队组织实施工程建设、国防工程管理、房地产管理、营区环境保护和绿化，以及战时营房保障等专业工作的信息。包括营区规划、营房工程、房地产管理、野营装备及器材保障、营房维修、环境保护以及工程抢修抢建管理等。

(9)军需物资油料勤务类数据元标准

主要描述军队组织实施被装、给养、饮食装备器材和农副业生产，军用油料和油料装备，通用物资采购、管理以及技术保障等专业工作的信息。包括被装管理、部队伙食管理、饮食保障等；油料装备管理、油料供应管理、油库(站)管理、油料质量管理等；通用物资采购、进口和委托加工的统一筹措、管理和保障以及农副业生产管理等。

对于数据元标准已经颁布的标准有：

电子政务数据元(GB/T 19488—2004)。主要规定了电子政务数据元的基本概念和结构，电子政务数据元元素的标识规范以及特定属性的设计规则和方法，并给出了电子政务数据元的动态维护和管理机制。适用于政府部门编制各种通用的或专用的数据元目录，并为奖励数据元的注册和维护管理机制提供了指导。

信息技术　数据元规范与标准化　第1~6部分(GB/T 18391.1—6)。主要包括数据元的规范与标准化框架、数据元分类、数据元的基本属性、数据定义格式的规则和指南、数据元命名、标识规则和元数据的注册。

数据元和交换格式　信息交换　日期和时间的表示法(GB/T 7408—2005)。主要规定了公历日期和时间的表示法。本标准适用于在信息交换中所涉及的日期和时间的表示。

6.3　信息分类与代码标准

对信息资源进行编码是信息资源组织中最基础的工作，也是将现实生活的数据信息转化成基于计算机管理的信息资源并实现信息标准化、规范化的基础性工作。

6.3.1　信息分类与代码的概述

(1)信息分类的概念

所谓信息分类是指根据信息内容的属性或特征，将信息按一定的原则和方法进行区分和归类，并建立起一定的分类体系和排列顺序，以便管理和使用信息。这里所指的信息分类是在一定范围内，为了某种目的，以一定的分类原则和方法为指导，按照信息的内容、性质及管理者的使用要求等，将信息按一定的结构体系，分门别类地组织起来。这样使得每种信息在一定的分类体系中，都有其适当的位置和相应的类号(代码)。同时，把相同内容、相同性质的以及要求统一管理的信息集中在一起，而把内容、性质相异以及需要分别管理的信息区分开来，使其成为一个有条有理的系统。

(2)信息编码

编码是将事物或概念赋予一定规律性，易于人或计算机识别和处理的符号、图形、文字等等。所谓信息编码就是把信息用一种易于被电子计算机和人识别的符号体系表示出来的过程。对信息进行编码，实际上就是对文字信息进行符号化处理，使之成为量化信息。信息编码的直接产物为代码，它是表示特定信息的一个或一组有序排列的符号，便于人或计算机识别与处理。在现代信息管理系统中代码是数据元的一种标准表示形式，是一种人机信息语言的表达形式。代码一般是以字符集合的形式出现，叫“代码集”。

信息编码是人们统一认识、统一观点、交换信息的一种技术手段。国家颁布了关于信息分类编码的规定标准，《标准化工作导则：信息分类编码编制的基本原理和方法》(国家标准 GB7026—86)，关于信息分类编码的规定，按照“国际/国家标准—行业标准—部门标准”的顺序原则，引用或建立部门的信息分类编码标准。

信息分类编码是标准化的一个领域，已发展成了一门学科，有自身的研究对象、研究内容和研究方法。在信息化时代，信息的标准化工作越来越重要，没有标准化就没有信息化，信息分类编码标准是信息标准中的最基础的标准。

(3)信息分类原则

为了有效管理各类军用物资信息，必须建立一个合理的军用物资信息分类体系，而一个合理的分类体系通常是要做到科学、系统、可扩充、兼容及综合实用，而这就是信息分类的基本原则。

1)科学性

科学性是指信息分类的客观依据。通常是选用事物或概念(分类对象)的最稳定的本质属性或特征作为分类的基础和依据。事物的属性和特征有本质属性或特征与非本质属性或特征之区别。非本质的属性和特征不能用来作为分类依据。为了保证分类标准的一定时间性、持久性，必须选择事物或概念稳定的本质属性作为分类的依据。

2)系统性

系统性是指将选定的事物或概念的属性或特征按一定排列顺序予以系统化，并形成一个合理的分类体系。在体系中每一个分类对象都占有一个位置，并且在体系中反映了分类对象彼此之间的一定关系。

根据事物的属性或特征之间的联系和区别，建立一个有一定排列顺序的、完整的分类体系，以揭示事物与事物之间更深刻、更细致的内在联系。只有将这些数以万计的信息有次序地、科学地组织起来，建立一个完整的系统的分类体系并予以科学化管理，才能对信息的处理、查询、检索和管理提供可靠的保证。

3)可扩充性

可扩充性是指分类体系的建立应满足事物的不断发展和变化的需要。在分类体系中应留有适当的空位，以便新的事物或概念增加时，在体系中有一定的位置安排，而不至于由于新的事物或概念的增加而导致分类体系又推倒重来。同时，还应为下级子系统在本分类系统基础上的延拓、细化创造条件。

4)兼容性

兼容性是指分类上与有关标准的协调一致。所谓信息分类的兼容就是指某一系统的信息分类涉及一个或几个其他信息系统时，信息的分类原则及类目设置上应尽量与有关的标准取得一致。如果不能完全一致，应在分类与类目设置上考虑到经过若干处理后，可以满足系统间信息交换的要求。

5)综合实用性

综合实用性是指分类要从系统工程角度出发，把局部问题放在系统整体中处理，达到系统最优化。也就是说要在满足系统总任务、总要求的前提下，最全面、最佳地满足系统内各有关单位的实际需要。

(4)信息分类方法

信息分类的方法有两种：线分类法和面分类法。

1)线分类法

线分类法也称层级分类法。它是将初始的分类对象(即被划分的事物或概念)按规定的若干个属性特征(作为分类的划分基础)逐次地分成相应的若干个层级类目，并排列成一个有层次的、逐渐展开的分类体系。在这个分类体系中，同位类的类目之间存在着并列关系且不重复、不交叉；下位类与上位类类目之间存在着隶属关系。

所谓上位类指在线分类体系中，一个类目对于由它直接划分出来的下一级类目而言，称为上位类；下位类指在线分类体系中，由上位类直接划分出来的下一级类目相对于上位类而言，称为下位类；同位类指在线分类体系中，由一个类目直接划分出来的下一级类目，彼此称为同位类。如图6-3所示。

线分类的特点是用分类的层级数量与容量来表示的。线分类的层级数量反映了信息分类的深度。信息分类深度的确定与具体的分类对象和管理系统的具体任务有关。分类的容量反映了分类系统所包含的信息容量，与分类的深度和每一层级分类对象的最大容量有关。由于事物发展的不平衡，复杂程度不一样，因此在分类深度和每一层级的容量上都不完全相同。在一个系统中，有的信息分二个层级可能就能满足管理上的要求，而有的则要四个甚至五个层级。同时，在每一层级中，由上一层级划分出的下位类类目数也各不相

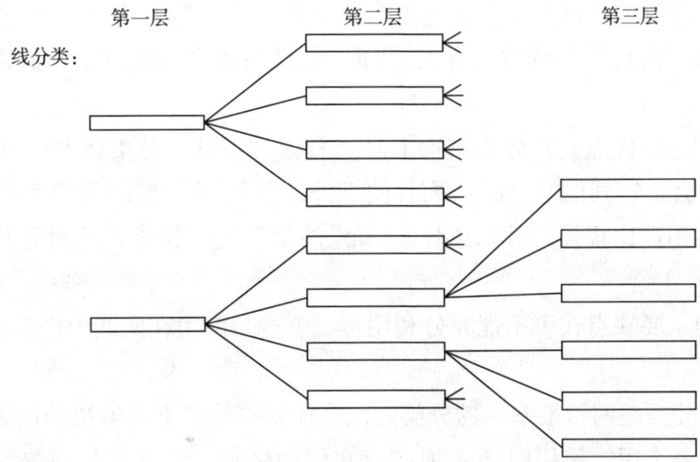

图 6-3　线分类法结构图

同。有的划分五个下位类类目，有的则十几个或几十个。因此通常在分类时，线分类层级数的选择和各层级的容量需要根据系统中大多数分类对象的情况来确定。

线分类法的优点是：层次性好，能较好地反映类目之间的逻辑关系。它属于传统的习惯分类方式，既符合手工处理信息的传统习惯，又便于计算机对信息的处理。

线分类法的缺点是：结构弹性差。一旦确定分类深度和每一层级的类目容量并固定了划分基准后，要想修改某一个划分基准是比较困难的，它将牵涉许多分类对象的排列顺序。因此，使用线分类法必须考虑到有足够的后备容量。此外，当线分类层次较多时，将影响数据处理的速度。

2）面分类法

面分类法是将所选定的分类对象的若干个属性或特征视为若干“面”，每个“面”中又可分成彼此独立的若干个类目。使用时，根据需要将这些“面”中的类目组合在一起，形成一个复合类目。例如：服装的分类就可采用面分类法，首先选服装所用材料、男女式样、服装款式作为三个“面”，每个“面”又可分成若干类目，如图 6-4 所示。

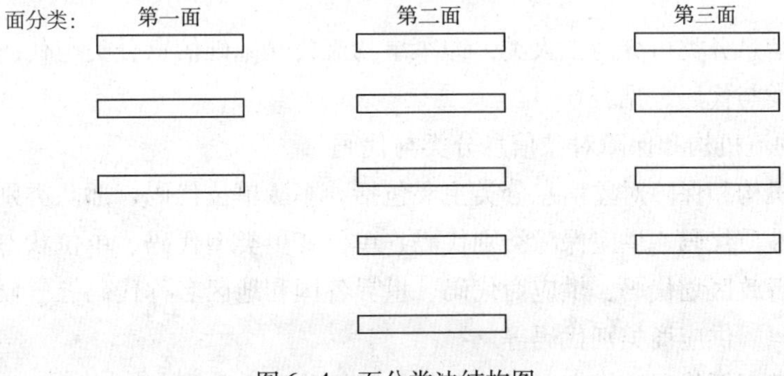

图 6-4　面分类法结构图

“面”分类的特点是：信息是由“面”及“面”内的具体类目内容所表示的。“面”的选择、“面”的数量的确定以及各个“面”内的类目反映了信息的属性和特征。每一个组合类目都是某一个信息的多种属性或特征的组合及具体描述。“面”分类的信息容量和“面”的数量以及每个“面”内具体类目数量有关。“面”的排列顺序与信息管理的需要及要解决的课题有关。

“面”分类的主要优点是：分类结构上具有较大的柔性。分类体系中任何一个“面”内类目的改变，不会影响其他的“面”，而且便于添加新的“面”或删去原有的“面”。除此之外，“面”分类适用性比较强，可以按任意“面”的信息进行检索，这对计算机处理信息有良好的适应性。

“面”分类的主要缺点在于不能充分利用容量。这是因为在实践中许多可组配的类目无实用价值。

线分类和面分类是两种最基本的分类方法。应根据管理上要解决的问题和线分类与面分类的优、缺点来选用。使用时还必须注意它们的区别。线分类与面分类的主要区别在于，线分类类目之间有隶关系(层级关系)，即下位类类目，隶属于其上位类类目。下位类类目是其上位类类目含义的补充与说明。而面分类的特点是各面之间具有并列关系，每个面都有独立的含义。

6.3.2 军事物流信息分类与代码

军事物流管理系统之间信息传输和交换的一致性是实现军用军事物流信息共享的前提和基础。而这种一致性是建立在各种信息系统对物资名称、描述、分类和代码共同约定的基础之上的。统一的军用物资信息分类与编码能够最大限度地避免因对物资的命名、描述、分类和代码的不一致所造成的误解和歧意，减少一名多物、一物多名、一物多码等混乱情况，确定军用物资信息代码与实物之间一一对应的关系。

统一的军用物资信息分类与代码是构建军事物流系统的基础。由于管理体制的原因，军队的军用物资分属不同的部门管理，但军用物资在生产、采购、仓储、运输、使用、维护过程中，必定会在不同部门之间流动。这对军用物资管理数据交换提出了更高的要求，只有统一的军用物资信息分类与编码，才能保证军用物资信息在全军范围内被统一识别和信息交换。

军事物流信息分类可分为二大类，即军事物流公共基础信息分类与代码和军事物流业务管理信息分类与代码，见表6-1。

(1)军事物流机构和保障对象信息分类与代码

军事物流机构和保障对象信息分类主要包括：军队单位代码、部队类别代码、机构等级代码、供应性质代码、供应保障类别代码、单位变更类型代码、单位状态代码、机构在编情况代码、行政区划代码、供应商代码、世界各国和地区名称代码、气候类型代码、组织机构类型代码、供应商类别代码等。

例如：行政区划代码。规定了行政区划名称及代码，采用 GB/T 2260 规定的行政区划代码，代码采用6位数字编码，其中：第1位、2位表示省(自治区、直辖市、特别行政区)，第3位、4位表示市(地区、自治州、盟及国家直辖市所属市辖区和县的汇总码)，第5位、6位表示县(市辖区、县级市、旗)。

表6-1　军事物流信息分类表

序号	类别	分类名称	描述
1	物流公用基础信息分类与代码	物流机构和保障对象信息分类与代码	用于描述军用物资保障过程中涉及的相关单位和供应保障关系信息的分类与代码
		军用物资与装备信息分类与代码	用于描述军用物资和装备的通用属性和专用属性信息的代码
		物流设施信息分类与代码	用于描述仓库、物资供应站、物流基地、军交运输设施、输油管线等军事物流保障力量和设施的基本信息和保障能力信息的分类与代码
		物流环境信息分类与代码	用于描述影响军事物流各项活动的环境信息，包括气象、水文、社会人文等信息的分类与代码
2	物流业务管理信息分类与代码	物资计划与需求信息分类与代码	用于描述军用物资和装备供应保障需求和计划数据的分类与代码
		采购筹措信息分类与代码	用于描述军用物资和装备在采购和筹措环节产生的信息的分类与代码
		运输配送信息分类与代码	用于描述军用物资和装备在运输配送环节产生的信息的分类与代码
		仓储信息分类与代码	用于描述军用物资和装备在仓储环节产生的信息的分类与代码

供应商代码。规定了供应商名称及代码，适用于物资筹措管理信息处理和数据交换。

(2)军用物资和装备信息分类与代码

军用物资信息分类是指根据军用物资信息的属性或特征，将军用物资信息按一定的原则和方法进行区分和归类的活动。军用物资信息编码指为军用物资赋予易于识别处理的符号，形成代码元素集合的过程。主要起标识、分类和参照的作用。

对军用物资信息进行分类，才能有效识别物资信息，通过军用物资信息的内容和形式标准化，建立物资管理信息系统与其他相关业务系统之间进行信息共享与交换，就能实现物资保障过程实时监测及控制，统筹物资保障过程。

军用物资和装备信息代码主要包括：军用物资与装备分类代码、包装类型代码、包装材料代码、包装层次及规格代码、储存条件代码、全军后勤物资分类与代码等。

例如：军用物资与装备分类代码，规定了军用物资与装备的类别、名称及分类代码，适用于军用物资管理和使用部门进行信息处理、交换和共享。

储存条件代码，规定了军用物资和装备储存条件的名称及分类代码，描述军用物资和装备储存条件的类别，适用于信息处理、交换和共享。

(3)物流设施信息分类与代码

物流设施信息分类是指根据物流设施的属性或特征，将物流设施信息按一定的原则和方法进行区分和归类的活动。主要包括：仓库级别代码、仓库类别代码、储存性质代码、库房性质代码、库房类型代码、管道运输类别代码、交通设施类别代码、铁路军事专用线分类与代码、全国铁路局代码、铁路桥梁结构型式代码、铁路军用列车分类代码、铁路军事运输车种代码、军用公路类别代码、按用途车辆种类代码、路面等级代码、牵引方式代码、码头类型代码、适合军运的民用船舶类型代码、军队运输船艇类型代码、临时码头类型代码、水路捆绑加固器材种类代码、军事重装备吊装工具类型代码、民航运输机类型代码、军用运输机类型代码等。

例如：铁路军事专用线分类与代码，规定了铁路军事专用线分类与代码，适用于军事交通运输业务管理和军事交通运输管理信息系统进行信息处理与信息交换。

机场分类与代码，规定了全国机场的名称、等级、类别和用途的分类与代码，适用于军队和地方对机场信息的处理和交换。

军用港口、码头分类与代码，规定了军队专用的港口、码头的统一分类与代码，适用于军用港口、码头的管理及信息处理和交换。

(4)采购筹措信息分类与代码

采购筹措信息分类是指根据采购筹措的特征，将采购筹措信息按一定的原则和方法进行区分和归类的活动。主要包括：采购机构分类代码、军队物资采购产品分类目录代码、提货方式分类代码、采购方式分类代码、采购任务来源分类代码、供应商处罚等级代码、供应商抽取类型代码、供应商参加招标确认方式类型代码、供应商定期审验类型代码、供应商审核状态类型代码、对评审专家评审情况评价类型代码、评审专家身份代码、采购任务属性代码、采购文件类型代码、采购项目状态代码、采购项目评分统计方式代码、中标供应商审批书类型代码、邀请招标状态代码、招标文件介质代码、招标公告发布状态代码、项目招标方式代码、标书定价方式代码、采购档案状态代码等。

(5)运输配送信息分类与代码

运输配送信息分类是指根据运输配送的特征，将运输配送信息按一定的原则和方法进行区分和归类的活动。主要包括：军事运输计划性质代码、军事运输对象类别代码、军事运输等级代码、军事运输任务性质代码、军事运输方式代码、铁路军事运输计划级别代码、公路军事运输指挥形式代码、公路军事运输技术保障方式代码、公路军事运输油料保障方式代码、公路军事运输宿营保障方式代码、车辆质量分级代码、汽车运输保障方案分类代码、军运船舶集结措施类型代码、军运船舶配积载分类代码、水路军事运输装卸载组织类型代码、军事装备水路运输装载形式代码、内河输送装载标准分类代码、军运船舶航行区域分类代码、军运船舶特殊情况下航行分类代码、军运船舶航行中紧急情况分类代码、军运船舶内河航行编队方式代码、军运船舶海上航行编队方式代码、水路运输战备方案类型代码、航空军事运输战备方案类型代码、空运方案类型代码、航空军事运输装卸载组织分类代码、航空军事运输装卸载地域分类代码、军事装备航空运输装载方式代码、航空军事运输组织形式代码、航空军事运输途中特殊情况分类代码、航空军事运输装载技术要求代码、飞机装载加固及备品器材种类代码等。

(6)仓储信息分类与代码

仓储信息分类是指根据仓储的属性或特征，将仓储信息按一定的原则和方法进行区分和归类的活动。主要包括：仓库级别代码、仓库类别代码、储存性质代码、库房性质代码、库房类型代码等。

6.3.3 信息分类编码的标准化管理

首先要分析识别部门生产经营所需要的信息分类编码对象。然后，对每一编码对象制定出相应的编码规则，编制代码表。

编码规则一般都采用层级分类法，即按生物学的"门、纲、目、科、属、种"的分类思想，将信息对象从上到下逐层划分。

例如：《中华人民共和国行政区划代码》(GB 2260—86)采用层级分类法，用六位数字代码表示。全国行政区划共分三个层级，每一层级用二位数字码表示。第一层级为省(自治区、直辖市)，用第一、二位数字表示；第二层级为地区(市、州、盟)，用第三、四位数字表示；第三层级为县(市、旗、镇、区)，用第五、六位数字表示。这一编码规则(六位三层码)可简单表示为：

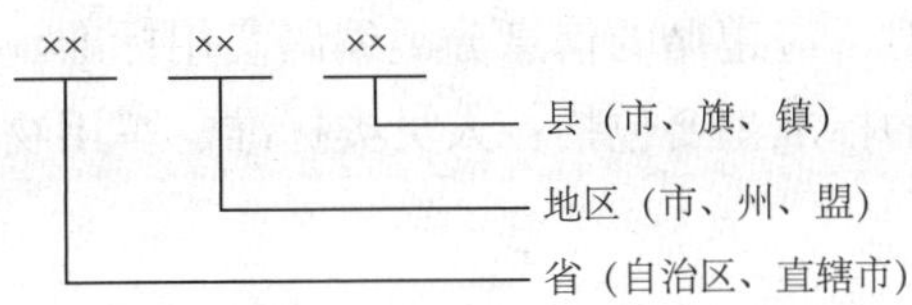

为方便部门内部信息处理并满足系统外的信息交换，可以在部门内制定简化编码规则标准，同时制定与上级标准的自动换码规则或对照表。

6.3.4 信息分类编码标准的建立过程

在军事物流信息系统建设之初，就应该注意信息分类编码工作。按"诺兰模型"在由控制阶段向集成阶段发展的总体数据规划期间，更应该设置专门的信息分类编码员来负责信息分类编码工作。在总体数据规划过程中，通过对全部门的信息需求分析，建立起军事物流的数据资源管理标准和稳定的数据模型，这是系统建设成功的关键。用户分析员和系统分析员在建立数据元素标准时，就要识别出哪些数据对象具有分类编码意义，按该对象的什么属性或特征进行分类编码，并把这些成果和资料提交给信息分类编码小组，由信息分类编码员继续完成后部分的工作。信息分类编码员首先要调查这些编码对象是否有国际、国家或行业标准，以及在本组织和外单位的应用情况。信息分类编码的使用原则，一般是"自上而下"的，即有上级标准的就要使用上级标准，在没有上级标准的情况下，可自行组织力量，根据编码对象的某些属性或特征，依照信息分类编码的原理和方法，按一定的规律搞好信息分类编码工作。

对每一个信息分类代码标准，应确定以下主要内容：

①信息分类编码的基本信息，包括名称、定义、分类等；

②信息分类编码的编码规则；

③信息分类编码的结构；

④建立信息分类编码表；

⑤信息分类编码的取值。

随着科学技术的飞速发展，各种信息数量剧增，以计算机技术和现代通信技术为基础的自动化管理信息系统，是提高信息处理的速度和质量的有效途径。使用计算机对信息进行处理，首先就要使计算机能够识别信息，只有这样，才能把需要处理的信息输入到计算机中去。为了使电子计算机能够接受用自然语言表示的信息，就要事先把这些信息用计算机所能识别和接受的符号表示处理，这就需要信息编码。一般而言，总是先对信息进行分类，然后再根据分类结果对信息进行编码，信息的分类结构和编码结构之间应当具有一一对应的关系，根据信息的分类结果对信息进行编码，就可以根据代码来判断信息的特征。

6.3.5 信息标准应用

军队信息分类与代码标准规定了如何将后勤各业务中的信息按照其所具有的相近属性或特征等进行整理、归并，并赋予具有一定规律性的、易于计算机识别处理的符号，是各业务部门做数据资源规划时，应遵循的信息分类编码实用标准。

涉及与军事物流相关的标准主要包括：人员类标准、军用物资类标准、军交运输类标准、军事仓储类标准等。

(1)军事交通类信息标准

军事交通类信息标准包括铁路军事运输陆军装备装载标准、铁路军事运输装载加固基本要求等，其主要标准如表6-2所示。

表6-2　军事交通管理信息标准

标准名称	主要内容
军用物资直方体运输包装尺寸系列	规定了军用物资直方体运输包装平面尺寸系列要求、包装尺寸系列、包装件堆码方式等。适用于军用物资集装化运输、储存和供应的运输包装件。非集装化运输包装件亦可参照执行
运输装载尺寸与重量限值	规定了军用产品或包装件在不同运输方式下的最大外廓尺寸和重量限值。适用于军用产品或包装件的设计、运输
铁路军事运输装载加固基本要求	规定了铁路军事运输人员、装备、物资以及部(分)队铁路输送装载(乘坐)与加固的基本要求
铁路军事运输陆军装备装载标准	规定了铁路军事运输中使用铁路货车运输陆军装备物资时的装载方式和装载数量。适用于在标准轨距铁路上，满足军事运输整车条件的陆军装备物资的运输
铁路军事运输后勤装备物资装载标准	规定了后勤装备、物资使用铁路货车运输时的装载数量和装载方法。适用于在标准轨距铁路上运输的满足军事运输整车条件的后勤装备、物资
铁路军事运输海军专用装备装载标准	规定了海军专用装备使用铁路货车运输时的装载数量和装载方法。适用于在标准轨距铁路上装载的、满足军事运输整车条件的海军专用装备

续表

标准名称	主要内容
铁路军事运输空军专用装备装载标准	规定了空军专用装备使用铁路货车运输时的装载数量和装载方法。适用于在标准轨距铁路上运输的满足军事运输整车条件的空军专用装备
长江客货轮人员军运乘坐定额	规定了中国长江航运（集团）总公司所属客轮担任军队人员运输的乘坐定额。适用于在长江组织军队运输。长江其他客轮、客货和其他江河货轮亦可参照使用
长江舱口驳军用物资装载定额	规定了中国长江航运集团总公司所属 1500t 级、1000t 级、800t 级等类型舱口驳装载军用物资的定额与配载系数。适用于军用物资在长江组织军事运输。其他海、江、河亦可参照使用
长江甲板驳重型军事装备装载定额	规定了中国长江航运（集团）总公司 1500t 级、1000t 级、300t 级等类型甲板驳装载重型军事装备的定额与配载系数。适用于在长江组织重型装备军事运输。其他海、江、河亦可参照使用
军用物资公路运输装载标准	规定了使用载货汽车在公路上运送军用物资应遵循的装载技术要求和标准装载量计算方法。适用于使用载货汽车载运军用物资的运输装载
航空军事运输装载标准	规定了空运人员、装备、物资以及部（分）队航空输送装（乘）载的基本要求，使用客机或有密封舱的货机运送部队人员时的承载方法和承载数量，军事物资、通用装备、后勤装备、科研试验专用装备、海军专用装备、空军专用装备、第二炮兵专用装备航空运输时的装载数量和装载方法。适用于利用民用运输机、军用运输机进行的整架次的人员、装备、物资运输以及部（分）队航空输送
军用物资集装箱运输环境条件	规定了军用物资采用密闭式集装箱储存、运输及装卸过程中可能承受的机械、气候、化学活性物资和生物等极限环境条件。适用于在我国范围内军用物资铁路、水路、公路集装箱运输
军用物资运输环境条件	规定了军用物资在运输、装卸过程中可能遇到的机械、气候、化学活性物质、机械活性物质以及生物等环境条件。适用于在我国范围内汽车、铁路、水路、航空四种运输方式。不适用于管道运输、传送带运输、人力和畜力运输

（2）军事仓储类信息标准

军事仓储类信息标准包括后方仓库安全监控系统技术要求、后方弹药仓库防雷技术要求、后方军械仓库建设标准等，其主要标准如表 6-3 所示。

表 6-3　军事仓储管理信息标准

标准名称	主要内容
后方仓库安全监控系统技术要求	规定了后方仓库安全监控系统的分类、功能、技术指标、工程建设和管理等技术要求。适用于后方仓库安全监控系统建设与技术管理
后方弹药仓库电气防爆技术要求	规定了后方军械仓库爆炸危险环境的等级划分、电器设备与线路的选择、接地保护、工程施工与验收等电气防爆技术要求。适用于后方军械仓库储存区、作业区内危险环境的电气防爆安全建设与技术管理
后方弹药仓库防雷技术要求	规定了后方军械仓库储存区、作业区的防雷技术要求。适用于后方军械仓库储存区、作业区的防雷安全建设与管理
后方军械仓库消防技术要求	规定了后方军械仓库的消防分级、防火间距、火灾预防、消防给水与设施设备、火灾扑救等消防技术要求。适用于后方军械仓库储存区、作业区的消防安全建设与技术管理
军械仓库库房防盗技术要求	规定了后方军械仓库的防盗等级与抗破坏能力、防盗措施与设施设备等防盗技术要求。适用于后方军械仓库储存区、作业区的防盗安全建设和技术管理

续表

标准名称	主要内容
军用物资运输环境条件	规定了军用物资在运输、装卸过程中可能遇到的机械、气候、化学活性物质、机械活性物质以及生物等环境条件。适用于在我国范围内汽车、铁路、水路、航空四种运输方式。不适用于管道运输、传送带运输、人力和畜力运输
军用物资贮存环境条件	规定了军用物资储存环境和储存条件选择的一般要求，储存环境等级及储存环境条件分类及其参数等内容。适用于各类军用物资的耐储存环境设计及防护包装的设计、生产、使用，亦适用于指导各类军用物资储存环境条件的控制
军用叉车通用规范	主要规定了军用叉车的类型、定义、技术要求、试验和验收方法等。适用于各种类型的军用叉车
后方军械仓库建设标准	主要规定了后方基地军械库建设项目构成、建设规模与分级、选址与建设条件、建设用地、储库和各类业务用房以及铁路装卸站台的建筑要求与技术经济指标、配套工程设施等宏观控制标准或指标
军械仓库安全监控系统技术要求(修订为后方仓库安全监控系统技术要求)	规定了后方军械仓库安全监控系统的分类、功能、技术指标、工程建设和管理等技术要求。适用于后方军械仓库安全监控系统建设与技术管理
后方弹药仓库电气防爆技术要求	规定了后方军械仓库爆炸危险环境的等级划分、电器设备与线路的选择、接地保护、工程施工与验收等电气防爆技术要求。适用于后方军械仓库储存区、作业区内危险环境的电气防爆安全建设与技术管理
后方弹药仓库防雷技术要求	规定了后方军械仓库储存区、作业区的防雷技术要求。适用于后方军械仓库储存区、作业区的防雷安全建设与管理
后方军械仓库消防技术要求	规定了后方军械仓库的消防分级、防火间距、火灾预防、消防给水与设施设备、火灾扑救等消防技术要求。适用于后方军械仓库储存区、作业区的消防安全建设与技术管理
军械仓库库房防盗技术要求	规定了后方军械仓库的防盗等级与抗破坏能力、防盗措施与设施设备等防盗技术要求。适用于后方军械仓库储存区、作业区的防盗安全建设和技术管理
军用物资包装标志	规定了军用物资包装标志种类、内容、位置、尺寸、颜色及使用要求。适用于军用物资的包装

6.4 数据模型标准

6.4.1 数据模型的定义

数据模型是整个信息资源规划的最核心的内容，数据模型标准是指经过一系列信息资源规划以后，得出的面向军事物流各种业务主题的，反映军事物流稳定信息资源的主题数据库和相应的逻辑数据模型，即一组规范化基本表结构。

主题数据库是一种集约化的数据库环境，当一系列这类数据库建成后，它们就能构成军事物流独立于具体应用的数据资源，主题数据库的定义过程是在用户视图基础上，对业务过程和业务活动分析后所形成的实体按主题进行分组，这些大组的名称即是主题数据库的名称。

基本表结构是在主题数据库形成以后，首先通过对主题数据库进行概要定义形成概要数据模型，再经过不断细化、完善过程，并按规范化的理论与方法，经过一步步的分析得出的一组规范化基本表，这些表一般要达到三范式。基本表是军事物流最稳定的基础数据模型，可以产生用户所需要的任何用户视图。

数据模型标准的基本特征为：

①面向业务主题(不是面向单证、报表)；

②信息共享(不是信息私有或某部门所有)；

③数据满足一数一源(不是多处多次输入系统)；

④由基本表组成，这些基本表具有以下特征：

a. 原子性——表中的数据项是数据元素(即最小的、不能再分的信息单元)；

b. 演绎性——可由表中的数据生成全部输出数据(即这些表是精练的，经过计算机的处理，可以产生全部管理所需要的数据)；

c. 规范性——表中数据满足三范式要求，这是科学的、能满足演绎性要求，并能保证快捷存取的数据结构。

⑤采用一种统一的表示形式。

6.4.2　数据模型应用标准

数据模型标准规定数据模型的组成、命名规则，以及描述内容、方法和要求等，主要用于规范各类信息系统的数据表结构和表间关系，进行信息资源规划时，应遵循数据模型实用标准。

数据模型标准规定了军事物流业务应用数据模型的编制方法和组成关系。已有标准如表 6-4 所示。

表 6-4　数据模型应用标准

标准名称	主题内容
后勤业务信息数据模型供应保障关系编制规范	规定后勤供应保障关系描述方法和数据模型，适用于描述后勤各类供应保障关系

6.5　物流单证标准化

6.5.1　物流单证标准化的含义

物流单证是物流过程中使用的所有单据、票据、凭证的总称，是物流过程中主要数据载体，物流单证是串联物流数据、衔接物流环节、实现集中管控的关键。物流单证种类繁多，如：计划类单证、采购类单证、储存类单证、运输类单证、配送类单证等，每一类单证，由于物资种类的不同，使用单证格式也各不相同。为了实现物流环节的有效衔接，实现物流数据融合贯通，物流信息共享，就必须实现物流单证标准化。

所谓物流单证标准化，是指物流单证的规范化管理，统一单证技术要求、单证的编制规范以及各类业务单证的详细标准。单证标准化就是要打破不同专业界限，但单证标准化并不是简单地要求使用统一格式的单据，而是强调单据核心内容的标准化，也应允许不同业务单据的个性化，即满足"统"的需要，同时也应满足业务管理的实际需要。物流单证标准化的主要内容包括：

①物流单证的收集、分析。主要是对单收集、整理，分析共性。

②确定物流单证的种类。主要的物流单证归类，包括：计划需求类单证，如应急需求定单、物资购置计划单证、物资处理计划单证等；物资采购类单证，如采购计划单证、物资进口申请单证等；运输类单证，如铁路运输计划单证、水路运输计划单证、公路运输计划单证、航空运输计划、铁路运行计划、水路运行计划、公路运行计划、航空运行计划、物流运单、进口物资运输单据等；仓储类单证，如调拨通知单、收货验收单、入库单、出库单、库存清单等。

③物流单证核心内容数据项的标准化。对数据项的定义、值域等属性进行标准化。

④单证格式的标准化。确定标准单证的表格形式。

⑤确定单证编号的规则和格式。单证编号是物流单证的唯一标识，是进行单证跟踪的基本依据。

⑥确定单证的数据模型。确定标准单证的数据表结构。

物流单证标准化，只要求核心数据项的一致，并不要求实际的业务单证与标准化的物流单证完全一样，可以在标准单证的基础上进行扩展，增加业务个性的内容，满足业务管理的需要。单证标准化主要针对物流过程中所产生的凭证进行标准化，而通过凭证可以产生的报表不需进行标准化。

6.5.2 物流单证标准的结构

物流单证采用报文进行传送，实现物流环节的衔接。报文是网络中传输和交换的数据单元，即一次性要发送的数据块。电子单证由三层组成，包括报文头、报文体和报文尾三部分。

报文头段标记为00，数据元数有：发送方代码、接收方代码、单证类型代码、生成时间、版本号和字符集。报文体段标记为01-98，具体数据元数由单证内容确定。报文尾段标记为99，数据元数为报文体行数和数据内容校验。表6-5和表6-6为电子单证报文头和报文尾详细数据元素结构。

表6-5 报文头数据元数结构

报文头，段标记00

序号	数据元名称	数据元值的数据类型	数据元值的最小长度	数据元值的最大长度	选用要求	统一标识符	备注
1	单证版本号	数值型	2	2	M	–	
2	字符集	字符型	–	8	M	–	
3	标志	数值型	1	10	M	–	

续表

报文头，段标记 00							
序号	数据元名称	数据元值的数据类型	数据元值的最小长度	数据元值的最大长度	选用要求	统一标识符	备注
4	单证 ID	字符型	32	32	M	–	
5	发送方代码	字符型	3	30	M	–	
6	接收方代码	字符型	3	30	M	–	
7	单证类型代码	字符型	3	20	M	–	
8	单证类型版本号	数值型	1	4	M	–	
9	生成时间	数值型	17	17	M	–	
10	依据单证 ID 列表	字符型	–	–	0	–	

表 6-6　报文尾数据元数结构

报文头，段标记 99							
序号	数据元名称	数据元值的数据类型	数据元值的最小长度	数据元值的最大长度	选用要求	统一标识符	备注
1	报文体行数	数值型	3	3	M	–	
2	数据内容校验	字符型	32	32	M	–	

例：设施设备需求单，用于上报设施设备需求数据，其单证为两层结构，如图 6-5 所示。

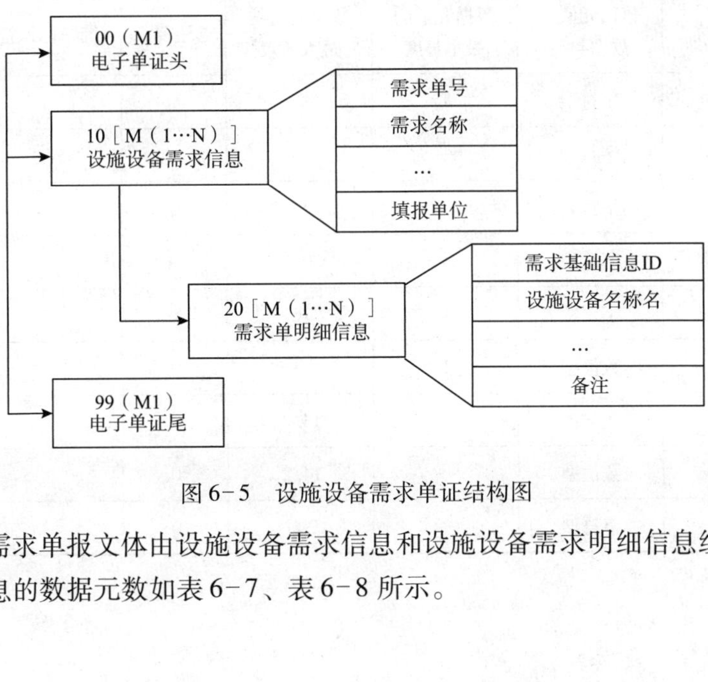

图 6-5　设施设备需求单证结构图

设施设备需求单报文体由设施设备需求信息和设施设备需求明细信息组成，需求信息和需求明细信息的数据元数如表 6-7、表 6-8 所示。

表 6-7 设施设备需求信息数据元数结构

设施设备需求，段标记 10

序号	数据元名称	数据元值的数据类型	数据元值的最小长度	数据元值的最大长度	选用要求	统一标识符	备注
1	需求单号	字符型	1	32	M		
2	名称	字符型	1	64	M		单证中文名
3	编制时间	日期型	1	14	M		
4	填报单位代码	字符型	7	9	M		
5	填报单位	字符型	4	60	M		
6	填报人	字符型	4	30	0		
7	联系人	字符型	4	30	0		
8	联系电话	字符型	4	24	0		
9	要求到达时间	日期型	—	14	0		
10	地址	字符型	4	100	M		
11	运输方式要求	字符型	—	5	0		
12	备注	字符型	—	200	0		

表 6-8 设施设备需求明细信息数据元数结构

设施设备需求单明细信息，段标记 20

序号	数据元名称	数据元值的数据类型	数据元值的最小长度	数据元值的最大长度	选用要求	统一标识符	备注
1	序号	字符型	1	32	M		
2	正式编目码	字符型	—	13	0		必填
3	临时编目码	字符型	—	13	0		
4	设施设备名	字符型	4	100	M		
5	计量单位	字符型	1	16	M		
6	数量	数值型	1	11	M		
7	单价	数值型	—	14.2	0		元
8	金额	数值型	—	14.2	0		万元
9	备注	字符型	—	200	0		

6.5.3　物流单证标准的应用

(1)单证的服务应用架构

单证中心为各业务分系统的数据交换提供服务，单证服务的数据交换如图 6-6 所示。

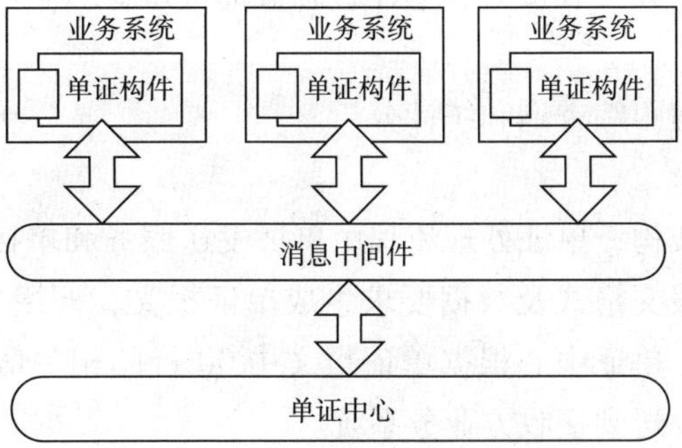

图 6-6　单证服务数据交换图

单证构件通过消息中间件将单证报文发送到单证中心，单证中心对单证处理完毕后通过消息中间件将单证报文发送到目的业务系统，其单证服务应用架构如图 6-7 所示。

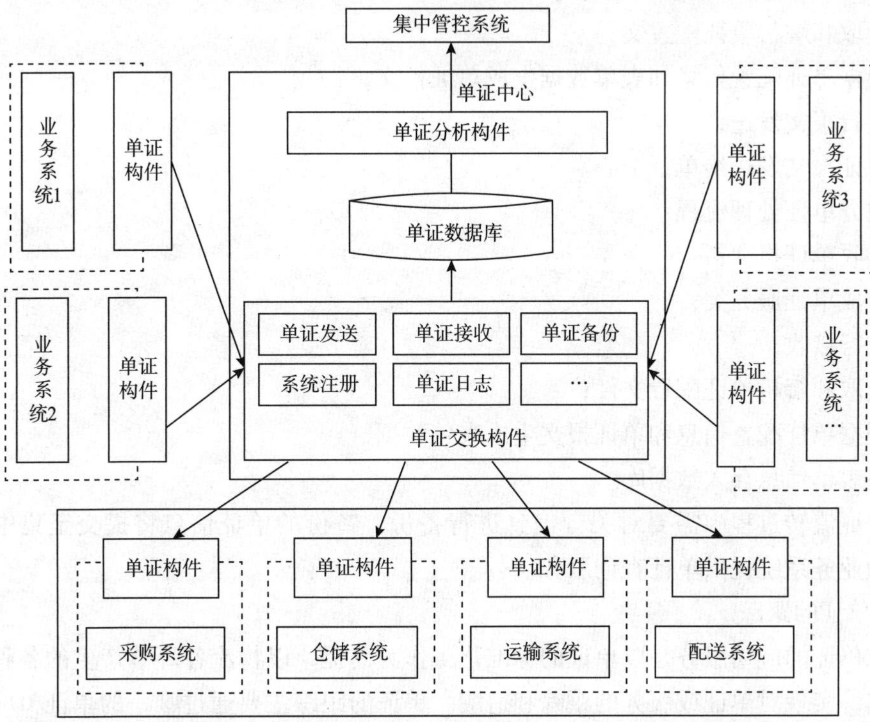

图 6-7　单证服务应用架构

1)单证中心

单证中心提供物流系统日常数据流转的服务，主要功能模块包括：单证交换构件和单证分析构件。单证交换构件负责单证的转发、加工、解析、状态日志以及运行期的监控等，单证分析构件对运行期的指标和单证转发的日志等进行分析。

2）单证构件

单证构件以 JAR 包的形式提供给业务系统使用，并提供一系列针对单证报文操作的接口，如单证发送接口、单证接收接口、单证日志查询接口等。

3）集中管控中心

对单证的全业务流程跟踪查询和统计分析。

（2）单证的处理流程

根据单证服务应用架构，单证处理流程由单证发送服务和单接收服务共同完成，发送方业务系统严格按照单报文格式及数据要求生成单证报文，调用单证组件中的相应功能，将单证发送到单证中心。单证中心根据单证报文中 00 行的相关信息，调用单证组件中的相应功能，将单证报文发送到接收方业务系统。

发送方单证处理流程：

①生成单证报文；

②生成单证服务类；

③访问数据库，读取表单数据；

④读取和解析单证配置文；

⑤根据单证配置信息和表单数据生成单证报文；

⑥进行报文发送；

⑦单证报文发送给单证中心。

接收方单证处理流程：

①接收单证报文；

②生成单证服务类；

③进行接收；

④读取和解析单证配置文件；

⑤根据单证配置信息和单证报文生成表单数据；

⑥将表单信息存入数据库。

在单证流转过程中需要对关键信息进行备份，备份的单证信息将提交至集中管控系统，并为业务系统提供单证查询服务。

（3）单证的跟踪

物流单证的应用服务是以单证的标准化工作为前提，以物流各环节产生的各种单证信息为依据，实现对单证或服务的跟踪和追溯。单证的跟踪主要通过唯一的单证 ID 来实现，单证的跟踪过程如图 6-8 所示。

单证跟踪以物流活动的唯一标识（ID）贯穿于各物流环节，按照物流环节的实际发生顺序，如采购、运输、仓储、加工、配送来跟踪各业务流程所产生的单证，也可以按照物流环节的逆向过程追溯单证，并可按照唯一标识（ID）随机查询不同环节物流活动的单证信息。

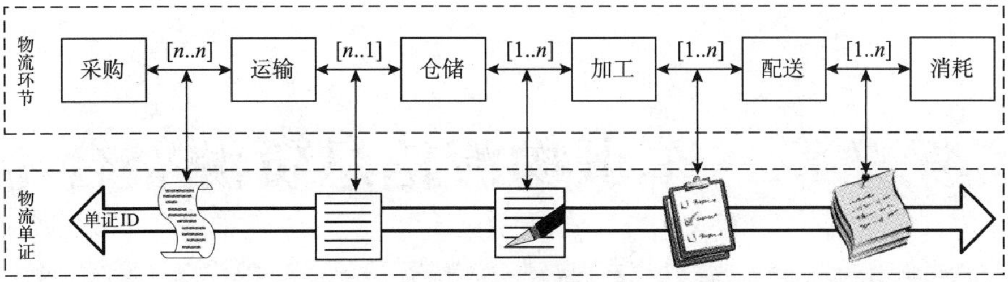

图6-8　单证跟踪示意图

具有对单证的一对多、多对一和多对多跟踪。当相邻物流环节出现单证的一对多现象时，物流活动的唯一标识有效传递到下一环节的所有物流子活动中；当相邻物流环节出现单证的多对一现象时，当前所有物流活动的唯一标识全部有效传递到下一环节的物流活动中；同样地，当相邻物流环节出现单证的多对多现象时，当前所有物流活动的唯一标识按照实际对应关系全部有效传递到下一环节的物流活动中。

单证跟踪以现有单据为主线，为产生单证的业务系统提供历史追溯能力，查询服务的供应方或制造方、运输方和消耗方，查询物流各交替环节发生的时间、地点、实际操作人员、联系方式和操作结果等信息。

单证跟踪能获取各业务基础数据，通过物流各环节的业务系统进行数据交换，获得计划单、采购单、合同、调拨单、入库单、出库单、包装清单、提货单和运输提报单的基础信息和业务信息。

第7章　军事物流信息资源整合

7.1　信息资源整合概述

在军事物流信息化建设过程中，由于对军事物流系统缺乏总体架构的规划和设计，各相关军事物流部门按自身业务需要提出需求、建立相应的应用系统，数据自采自用，缺乏统一规划和标准，形成了军事物流的“信息孤岛”；上级部门向下推广应用系统，缺乏统一规划和标准，形成许多纵强横弱的“信息烟囱”。“信息孤岛”和“信息烟囱”，归根结底是数据规范不同的产物，使信息资源不能共享，无法支持跨部门、跨业务协同，使军事物流信息化的综合效益得不到发挥，为了消除军事物流信息建设过程中的“信息孤岛”和“信息烟囱”现象，需要对军事物流信息资源进行整合。

7.1.1　信息资源整合概念

整合或称“集成”、“一体”、“综合”等，是指某一系统或某一系统的核心把若干部分、要素联接在一起，使之成为一个统一整体的过程。从管理的角度来说，整合是一种创造性的融合过程，只有当构成系统的要素经过主动的优化、选择搭配、相互之间以最合理的结构形式结合在一起，形成一个相互渗透、相互协同、有效控制的有机体，才能被称为整合。信息资源的整合不是信息资源的堆积或信息载体的物理堆积，其本质是一种互补关系，即各种要素通过冲突，不断寻找、选择自身的最优功能点，在此基础上进行互补匹配。信息资源整合的目的，是对分散存储和管理的各类信息资源，利用计算机技术、数据通信技术、网络技术及数据库技术进行统一管理，实现信息资源的数据共享。同时，在整合过程中，还必须保证共享资源库中数据冗余最小。

整合有不同的层次，有数据和信息的整合，也有各种应用系统的整合，还有面向过程的整合，即系统资源组织过程的整合，以及人同系统的整合。对于军事物流信息资源整合研究，主要是指对军事物流系统中的数据和信息资源实体的整合。但军事物流信息资源整合具有非常宽的外延，包括信息资源管理层面的整合，信息资源加工层面的整合，信息技术、通信技术、计算机技术、虚拟技术、网络技术的整合和所有这些层面的总体整合等等。

军事物流信息资源整合就是在军事物流业务范围内的，将原本离散的、多元的、异构的、分布的信息资源通过逻辑的或物理的方式组织为一个整体，使之有利于管理、利用和服务，也就是把分散的资源集中起来把无序的资源变为有序，形成共享的数据应用环境，消除“信息孤岛”和“信息烟囱”。具体来说是将数据、业务流程、应用软件、硬件和各种标准联合起来，在两个或更多的业务应用系统之间实现无缝集成，使它们像一个整体一样进行业务处理和信息共享，共同发挥集成效应。

通过军事物流信息资源整合，强化对信息资源的有效管理和综合利用，形成统一数据标准，构建总体IT规划和管控解决方案，用以指导、控制和协调军事物流系统的集成化开发和整合，避免分散开发、各自为战、浪费资源和重复投资等问题出现，提升军事物流信息系统的综合效能，为军事物流提供决策支持。

军事物流信息资源整合以打破信息孤岛、增加系统连接、提高信息共享程度、增强系统自动化程度、减少人工重复劳动和资金浪费为目标，以标准化、模块化、通用化为手段。采取二次开发或者统一接口，实现各类系统间最大的兼容和数据交换，最终实现各类系统的互联互通和信息共享。

7.1.2　军事物流信息资源整合的特点

(1)复杂性

军事物流的物资保障活动涉及的机构多，各部门之间存在着相互联系。军事物流信息资源的整合与组织机构存在密切关系，存在纵向与横向划分，突破部门之间的限制，拆除存在于部门之间的各种障碍，成为军事物流信息化建设中最难应对的挑战。军队与地方之间、军队各部门之间的协同，改变原有的条块分割，相对孤立的管理体制，以处理未来军队与地方、军队内部之间的关系，是军事物流信息资源整合的主要目标。

(2)信息广泛性

军事物流信息资源涉及军用物资采购、运输、仓储、包装、配送等，对后勤物资保障的信息资源的开发和利用起主导作用。对军事物流进行信息资源整合，影响的深度和广度都比较大。

(3)军事目的性

军事物流信息资源整合，是军事物流信息化建设要求，以提高军事效率、降低物流成本和提供更好服务为目的。这区别于生产企业物流活动中的“以经济利润为目标”的指导思想。

(4)安全性

军事物流的很多信息涉及军事机密或具有很强的保密以及安全要求，军队的内部网络和外部Internet网通常都要进行物理隔离。

7.1.3　军事物流信息资源整合的影响因素

军事物流信息资源整合涉及的范围非常广，牵扯到技术、组织、人员、计划、评估、管理、监督、协调、标准等问题。

虽然从军事物流资源应用现状来看，军事物流信息资源整合是必要的，但对信息资源进行整合，并不是仅是资金的投入，而是需要多方面因素的协调与各部门的努力来共同完成。首先，需要主管部门的支持。由于军事物流信息资源涉及的相关部门非常多，对军事物流信息资源整合，必须要有各部门的配合，但现实中，很多部门中存在着“希望得到别人的数据，但不想将自己的信息共享”的情况。因此，要开展军事物流信息资源的整合，需要各部门的协调以及人员的积极参与。

军事物流信息资源整合不单是简单的实现共享需求，需要从更宏观、更长远的角度来对军事物流信息资源的利用进行规划，使得信息资源整合具有更长的生命期。所以，对信息资源整合的总体规划和管理，显得尤为重要。

军事物流信息资源整合离不开先进的技术支撑。如何在一定的标准基础上，恰当地应用现有的网络技术、软件技术为信息资源整合服务，是整合得以实施的技术基础。同时，信息资源整合作为一个较新领域，也需要进行越来越多的技术创新与之相适应。

7.1.4 军事物流信息资源整合的原则

信息资源整合是为了利用，在军事物流信息资源整合过程中应遵循以下基本原则：

(1)客观性原则

信息资源整合是以信息资源为对象，而信息资源本身是观存在的，军事物流信息资源涉及面广，包括物资、装备、采购、仓储、运输、配送等信息，都属于信息资源的范畴，因此信息资源整合应当在科学原则的指导下，根据军事物流信息资源的特点进行有效整合，充分反映信息资源的内容和信息资源间的内在联系，揭示其变化规律。

(2)科学性原则

信息资源的客观性决定了人们在处理信息资源时必须用科学的方法去整合，有条不紊地反映不同种类信息资源的特殊性，揭示不同学科的差异性，从而有机地将不同类型的信息资源整合为一个科学有序的实体，并提供使用。

(3)针对性原则

军事物流信息资源的多样化特点和学科分化等因素，决定了不同用户的不同信息需求，因此，必须根据军事物流特征和用户信息需求开展信息资源整合，通过调查方式来获取用户的信息需求，从而提供有针对性的信息服务。

(4)系统性原则

信息资源是一个完整的有机体，无论是军事物流的物资信息资源，还是军事物流的管理信息资源，都是军事物流信息资源这个系统的重要组成部分。而影响系统的因素有很多，对军事物流信息资源的开发利用，也为军事物流信息资源系统注入了新的信息。因此，必须从系统论的要求出发，客观而全面地分析军事物流信息资源的特点，采取切实可行的步骤和方法对信息资源进行合理整合，使信息资源的整合符合系统性原则，发挥信息资源整合的整体优势。

(5)发展性原则

随着军事物流的发展，军事物流信息资源本身有累积效应和稳定增长的趋势，信息资源整合的技术和方法也会随着时间的推移和环境的改变而发生新变化。计算机技术和信息技术的发展，使得一系列新技术不断出现，要求军事物流信息资源整合工作必须应用新技术，缩短新技术在信息资源整合中的应用时间，推动军事物流信息资源整合工作的发展。

7.1.5　信息资源整合与信息资源规划的关系

信息资源规划(IRP)是在信息资源管理(IRM)基础上发展的，是信息资源开发利用规划，它的主体部分是信息工程的总体数据规划，旨在解决集成化信息系统建设的问题，建立信息资源管理基础标准和数据管理规范，将信息资源管理基础标准的建立贯穿于总体数据规划的过程。IRP 侧重于对信息资源的开发与统筹规划，通过制定标准和进行统一开发，利用主题数据库、资源规划工具等对信息资源进行开发和管理。

信息资源整合是在业务需求的驱动下，对原本不在同一系统中的资源进行调用、传递、转换、清洗、共享。信息资源整合是针对分散的、不同开发平台、不同操作系统、不同应用系统以及不同网络间的信息资源进行整合。整合是对无统一规划的信息资源现状的一种操作，对原有系统中的信息资源进行整合。信息资源整合强调系统的传承，是在原有系统、资源的基础上的整合，是进化式的改变，是对原有信息资源的优化和重组。如军事物流相关部门已经开发了许多信息管理系统，但系统无统一规划、分散分布的现状急需改变，直接摒弃以前的工作，从头再规划是不现实的，所以对原有信息资源整合显得更切实可行。

信息资源整合与信息资源规划并不是对立的关系，为实现对信息资源的充分开发和利用，需要根据实际需要采用不同的策略。对新开发的信息系统，也要尽可能地进行统筹规划，减少重复建设，确保能够方便地进行信息资源共享。对整合的实施，也需要宏观层面的规划，避免在解决小的信息孤岛的同时，形成大的信息孤岛。总之，整合不违背规划，通过整合与规划，最终要对信息资源进行综合治理。

7.1.6　军事物流信息资源整合注意的问题

军事物流信息资源整合的目标就是实现信息资源的优化配置，从而使信息资源得到充分共享和利用，是从信息资源建设阶段迈入信息资源管理阶段的必由之路。信息资源整合的需求是在军事物流信息化建设逐步走向成熟的过程中产生的，军事物流在最初的应用系统建设过程中，由于当时信息化技术的局限性和对信息资源的标准化认识不足，建立了大量分散的应用系统和彼此孤立的应用数据库，由此产生了许多自我封闭的、条块分割的、信息隔绝的网络和信息系统，即所谓的“信息孤岛”。信息资源整合即要消除这类“信息孤岛”，实现信息的无缝交流和共享，从而充分发挥和挖掘军事物流信息资源价值。

从现有的信息资源整合研究来看，往往偏重于技术层面，而在信息技术快速发展，整合技术日益完善和成熟的前提下。信息资源整合的瓶颈已不集中在技术实现层面。信息资源整合的目标就是实现信息共享，使信息价值最大化。军事物流信息资源整合的实施是一项极其复杂的工程，从表象来看，军事物流的各类信息分散在不同的系统、不同的部门，无法有效协同共享，因此需要通过整合来实现军事物流信息资源充分利用。但从深层次上分析，它不仅涉及信息技术的应用，还涉及信息战略管理、组织等诸多因素，其中后者往往是决定整合能否成功的主要因素。因此，在军事物流信息资源整合过程中，应该对信息资源概念体系有统一认识、满足数据一致性、建立统一数据模型。

(1)达到概念认识的统一性

由于原有军事物流信息系统一般要由不同的部门提需求或多个开发单位所开发，必然导致对相应问题的认识也不尽相同。在整合过程中，要对军事物流体系的认识达到统一，对原有信息资源以及信息系统所涉及的相关概念的统一，这是能正确理解原有信息资源和信息系统的一个必要基础。要正确理解用户的需求，从对信息整合与业务需求进行有效实施的这一整体目标出发，同用户进行沟通，取得军事物流体系上认识的一致性。建立军事物流在结构体系上的一致性，对军事物流信息资源整合要有统一的概念结构框架，这包括系统的层次和子系统的划分，构成要素以及信息资源系统的描述方式等的一致性。

(2)满足数据的一致性

数据的一致性主要包括数据项的一致性、数据结构的一致性和数据存储方式的一致性。

数据项的一致性，包括数据指标涵义的一致、统计口径和量纲的一致。在实际的数据采集和处理过程，由于对数据指标涵义的理解上不一致或统计口径的变动都会造成数据项的不一致。

数据结构的一致性。整合要解决各原有信息系统数据结构不一致的问题，包括半结构化数据向结构化的转换，使得不同结构的数据能够进行交互和共享。

数据存储方式的一致性。数据存放在不同的数据库、不同的存储介质中，其存储格式也会不同，对其调用和理解的方式就会出现差异。对信息资源整合，需要解决数据存储方式的不一致性。

(3)实现数据模型的集成

模型从广义上讲是问题通过某一种同态映射而得到的一个映像。模型集成是指问题系统所对应的所有模型应该构成一个有效的模型系统而不是一个模型集合。由于军事物流信息资源整合是对分散的、已有的信息资源进行整合，必然涉及模型的细分与重组，因此，模型的集成是非常重要的。模型集成主要包含下列方面：

模型之间衔接。各种模型之间，模型块之间除了要保持概念体系等结构上的一致性以外，还要在变量的输入或输出之间完成必要的连接，同时要考虑各类定量模型的使用，以保证模型系统的整体性。例如，线性与非线性、模糊与清晰、随机与确定等模型之间的衔接应特别加以注意。

定量模型与定性模型的连接。由于复杂的整合问题往往要包含大量不可定量化描述的因素，因此，相应的整合模型必然要包含着定性描述模型，并要注意定性描述模型之间以及与定量描述模型之间要有必要的连接。

上层模型与下层子模型以及子模型之间的集成。由于子系统的特性或结构上的差异，尤其是由于开发者在完成子问题到模型的同态映射上的差异，会使得上层系统和下层子系统以及子系统之间很难于衔接起来，因而破坏模型系统的整体性，影响信息资源的整合。建立按组织结构划分的信息共享目录服务体系，利于上层模型与下层子模型以及子模型之间的集成。

7.2　军事物流信息资源整合建模

7.2.1　军事物流信息资源整合的建模特性

军事物流中的信息资源整合是一项系统工程，信息资源整合的结果通常是通过一个信息系统来体现，因此，可以把在信息资源整合过程看作是一个整合系统的实现过程，而整合系统的建设和实施，是建立在相应的整合系统模型基础上，起着指导这一系统的设计与实施。

现有的军事物流分散的、各自独立的信息资源分布现状与信息资源共享的目标间的差异，需要按系统工程方法来解决问题，即将问题进行细分，逐层描述和求解。通过对问题的抽象和描述，可以明确系统的需求与功能，同时也对应于问题的求解步骤。将问题作为模型的基本要素，通过分析问题、解决问题的思路对信息资源整合建模，使得模型更好地体现军事物流信息整合的需求与功能。

对于信息资源整合过程中所涉及的各个信息源(部门或节点)，可以看作是分布的实体。整合的系统实现，就是要将这些分布的单元实体以某种方式连接起来，进行信息资源的交换与共享，对原有系统进行整合。在对军事物流信息资源整合过程中，信息实体是整合系统中的基本组成单元，对这些基本实体的抽象和描述，是信息资源整合建模的基础，最终的系统实现，也主要体现在实体的改进、实施和构建上。

各个分布的信息源原本是各自独立的，但从军事物流业务、信息利用上又存在着各种联系，在整合过程中，根据信息共享的需要，也要在原本独立的信息源间进行连接、交换、共享，建立各种关系。分析各信息源(实体)间的关系，是系统建模的基础工作，是系统结构的体现。而关系的建立也是围绕着系统问题的解决、目标的实现来构造的。通过这种关系的抽象、描述与建立，可清晰地展现系统的结构，是军事物流信息资源整合建模的关键。

7.2.2　信息资源整合建模的目的

①对军事物流信息资源进行更好的理解和提供公共一致的表示形式。理解军事物流信息资源的分布，描述各分散的信息源之间的关系，使得对军事物流信息资源的相关知识能够更好地获取、形式化、维护和使用，从而更好地操作信息资源整合这一复杂系统。

②对信息资源整合进行规划，提供对整合目标的描述。信息资源整合建模除了对原有资源和系统进行描述，还可以通过不同侧面对建设目标进行抽象描述。

③为军事物流信息资源整合的系统设计提供支持。通过多层次的建模来抽象结构和功

能，是对信息资源整合系统从整体到局部的设计的抽象。根据信息共享的需要，合理的设计资源整合模型，是信息资源整合系统实施的主要依据，是整合方案的核心部分。

7.2.3　信息资源整合过程模型

建模是信息资源整合过程中的一个重要环节，信息资源整合过程进行技术方法研究，并规范这一过程，抽取、构建相应的信息资源整合过程模型，对军事物流信息资源整合的设计与实施都具有指导意义。

信息资源不共享往往是现实存在的问题，而信息共享和优化是信息化的发展的要求，信息整合就是要寻求一个路径或方案，能够解决现实系统状态和主观要求状态的差异或矛盾，实现这一客观状态到主观要求状态的转移。因此，研究信息资源整合是对当前信息资源分布、利用状况的改造，是从当前状态到理想状态的一个实现过程。

信息资源整合，特别是针对复杂业务系统的整合，不简单是信息共享的实现的问题，需要一系列工作才能得出有效解决方案。根据信息资源整合的含义，复杂的信息资源整合过程一般可划分为五个阶段，如图 7-1 所示。

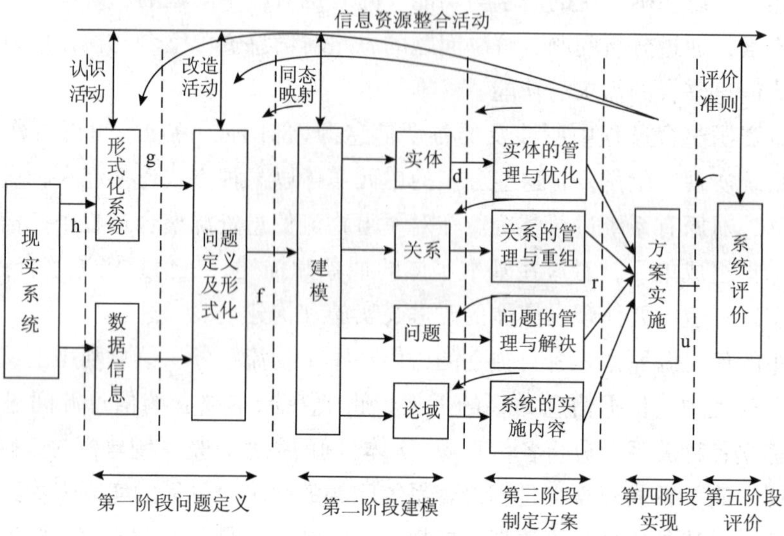

图 7-1　信息资源整合过程模型

(1)问题定义阶段

问题是客观状态与主观状态的要求的差别，因此，问题的定义必然要包括对客观系统的状态描述和对主观状态要求的表述。对信息资源整合而言，客观系统的状态描述涉及客观系统的描述、层次、主系统与子系统，各个层次子系统的活动要素构成，系统的环境条件，以及系统各要素之间的静态或动态的作用关系等。主观上的状态要求描述包括信息整合的目标设置，整合目标的评价准则的定义，同时要明确或识别这些目标的层次结构以及和客观系统状态的联系关系。因此，这一阶段应完成客观系统的结构描述，主观目标确定和数据信息收集等活动。由于对应一个复杂信息资源整合，在问题定义阶段，还要包括问题的发现、问题选择和意向性问题的定义等。

进行信息资源整合，要对系统的整体进行研究，明确信息资源整合过程中所涉及的客观系统以及相应的概念，进行调研和需求分析，确保对信息资源整合中问题理解的一致，确保信息资源整合中概念体系上认识的一致。

信息资源整合，除了用户意见的需求，还需要了解系统目前的状态，现有的设备与技术，整合的现实目标和长远规划，以及解决问题所需要的付出。明确目前存在的问题，问题是怎么出现的，解决这一问题的重要性是什么，整合要实现的目标，解决问题涉及哪些资源(人力、物力、财力、技术、时间)，如何分配这些资源，如何节约成本等。

信息资源整合中的问题定义阶段，是进行调研、沟通、整理的过程。通过交互过程，实现明确、准确的问题定义，是信息资源整合得以实现的前提和基础。

(2)建模阶段

由于一个复杂问题往往很难直接进行分析或解决，一般都需要进行某些变换(或称之为同态映射)，变换成一个可以解决的问题。这个可解决问题就是原问题的一个像或称之为原问题的模型。完成这种交换的过程称之为建模。对复杂的信息资源整合问题进行解决，需要建立相关的模型，对整合的系统进行抽象描述，通过实体、关系、问题以及论域的抽象表示，来描述系统的状态、结构以及目标，抽象地描述整合所要实现的功能和需要构造的结构。

通常建模过程可以按以下几个步骤进行：

①选择变量与参数(投入、系统节点、数据转换周期等)；

②建立粗模型(拓扑结构)；

③将系统进行分解；

④建立子系统模型；

⑤建立衔接与关联部分的模型；

⑥归纳并建立系统的细模型；

⑦检查、反馈，发现问题再重复前面的过程。

(3)制定方案阶段

在这一阶段，根据前面构建的模型确定信息资源整合的具体方案。在各种模型的基础上，一方面要明确信息资源整合的系统实施总体目标，制定总体实方案；另一方面要确定系统实现的具体内容，制定对实体的管理与优化、对关系的管理与重组、对问题的管理与解决等具体实施方案。从宏观与微观两个层面制定信息资源整合的实施方案。通过功能分解(模块划分)、详细设计、节点规划、流程规划、储存规划等方案细节的制定，系统分析员需要提供可供选择的多种方案，最后选择合理的方案。

方案的制定也是一个系统分析员与用户的交互过程。信息资源整合作为一个复杂系统，涉及的用户和部门将非常多。系统分析员提供出几种方案，供用户进行选择，并由用户提出修改意见。通过多次交互，方案需要进行相应的修改，在协调各方面对信息需求与业务需要的基础上，制定出符合用户需求与实际情况的信息资源整合方案。

(4)方案实施阶段

根据前面产生的方案，对信息资源整合进行项目实施，将模型和方案进行具体实现，从硬件的购置、网络的铺设、软件的设计与编写上对前面制订的信息资源整合方案进行实施，根据网络模型进行网络的连通，根据系统的需求与实体的关系模型，进行相应模型的实现，包括数据交换、信息安全、数据库的建设等。信息资源整合方案的实施，不只是技术上的实现，还涉及各用户或应用部门的配合，如信息源的提供、权限的分配、相关规则变动等。

(5)评价阶段

问题的解决情况、目标的实现程度以及信息资源整合的实施效果，需要通过评估来确定。在信息资源整合系统实施后，需要用户或专家对系统进行评估，验证系统的实用情况以及实施情况，并提出相应的改进意见。

当然，上述五个阶段在实际的信息资源整合过程中，往往要出现多次往复，如果某一过程不能满足目标，则需要进行一个反复过程，直到达到满意的效果。同时对一些简单问题或某一类特殊问题也可能超过某一阶段，如对某些经验性问题，则可能需要建模这一阶段。

7.3 军事物流信息资源数据集成

7.3.1 数据集成的含义

数据集成就是将若干个分散的数据源中的数据，逻辑地或物理地集中到一个统一的数据集成中。数据集成的核心任务是要将互相关联的分布式异构数据源集成到一起，使用户能够以透明的方式访问这些数据。实现数据集成的系统称为数据集成系统，如图7-2所示。数据集成系统为用户提供统一的数据源访问接口，执行用户对数据源的访问请求。

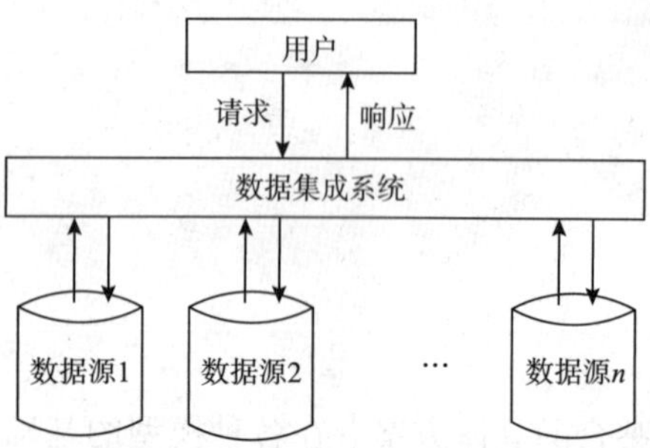

图7-2 数据集成系统

数据集成是对应用数据的各种集成方式的统称。它将集成视为一种数据流系统，数据可以在文件、数据库以及其他信息库间流动，可以在应用间通过应用程序接口流动，也可以在通信中介间流动。因此，面向数据集成重点在于系统间的数据转化、传输和接口层次的应用。

数据集成包括数据库架构集成和元数据集成两个方面。一方面，由于历史的原因，在系统中存在多种数据库系统，比如 Access、SQL Server、Sybase、Oracle 等。在不同的数据库平台中，存在多种软件系统，而且网络版、单机版并存，系统整体架构复杂。数据库架构整合，就是要以重构的方式整合小型应用的数据库，减少数据库的数量，提高框架的整体性，以减少维护工作量和维护难度，提高综合查询的速度和效率。整合的方法就是在所选定的主体数据库平台的基础上，利用中间件等技术手段重新搭建。另一方面，元数据是关于数据的数据，它描述了数据的基本属性，包括数据类型、约束和访问权限等。元数据集成是为建立不同应用系统之间的完整的数据关系，而按一定规范将不同应用系统的数据通过数据复制、移植、交换、目录服务等方法集成在一起。目录服务的设计能够确保整个数据容易地访问和管理，并且具有优异的可扩展性、存储能力、复制能力和管理能力。

对于军事物流管理来说，数据集成是管理数据的一种方式，是对各种异构分布式数据源提供统一标准访问接口，屏蔽各种异构数据源的差异及分布性，通过信息集成平台对其进行统一的处理，将相关信息有机地链接成一个整体。数据集成技术是解决“信息孤岛”问题的重要方法。

7.3.2 数据集成的目标

数据集成是将各种分布、异构的数据资源以一种更集中的方式进行全局、统一、高效的访问和管理，为军事物流信息资源综合应用系统提供集成的、统一的、安全的、快捷的信息查询和决策支持服务。为了满足这个需求条件，整合、集成后的数据必须保证一定的集成性、完整性、一致性和访问安全性。

(1)一致性

不同信息资源之间存在着语义上的区别。这些语义上的不同会引起各种不完整甚至错误信息的产生，包括简单的名字冲突(不同的名字代表相同的概念)和复杂的结构冲突(不同的模型表达同样的信息)。语义冲突会带来数据集成结果的冗余，干扰数据的处理、发布和交换。

(2)集成性

原先各种孤立的信息系统数据经过整合、集成后，应该达到查询一个综合信息不必再到各个业务系统进行分别查询和人工处理，只要在数据中心就可以直接访问，即整合、集成后的数据是各异构业务数据的有机集成和关联存储，而不是简单、孤立地堆放在一个数据库系统里。

(3)完整性

完整性包括数据完整性和约束完整性。数据完整性是指完整提取数据本身。约束是指数据与数据之间的关联关系，是唯一表征数据间逻辑的特征。保证约束的完整性是良好的数据发布和交换的前提，可以方便数据处理过程，提高效率。

(4)访问安全性

由于信息资源属于不同的部门，某部门的信息资源不可能全部对外公开，因此需要对不同的信息资源设立不同的用户访问权限来保证数据访问的安全性。

7.3.3 数据集成标准

(1)ODBC 标准

实现异构数据源的数据集成首先要解决的问题是原始数据的提取。对于从异构数据库中提取数据大多采用开放式数据库互连(Open Data Basa Connection, ODBC), ODBC 用于数据库访问的应用程序编程接口(API), 它以 X/Open 和 ISO/IEC 的调用接口(CLI)规范为基础, 并使用结构化查询语言(SQL)作为其数据库访问语言。

ODBC 总体结构包括四个组件:

①应用程序。执行处理并调用 ODBC API 函数, 以及提交 SQL 语句并检索结果。

②驱动程序管理器。根据应用程序需要加载/卸载驱动程序, 处理 ODBC 函数调用, 或者把它们传送到驱动程序。

③驱动程序。处理 ODBC 函数调用, 提交 SQL 请求到一个指定的数据源, 并把结果返回到应用程序。如果有必要, 驱动程序修改一个应用程序请求。以使请求与相关的 DBMS 支持的语法一致。

④数据源。包括用户要访问的数据及其相关的操作系统、DBMS 及用于访问 DBMS 的网络平台。

ODBC 驱动程序的使用把应用程序从具体的数据库调用中隔离开来, 驱动程序管理器针对特定数据库的各个驱动程序进行集中管理, 并向应用程序提供统一的标准接口, 这就为 ODBC 的开发奠定了基础。ODBC 保证了数据库独立与互操作性。

(2)JDBC 标准

JDBC 是用于执行 SQL 语句的 Java 应用程序接口 API, 它由 Java 语言编写的类和接口组成。JDBC 是一种规范, 其宗旨是让各数据库开发商为 Java 程序员提供标准的数据访问类和接口。使用 JDBC, 能够方便地向任何关系数据库发送 SQL 语句。同时, 采用 Java 语言编写的程序不必为不同的系统平台、不同的数据库系统开发不同的应用程序。

Java 语言实现了代码、程序的可移动性, 使 JavaApplet 程序能传输到远端机上运行, 并且 JavaApplet 能构造自己的网络连接。这样, 能够在远端数据库中查询信息的 JavaApplet 程序嵌入到 Web 页面中。通过 Java 和 JDBC, 可以经济有效地发布信息, 能够继续使用已有的数据库, 获取存储于不同数据库管理系统上的数据。同时, Java 语言的跨平台性缩短了开发时间, 简化了软件安装和版本升级管理。

(3)OLE DB 标准

OLE DB 是一种技术标准, 目的是提供一种统一的数据访问接口, 这里的"数据", 除了标准的关系型数据库中的数据之外, 还包括邮件数据、Web 上的文本或图形、目录服务, 以及主机系统中的 IMS 和 VSAM 数据等非关系型格式存储的数据。OLE DB 标准的核心内容就是要求以上这些各种各样的数据存储都提供一种相同的访问接口, 使得数据的使用者(应用程序)可以使用同样的方法访问各种数据, 而不用考虑数据的具体存储地点、格式或类型。

OLE DB 是一个基于 COM(Component Object Model, 组件对象模型)的数据存储对象, 能够提供对所有类型的数据的操作, 甚至能在离线的情况下存取数据。OLE DB 位于 ODBC 层与应用程序之间。

OLE DB 分成两部分: 一部分由数据提供者实现, 包括一些基本功能, 如获取数据、修改数据、添加数据项等；另一部分由系统提供，包括一些高级服务，如游标功能、分布式查询等。这样的层次结构简化了服务功能的实现手段，它只需按OLE DB规范编写一个COM组件程序即可，使得第三方发布数据更为简便，而在应用程序方可以得到全面的功能服务。

OLE DB标准的具体实现是一组C++ API函数，就像ODBC标准中的ODBC API一样。它的操作对象是各种数据库系统所提供的驱动组件。也就是种各种数据库系统必须提供符合OLE DB标准的驱动组件。OLE DB标准实际上是规定了数据使用者和提供者之间的一种应用层的协议。

(4)XML标准

XML(Extensible Markup Language，可扩展标记语言)是一种通用语言规范，是SGML(Standard Generalized Markup Language，标准化通用标记语言)的简化子集，专门为Web应用程序而设计。它以一种开放的自我描述方式定义数据结构，在描述数据内容的同时能突出对结构的描述，从而体现出数据之间的关系。

XML实际上是一种中间件技术，被广泛应用于分布数据库系统的数据交换。使用中间件作为异构数据源集成的解决方案时，需要为中间件选择一种全局数据模式，来统一异构数据源的数据模式。异构数据集成的全局模式需要满足：一是能够描述各种数据格式，包括结构化或半结构化的数据；二是易于发布和进行数据交换，集成后的数据可以方便地以多种格式发布并便于在应用之间交换数据。

随着XML及相关技术和应用的发展，XML不仅已经成为应用系统之间交换数据的一种标准，而且已经成为Internet重要的信息交换标准和表示的技术之一。XML提供了一种可编辑、可解析、可表示各种数据(结构化或半结构化)的信息交换格式；同时，XML还可以方便地实现对资源的封装和集成发布。正是基于XML的这些特点，将XML技术用于全局数据模式，可以使异构数据源集成中间件能够更好地适用于数据集成。

7.3.4　数据集成模式

数据集成主要有三种数据集成的体系结构，即联邦数据库、中间件方式和数据仓库，这三种数据集成的方案又可以分为两大类：物化方法(实视图方法)和模式映射方法(虚拟视图的方法)。物化方法即数据仓库方法，是在客户端与数据源之间增加一层，称为数据仓库，用于存储来自各数据源的待集成数据，由系统提供对这个数据仓库的查询机制。模式映射方法中的数据仍保存在各数据源上，由集成系统提供一个虚拟的集成视图(即全局模式)以及全局模式查询的处理机制。

(1)联邦数据集成

数据联邦是将运行在不同服务器上的多个独立数据源统一到一个逻辑上单一的集成系统中，其基本思想是：在构建集成系统时将各数据源的数据视图集成为全局模式，使用户能够按照全局模式透明地访问各数据源数据。全局模式描述了数据源共享数据的结构、语义及操作等。用户直接在全局模式的基础上提交请求，由数据集成系统处理这些请求，转换成各个数据源在本地数据视图基础上能够执行的请求。集成方法的特点是直接为用户提供透明的数据访问方法，由于用户使用的全局模式是虚拟的数据视图，这种集成方法也称虚拟视图集成方法。集成要解决的基本问题：构建全局模式与数据源数据视图的映射关系；处理用户在全局模式基础上的查询请求。

集成过程需要将原来异构数据模式作适当的转换，消除数据源间的异构性，映射成全局模式。全局模式与数据源数据视图间映射的构建方法有两种：全局视图法和局部视图法。全局视图法中的全局模式是在数据源数据视图基础上建立的，它由一系元数组成，每个元数对应一个数据源，表示相应数据源的数据结构和操作；局部视图法先构建全局模式，数据源的数据视图则是在全局模式基础上定义，有全局模式按一定的规则推理得到。用户在全局模式基础上查询请求需要被映射成各个数据源能够执行的查询请求。

(2)基于中间件的数据集成

中间件模式通过统一的全局数据模型来访问异构的数据库、Web 资源等。中间件位于异构数据源系统(数据层)和应用程序(应用层)之间，向下协调各数据源系统，向上为访问集成数据的应用提供统一数据模式和数据访问的通用接口。中间件系统则主要集中为异构数据源提供一个高层次检索服务。它同样适用全局数据模式，通过在中间层提供一个统一的数据逻辑视图来隐藏底层的数据细节，使得用户可以把集成数据源看为一个统一的整体。中间件系统不仅能够集成结构化的数据源信息，还可以集成半结构化或非结构化数据源中信息。

基于中间件的数据集成系统，主要包括中间件和封装器，其中每个数据源对应一个封装器，中间件通过封装器与各个数据源交互。用户在全局数据模式的基础上向中间件发出查询请求。中间件处理用户请求，将其转换成各个数据源能够处理的子查询请求，并对此过程进行优化，以提高查询处理的并发性，减少响应时间。封装器对特定数据源进行了封装，将其数据模型转换为系统所采用的通用模型，并提供一致的访问机制。中间件将各个子查询请求发送给封装器，由封装器来和其封装的数据源交互，执行子查询请求，并将结果返回给中间件。如图 7-3 所示。

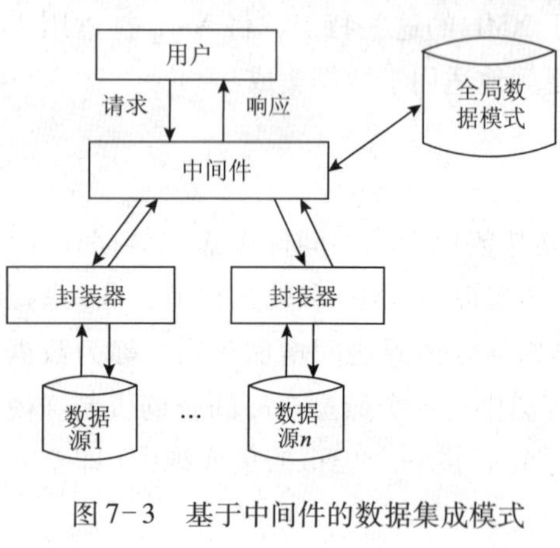

图 7-3　基于中间件的数据集成模式

(3)基于数据仓库的数据集成

数据仓库是从一个或多个数据源中抽取数据，并对数据进行必要的处理，将数据存储到目标数据仓库中，最终操作是针对目标数据仓库中数据进行。

数据仓库是一个面向主题的、集成的、随时间变化的、不可修改的数据集合。数据仓库中的数据是针对特定的客观分析领域组织的，这些特定的客观分析领域称之为主题，如物流中采购、运输、储存、配送等。数据仓库中的数据是从原有的数据库中按一定的主题和规则抽取出来的。在数据进入数据仓库之前，必须经过清洗集成和转换。数据仓库的数据内容随时间不断变化，表现在以下几个方面：①数据仓库随时间演进不断增加新的数据内容；②数据仓库随时间演进需要转储旧的数据内容；③数据仓库中包含有大量的综合数据，它们很多与时间有关，如按照时间段进行汇总，或隔一定的时间区段进行抽样等。随着时间演进，需要不断地进行新的综合。数据仓库的数据主要是相当一段时间内的历史数据，用作决策分析。最终用户所涉及的数据操作主要是数据查询，即只读操作。数据仓库中数据反映的内容，是不同时间点的数据快照的集合，以及基于这些快照进行统计、汇总和重组等而导出的数据，而不是联机处理系统中需要及时更新的当前数据。

1）数据仓库组成

数据仓库是一种语义上一致的数据存储。数据仓库也常常被看作一种体系结构，通过将异种数据源中的数据集成在一起而构造和支持结构化的、专门的查询，并且进行分析报告和决策制定。数据仓库的重点与要求是能够准确、安全、可靠地从数据库中取出数据，经过加工转换成有规律信息之后，再供管理人员进行分析使用。数据仓库主要是应用于决策支持系统，其主要目的是“提取”信息并加以扩展，用来进行处理基于数据仓库的决策支持系统的应用。

2）数据仓库系统结构

从应用的角度看，数据仓库系统体系结构如图 7-4 所示，它由数据源、后端工具、数据仓库、元数据中心库和前端工具组成，数据源是数据仓库系统的输入，即各种 OLTP 系统的数据以及外部数据文件等。后端工具完成将各种数据源中的数据经过抽取、清洗、转换然后装入数据仓库，以及数据仓库系统运行过程中的更新维护等。

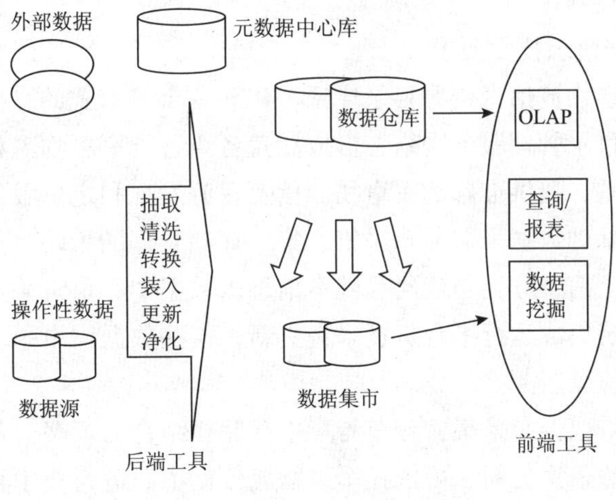

图 7-4　数据仓库系统体系结构

数据集市是为了各种特殊需要导出的数据表，特别是为一些需要经常在多个表间进行的查询、分析处理而设置的数据表。

元数据中心库用来存放数据仓库系统的元数据，它是关于数据的数据。

前端工具是为决策者或分析者提供从数据仓库中提取决策信息的工具，它包括 OLAP

分析、查询报表和智能型数据挖掘工具等。

基于数据仓储的数据集成，适用于对接入性能及可靠性要求高而且需要对数据进行集中存储，对大量历史数据进行处理，对实时性要求不高，支持复杂多维查询或者需要对数据进行复杂的转换，不需要进行频繁的数据更新操作等情况。

三种典型的信息集成模式都有一定的优点，同时也都存在一定的不足，在实际的信息集成过程中应根据需求采用何种集成模式。例如：如果单纯的对内部数据库中的数据进行分析处理以进行决策，或者对更新频率较低的 Web 数据进行分析处理，则应采用数据仓库结构：如果是进行 Web 上的信息检索则应采用中介器/包装器结构。

7.3.5 军事物流数据集成要求

(1)数据集成技术要求

①严格遵循有关信息技术标准。要按照数据元字典系列标准、军事物流信息分类与代码系列标准、军事物流共用基础数据模型、军事物流单证规范所规定的要求，对军事物流相关数据内容进行建设，保证各业务应用系统对数据资源有准确的、无歧义的理解。

②统一军事物流共用基础数据。要建立军事物流共用基础数据模型、军事物流信息分类与代码，明确各数据项的唯一数据来源，提供统一的基础数据服务，各业务应用系统除需按要求提供所负责采集的共用基础数据外，还可按权限从军事物流数据中心获取其他共用基础数据。

③业务应用系统间数据资源的共享利用。要按照统一的信息流程、数据接口和共享交换模式等进行军事物流相关业务系统间的数据交换，以避免数据多头采集、数据不一致等，保证信息流程衔接顺畅。

(2)数据集成数据组织技术要求

①建立统一的军事物流信息资源目录体系。建立一个分布式的、标准规范和安全可靠的军事物流信息资源目录管理服务网络，形成涵盖各级各类军事物流相关信息资源的军事物流信息资源目录体系，提供准确的军事物流信息资源发现和定位服务。

②军事物流共用基础数据采取分布采集、集中存储管理的策略。如机构、人员、军用物资和装备、军事物流信息分类与代码等基本信息由数据中心负责采集更新，其他相关信息由军事物流信息系统集成运行平台负责采集更新，这些数据均由军事物流数据中心集中存储、管理、发布和信息服务。

③业务数据资源采取分布采集、分布与集中存储相结合的策略。各业务应用系统负责本系统相关业务信息的采集更新，可依托军事物流数据中心进行集中存储管理，也可自行负责存储和管理，但须按要求向军事物流数据中心提交业务主题数据和共享交换数据。

(3)数据集成数据交换技术要求

①交换内容。确定军事物流各分系统间的数据交换格式，保证在双边或多边的数据交换中各方对所交换数据的无歧义理解和自动处理。

②交换格式。在进行数据交换时，采用统一的标准。如采用 XML 格式基于数据文件

或 Web 服务方式的数据交换，则应遵循数据交换通用要求的标准；如以公文方式进行交换，则应遵循“军用公文数据交换格式”标准；如需交换物流单证，则应按照“军事物流单证规范”的要求。

③交换服务。军事物流数据的共享交换应依托军事物流信息系统集成运行平台所提供的数据共享交换服务来实现。

7.3.6 军事物流数据集成策略

军事物流要求能够无缝集成来自多个异构数据源的结构化、半结构化和非结构化数据。数据源包括关系型数据库、文件系统、图像及文档资源库等各类数据存储系统，而且必须很好地支持标准元数据交换、模式映射并且支持标准数据传输格式。数据集成是军事物流的有效解决方案，实现数据集成解决方案主要有数据联邦和数据仓储两种模式。

数据仓储和数据联邦模式进行信息集成，两者模式在架构上有明显区别，两种模式各有自身的特点。军事物流涉及军队内部的物流活动，也涉及企业物资生产的活动，军事物流信息包括军队内部物流信息和企业物资生产信息两部分。由于提供信息的途经、方式和要求的不同，军事物流的信息集成，通过一种模式很难达到理想效果，可采用两种模式进行组合，因为这两种模式在很多方面能够取长补短，从而提供最佳的信息集成解决方案。

军事物流运行过程中，由于物资需求、物资生产、物资库存情况经常发生变化，而物资供应部门又需要实时掌握变化信息，以便科学决策，所以军事物流对数据实时性要求很高。军事物流活动由各成员实施，各种物流信息存储在不同数据库系统中，信息的提交、取消、更新等操作处理非常频繁，为了很好地体现信息的实时性，军队成员内部的数据库，可通过数据联邦模式，因为在军队内部通过建立标准的数据模型，系统可以很容易集成异构数据库系统中的数据。而对于生产企业各成员，由于物资生产提供信息复杂，建立数据模式也相应复杂，可采用 ETL 方式从多个数据源提取数据。如图 7-6 所示。该结构将数据联邦模式部署在数据仓储模式之前，能够充分利用数据联邦模式集成异构数据源的能力，能够扩展数据仓储模式的集成范围。而且通过部署联邦服务器有可能降低 ETL 的数据传输量。由于数据源数据量庞大，数据仓储模式不一定需要从数据源获取所有数据，故需要对数据进行过滤，只获取必需的数据存储在本地数据仓库中。部署在前端的联邦服务器可以对数据进行初步的过滤，从而降低 ETL 的数据传输量，而且数据联邦模式中还能够实现不同数据源数据的连接操作。而数据仓储模式中的 ETL 通常只能将连接到单个同构的数据源，而无法支持多数据源的连接。由于这个原因，ETL 在执行连接处理之前，需要先从多个数据源提取数据，并将数据装载到一个目标数据仓库中，通过在前端部署联邦服务器，灵活组合 ETL 方式，达到数据整合目的。在图 7-5 中，通过联邦服务器可以实现对物资生产企业数据(数据源 2 和数据源 3)的连接操作，而不需要将数据源 2 和数据源 3 中数据全部集中到数据仓库中来进行连接操作。对军队内部物流部门的数据(数据源 1)直接通过 ETL 进行连接。

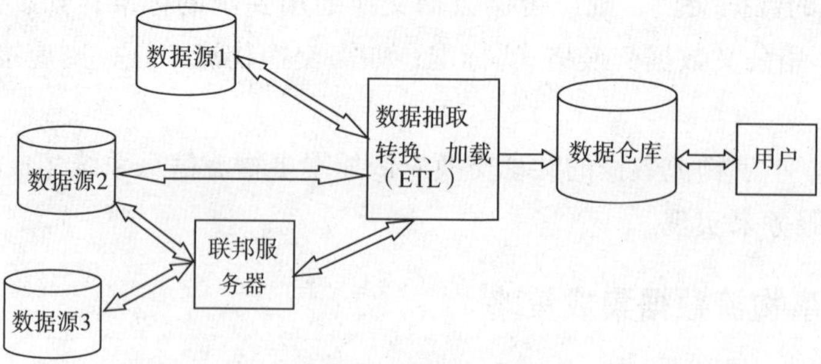

图 7-5　军事物流数据集成模式

7.4　军事物流信息资源整合应用

7.4.1　军事物流信息资源整合策略

对军事物流信息资源可采用以下具体的、按步骤的策略实施融合。

(1)统一技术标准，规范基础建设

统一制定技术体制、信息标准、技术规范，统一建设基础数据、编目系统和公用信息基础设施，统一研制以数据传输、协同处理、流程管理等公共服务为核心的军事物流集成化信息服务与支撑平台，确定各环节数据接口，统一规范业务流程和关键业务单据，为各业务信息系统的集成融合奠定基础。

(2)改造各专业信息系统

军事物流业务部门，协同开展本职能领域的，对物资计划、采购、运输、仓储、供应环节，按统一的技术体制、信息标准、接口规范，依托军事物流信息系统集成运行平台，拓展功能，改造各类相关物流业务系统，解决数据互通互认、功能集成问题，完成本专业纵向一体化系统整合集成。

(3)改造业务信息系统和接口进行通用服务

各类物资的业务归口管理部门对相关业务信息系统进行服务化改造，封装形成不同粒度的业务通用服务软件，提供对外统一接口，用于本专业纵向一体化系统集成整合和其他部门的物流数据共享访问，向其他专业领域物流信息系统提供物流功能服务和数据共享访问，向军事物流信息系统提供计划、采购、运输、仓储、供应、配送全流程所需的各种物流服务和数据，实现与其他各业务环节信息系统、军事物流信息系统的业务协同与处理。

(4)集中管控物流业务系统

依托军事物流信息系统集成运行平台，利用各专业纵向一体化物流信息系统和物流环节信息系统提供的物流环节服务，获取计划、状态、资源等数据，并向业务信息系统分发相关物流数据和物流控制信息，完成物流各环节全流程的集中管控。

(5)组织实施综合集成

依托军事物流信息系统集成运行平台提供的共用软件、运行支撑、开发与集成环境、物流公共和环节服务构件等，以及共享数据、基础数据等，组织实施业务信息系统综合集成，各业务信息系统综合集成策略，如图 7-6 所示。

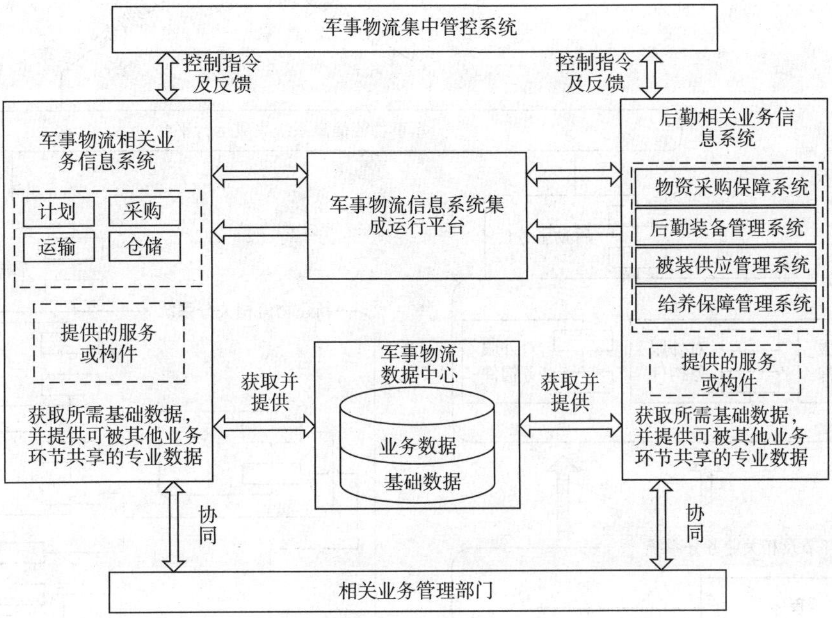

图 7-6　军事物流业务信息系统的集成策略示意图

7.4.2　军事物流信息系统集成路径

物流环节及相关业务系统，按面向服务架构(SOA)，采用构件化方式进行开发和改造，按照军事物流业务需求将构件组装为物流通用服务，形成物流应用支撑，并将其纳入军事物流信息系统集成运行平台统一管理，对外提供服务，军事物流的集中管控分系统、物流环节及相关业务分系统经授权后，通过军事物流信息系统集成运行平台，绑定调用基础服务、物流公共服务、物流环节和公共业务应用服务(构件)，实现与其他物流环节及业务分系统互联和数据交换。集成路径如图 7-7 所示。

7.4.3　军事物流信息系统集成框架

军事物流环节及相关业务分系统的集成融合，是以军事物流信息系统集成运行平台为依托，通过对各业务信息系统进行集成融合改造，实现各系统数据互联互通，无缝衔接物资供应计划、采购筹措、仓储、运输配送等物流环节，形成一体化的物流业务管理信息系统集群，有效支撑军事物流系统高效顺畅运行。集成融合的总体框架如图 7-8 所示。

军事物流业务系统集成融合改造的主要内容包括：

①自身业务管理功能的改进与完善。要按照现代军事物流体系的建设要求，对军事物

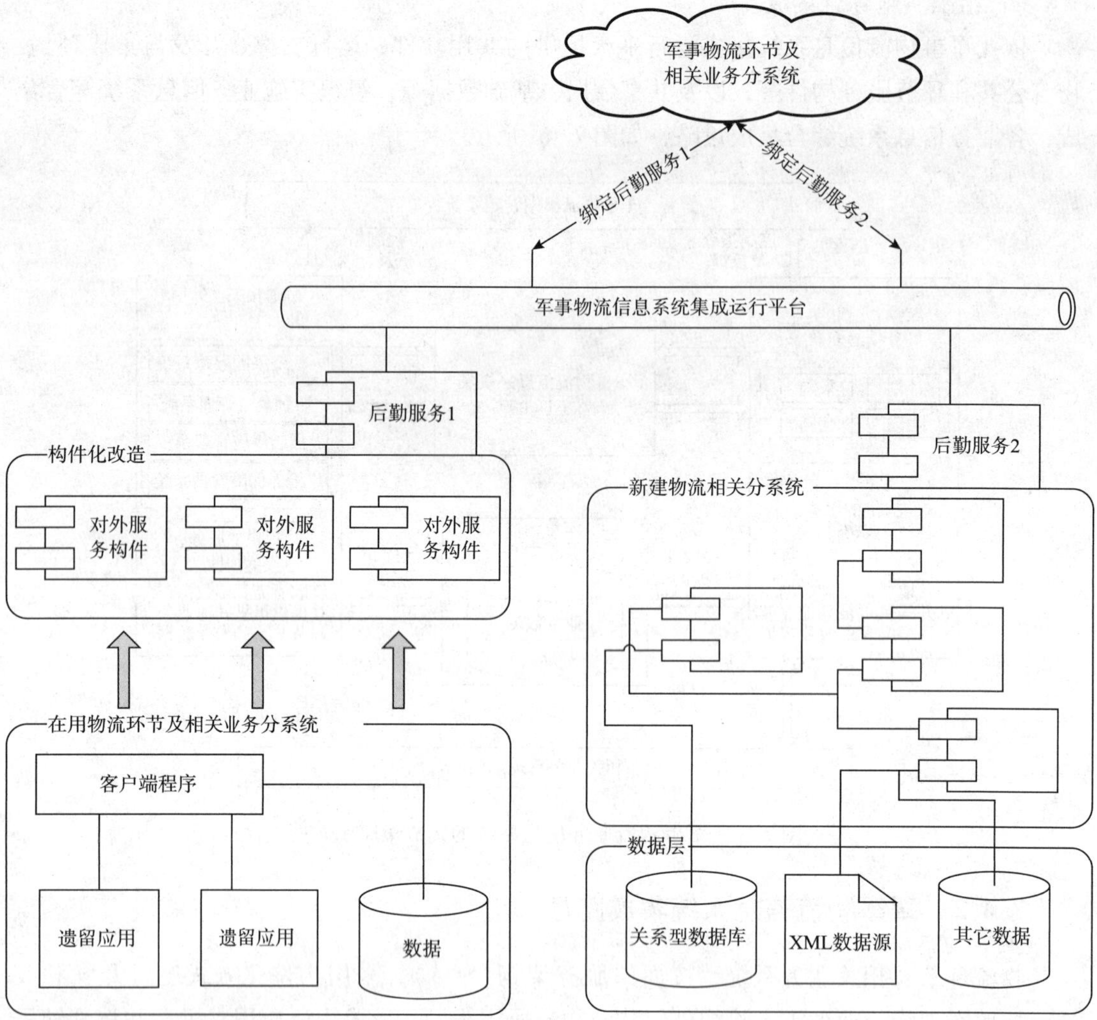

图 7-7　军事物流信息集成路径示意图

流相关业务分系统进行改进完善，优化工作流程，实现业务系统自身各子系统和数据的综合集成，拓展丰富系统功能，提高决策优化能力，满足新时期各项管理工作的需要。

②物流服务和构件。通过应用军事物流信息系统集成运行平台提供的各类服务和构件，按照统一的技术体制和标准规范要求进行集成改造，使系统支持单点登录、标准物流单证、文书收发、消息传递等，接收和使用标准数据接口、标准代码、物资编目信息、系统服务等，在系统用户、物流数据、控制指令等方面实现有机融合。

③环节衔接。通过应用军事物流信息系统集成运行平台的各类服务和构件、物流协同工作环境，建立与相关物流信息系统的物流环节数据和功能的衔接，以贯通整个物流环节。

④功能扩充。通过应用军事物流信息系统集成运行平台提供的各类服务和构件，可以实现诸如物流资源监控、物资保障全程监控、物流单证跟踪等综合应用功能，以扩充增强

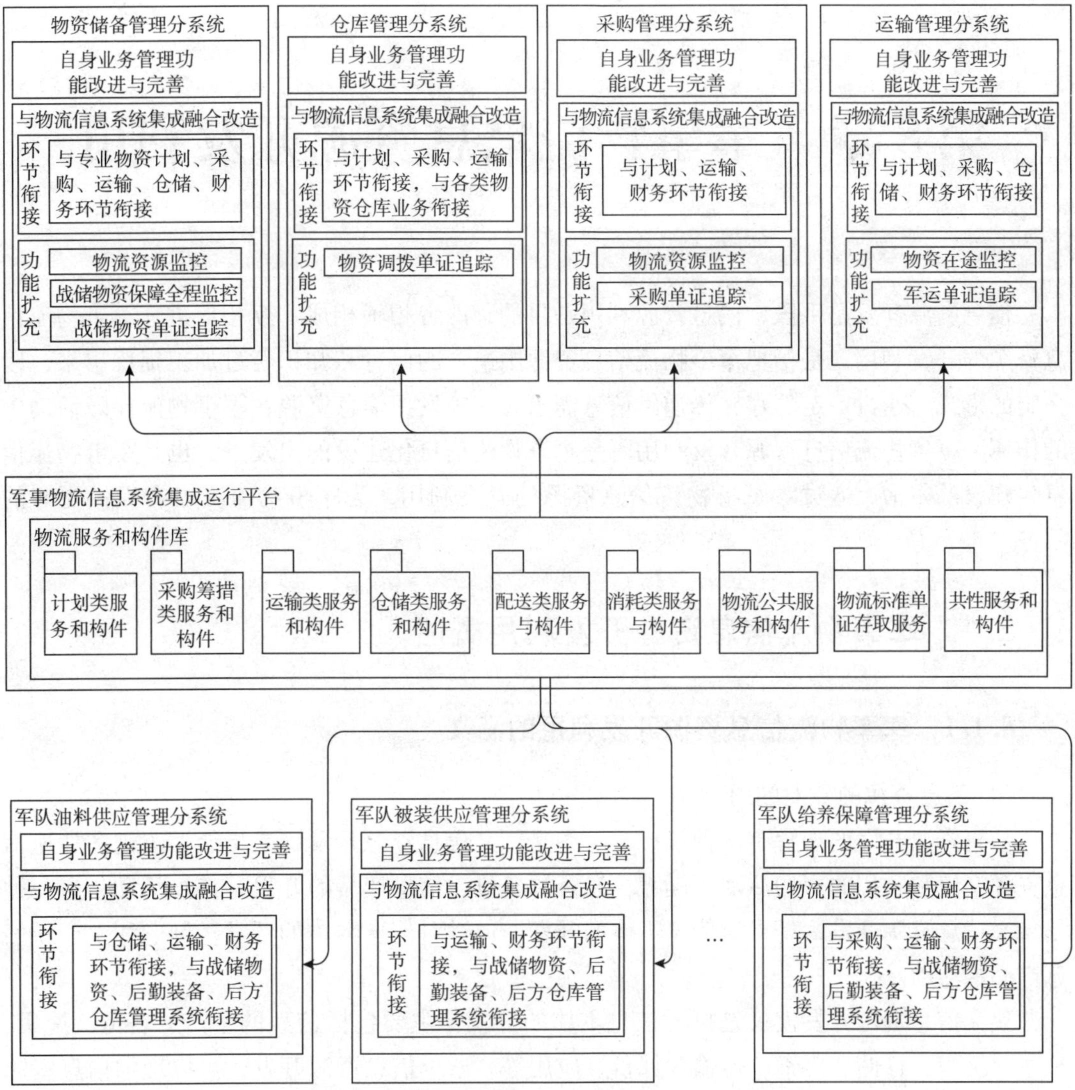

图 7-8　集成融合总体框架示意图

系统功能。

⑤服务化改造。为实现首长和综合管理部门对军事物流的全流程管控，贯通相关物流环节，需对各业务信息系统进行部分服务化改造，提供与本系统相关的物流各环节使用的服务和构件，以满足其他相关信息系统和军事物流集中管控分系统的应用需求。

第8章　军事物流信息资源开发利用

信息资源开发是手段，信息资源利用是目的，两者相辅相成、互相促进。军事物流信息资源的开发利用，是指把军事物流信息资源中蕴含的信息和知识经过加工提炼出来，以一定的形式、通过一定的媒介传递给信息需求者，来发挥信息资源在军事物流保障活动中的作用。军事物流信息资源开发利用既是军事物流信息化建设的出发点，也是军事物流信息化建设的归宿，通过对军事物流信息资源的开发利用，为军事物流决策者提供更好的服务。

8.1　军事物流信息资源开发利用概述

8.1.1　军事物流信息资源开发利用的涵义

(1)信息资源的开发的内涵

信息资源开发的理解有两种认识，一种是广义信息资源开发，是指能够改进和加速信息资源交流和利用的一切活动，涵盖信息资源建设、信息产品的开发等信息活动；另一种是狭义信息资源开发，是指对信息本体的开发，通过对信息本体的开发，创造和生产新信息产品的活动。

狭义信息资源开发仅仅是指对信息本体的开发，主要包括信息的生产、表示、搜集、整序、组织、存储、检索、传输、评价、应用等。通过信息资源开发，可以增加信息资源数量和类型，提升信息资源的质量、完善信息服务、方便信息资源利用。

广义信息资源开发包括狭义的信息资源开发的一切相关内容。广义信息资源开发除了信息本体开发，还包括信息技术研究、信息系统建设、信息设备制造及信息机构建立、信息规则设定、信息环境维护、信息人员培养等活动。广义信息资源开发活动是以信息资源为核心，联系紧密的其他信息化建设活动，体现信息资源开发过程的系统性、复杂性和交叉性。

(2)军事物流信息资源的开发的内涵

军事物流信息资源开发，是指狭义的信息资源开发，即通过对军事物流信息的搜集、组织、加工、传输，开展的军事物流信息系统建设以及军事物流信息环境维护等活动。

军事物流信息资源的开发可以分为两个阶段：信息资源的本体开发和信息资源的应用开发。

信息资源本体开发，即信息资源的内容开发，主要是对军事物流信息本体的生产、识别、搜集、整理、排序、组织、检索、加工和评价等活动。它是以军事物流信息为对象，所进行的采集信息、组织信息、评价信息，从而为利用信息做准备。

信息资源应用开发，是将军事物流信息资源应用于军事物流实践中的开发，主要是对军事物流信息应用于物资保障实践中，而建立理论模型，解决技术问题，制定实施方案等。一般说来，应用开发主要围绕着如何利用信息资源本体进行的辅助性开发活动，其实质是为了更准确、更高效、更全面、更深层次地利用信息资源。例如利用军事物流信息开发军事物流智能决策系统、军事物流可视系统以及军事物流供应链管理系统等，这些都是军事物流信息资源的应用开发。信息资源本体开发和应用开发有时候很难划分界限，它们之间有重复交叉之处。军事物流信息应用开发奠定了军事物流信息的资源价值，为军事物流信息应用于军事物流实践提供了保障。

军事物流信息服务是军事物流信息开发的一种特殊开发形式，是对军事物流信息资源的一种高层次的开发行为，属于信息应用开发的范畴。信息服务是将已经开发出来的信息和信息产品作为服务内容，为用户个性化地利用信息提供方便。

(3)信息资源利用内涵

信息资源的利用，是指根据用户的需求，结合信息资源开发状况，制订科学、合理的信息资源分配与使用方案，使现实的信息资源充分发挥作用和产生效益的过程。要实现军事物流信息资源的利用，必须制定利用军事物流信息资源的管理和技术框架，并对信息资源管理规划提供指导。

(4)信息资源的开发与利用的关系

信息资源的开发与利用是指将收集到的军事物流信息，根据用户的需求，有计划、有目的地，按不同方式和不同深度进行加工，发挥军事物流信息资源的作用，将各种类型的信息产品以不同方式提供给用户。信息资源开发跟信息系统、开发机构等有密切关系，而利用则与信息用户紧紧联系在一起。信息资源的利用主要是一种用户行为，只有用户对军事物流信息资源有深刻的认识，才能加强对军事物流信息资源的有效利用。

开发和利用二者之间并非孤立，而是相辅相成、互相促进。开发是利用的前提，利用为开发提供动力和方向。开发是为了更好地利用；当然，用户对军事物流信息资源利用需求，也将促进军事物流信息资源开发工作的开展，利用是开发的延续。军事物流信息资源开发的最终目标就是将军事物流信息资源利用过程中产生军事和经济效益。

军事物流信息资源开发利用是指根据军事物流需要，对军事物流信息资源进行采集、处理、存储、传输、服务、交换、共享和应用的过程。信息资源开发利用的方式和目的可以是多种多样的。其流程可分为四个阶段：

信息资源采集 ⟶ 信息组织 ⟶ 信息开发 ⟶ 信息利用

从流程可以看出，在开发信息资源之前必须首先确定信息源，然后按照一定原则进行采集。这是持续不断地获取最新信息、更新信息资源内容的需要。其次就是把分散的信息组织起来，形成一定的量规模，适量的规模是信息资源开发的基础。

8.1.2 军事物流信息资源开发利用特点

(1)专业性

信息资源规划的目的是为了更好地开发利用，如何有效地开发和利用信息资源，实践证明，信息资源功能和效益的发挥与用户的需求和利用是紧密联系的。没有用户的利用，信息资源就只能是静态“无功”资源。因此，加快信息资源的开发利用必须重视用户对信息资源的需求。

用户利用什么样的信息资源，取决于对信息的需求。由于军事物流业务部门对信息需求的不同，在获取信息时对信息资源也有不同的选择和要求。要合理、有效地开发信息资源，不仅要看信息资源本身的性质和功能，更要看用户的需求。只有当信息资源与用户需求相适应时，才能使信息资源的作用达到最佳状态。

军事物流信息资源开发利用要根据军事物流本身的特点、专业的需要，搜集其信息资源，主要涉及有关军事物流的物资保障活动、军事物流新装备应用、军事物流新技术创新、军事物流标准等，因此，军事物流信息资源开发利用具有专业性、新颖性和针对性。

(2)动态性

现代化战争战场的情形瞬息万变，决定了军事物流活动的变化性，呈现军事物流信息的动态性。要准确开发利用军事物流信息，必须及时掌握军事物流适时信息。军事物流信息资源要能快速地反映出军事物流出现的新动态，及时地掌握军事物流信息，才能给管理者提供决策依据。

(3)实用性

军事物流信息资源涉及范围广，面宽，既有军事物流内部信息资源，又涉及地方物流信息资源。因此，开发利用军事物流信息资源，既要具有军队特色，又要满足利用地方物流信息资源，开发适合军事物流需要的特色数据库。

8.1.3 军事物流信息资源开发应用原则

(1)服务性原则

军事物流信息资源开发与应用的最终目标都是为用户提供有效信息服务，满足用户的信息需求。因此军事物流信息资源开发与应用要坚持服务性原则，以军事物流用户信息需求为基础，把用户的信息需求作为信息资源开发与应用的重要依据。以用户为中心，根据用户的信息反馈，对其需求意向、接受能力、知识水平等做出预测和判断，并据此采取措施去开发用户所需的信息资源，最大限度地发挥信息资源的作用，为军事物流高效运行提供信息服务支持，为军事物流科学决策提供支持。

(2)针对性原则

军事物流信息资源内容多样，形式各异，不同的信息资源的作用各不相同，任何军事物流用户都不可能也没有必要对所有信息资源进行开发利用。因此要针对不同军事物流用户的需求，有目的、有重点、有选择地组织利用价值大、适合主要用户群的信息，准确定位信息的范围，做到有的放矢。选择适宜信息资源应用的方式、方法，“让用户以最小的代价，最短的时间，获得最满意的结果”。例如军事物流受供单位需要请领物资的保障进程信息，其信息资源包括实时采集、传输的物资保障状态信息；军事物流综合部门制定综合保障计划时，其信息资源包括需求信息、物流资源信息等，通过对需求、资源信息资源进行分析，为综合部门提供决策支持信息。

(3)系统性原则

军事物流信息资源的使用对象是由来自物资保障各业务部门的用户群。他们对军事物流信息资源的需求、信息类别、范围和深度上都有较大差别，具有一定的专指性和系统性。要满足各种用户的需求，就要求信息资源开发过程中始终保持各类信息的合理比例，系统收集，分别组织，使信息资源重组的系统性同用户需求的系统性相一致。

(4)保密性原则

保密性原则是指在军事物流信息资源应用过程中，要确保安全保密。军事物流信息资源是军事物流系统的重要资源，经过开发的军事物流信息资源更是包含了军事物流计划、决策控制、运行规律等重要信息，因此开发与应用军事物流信息资源必须坚持保密性原则。

(5)快捷性原则

军事物流信息资源开发与应用要强调信息本身的时效性、真实性、可靠性以及实用性等因素，尤其是信息的时效性。军事物流用户对那些时效性强、对管理活动影响重大的信息资源，特别是军事物流运行状态的信息资源，往往要求及时获得，尽快利用。因此，在对信息资源开发过程中，要不断探索采用新技术、新方法，简化改进开发模式，努力缩短信息资源开发与提供用户使用之间的时差，使军事物流用户快捷方便地应用信息资源。

(6)有限共享性原则

共享性指信息资源可同时为多个用户使用，但军事物流信息资源这种共享性具有一定的局限性和内部的规定性，尤其是军事物流信息资源分布在物资保障各个环节，每个环节所产生的动态物流信息资源属于该环节的核心资源，即使在运行过程中需要与其他环节共享信息资源，以保障物流的顺畅，但这种共享性是需要相应的法规进行约束，同时共享的内容依据对象的不同也是不一样的。例如在采购环节所产生的采购信息资源，其与军事运输环节所共享的信息资源，仅仅是军事运输的物资的数量和特殊运输要求信息资源，其他信息资源是不共享的，而对于综合管理部门来说，共享的则是采购计划等重要的信息资源。

8.1.4　军事物流信息资源开发利用的管理

信息资源开发利用的管理是信息资源管理的一个重要方面，也是影响信息资源开发利用水平的又一个重要因素。在信息资源开发利用过程中，会遇到许多问题，如何科学而合理地设计信息资源开发利用的内容，如何设计和组织有效的信息加工处理有序化办法，如何进行深层次的信息资源开发利用等，这些问题本质上讲是信息资源开发利用过程中的管理问题。

(1)科学性管理

要加强信息资源共享开发利用，就必须有效地运用科学的管理思想和管理方法。对信息资源开发利用的管理，需要在信息资源开发利用的实践中，采用科学管理的方法，去解决具体的实践过程中遇到的新情况、新问题。

(2)综合性管理

作为一种资源的信息，具有生产中和使用中的双重不可分性。其中，生产中的不可分性又使信息资源的规模性开发在理论上成为可能，而使用中的不可分性又使信息资源的综合性利用显得十分必要。根据军事物流情况，要在充分掌握军事物流信息资源的分布和开发利用情况的基础上，按照物资保障区域、经济的内在联系以及军事物流发展的需要，逐步建立起信息资源开发利用管理网络，通过信息资源整体化建设、规模性开发和综合性利用，实现信息资源的充分共享。

(3)提高利用信息资源的能力

要有效地开发和利用信息资源，还必须具备利用信息资源的能力。具体包括：

①信息符号的识别能力。即能够接受表达信息的各种符号，包括对文字符号的辩别和理解，对声音和图像的感知等。

②信息资源调查能力。要学会采用各种调查方法来收集原始信息，如采用观察法、实验法和问卷法等方法，进行信息收集。

③信息检索能力。信息检索能力主要包括检索策略的确定，计算机和手工检索工具的使用。

④信息的分析鉴别能力。要在大量信息的环境中对信息的真实可靠性作出准确的判断，不但需要熟悉各类信息资源的性能和特点，而且需要有科学的思维方式、推理能力以及有关的专业知识。

⑤信息处理转换能力。对信息进行筛选，去粗取精，去伪存真，由表及里，由此及彼，从而得到需要、最有价值的信息，是与信息的分析鉴别相辅相成的过程。在这个过程中，要善于将不同领域、不同性质的信息资源进行转化。

8.2 军事物流信息资源开发技术

8.2.1 数据仓库技术

传统的数据库技术是以单一的数据源即数据库为中心，进行事务处理、批处理、决策分析等各种数据处理工作，它们主要划分为两大类：操作型处理和分析型处理(或信息型处理)。操作型处理也称事务处理，是指对数据库联机的日常操作，通常是对一个或一组纪录的查询和修改，主要是为部门的特定应用服务，注重响应时间、数据的安全性和完整性；分析型处理则用于管理人员的决策分析，经常要访问大量的历史数据。而传统数据库系统用于部门的日常事务处理工作，而难于实现对数据分析处理要求，已经无法满足数据处理多样化的要求，因此，操作型处理和分析型处理的分离成为必然。

随着数据库技术的应用和发展，人们尝试对数据库（DB）中的数据进行加工，形成一个综合的、面向分析的环境，以更好地支持决策分析，从而形成了数据仓库技术（Data Warehousing，DW），数据仓库系统包括：数据仓库技术、联机分析处理技术和数据挖掘技术。

数据仓库技术弥补了原有数据库的缺点，将原来的以单一数据库为中心的数据环境发展为一种新环境——体系化环境。数据仓库体系见图 8-1。

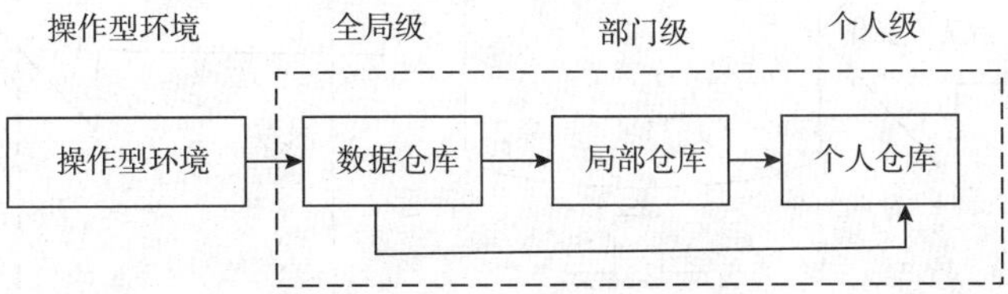

注：“→”表示数据的抽取方向

图 8-1　数据仓库体系

数据仓库是一个面向主题的、集成的、相对稳定的、反映历史变化的数据集合，用于支持管理决策。对于数据仓库的概念可以从两个层次来理解：首先，数据仓库用于支持决策，面向分析型数据处理，它不同于操作型数据库；其次，数据仓库是对多个异构的数据源进行有效集成，集成后按照主题进行重组并包含历史数据，而且存放在数据仓库中的数据一般不再修改。根据数据仓库概念的含义，数据仓库拥有以下四个特点：

①面向主题。操作型数据库的数据组织面向事务处理任务，各个业务系统之间各自分离，而数据仓库中的数据按照一定主题域进行组织。主题是一个抽象的概念，是指用户使用数据仓库进行决策时所关心的重点方面，一个主题通常与多个操作型信息系统相关。

②集成化。面向事务处理的操作型数据库通常与某些特定的应用相关，数据库之间相互独立，并且往往是异构的。而数据仓库中的数据是在对原有分散的数据库数据抽取、清理的基础上经过系统加工、汇总和整理得到的，必须消除源数据中的不一致性，以保证数据仓库内的信息是关于整个部门的一致的全局信息。

③相对稳定性。操作型数据库中的数据通常实时更新，数据根据需要及时发生变化，数据仓库的数据主要供部门决策分析之用，所涉及的数据操作主要是数据查询，一旦某个数据进入数据仓库以后，一般情况下将被长期保留，也就是数据仓库中一般有大量的查询操作，但修改和删除操作很少，通常只需要定期地装载和刷新。

④反映历史变化。操作型数据库主要关心当前某一个时间段内的数据，而数据仓库中的数据通常包含历史信息，系统记录了从过去某一时点（如开始应用数据仓库的时点）到目前的各个阶段的信息。通过这些信息，可以对未来趋势做出定量分析和预测。

数据仓库的建设是以现有业务系统和大量业务数据的积累为基础，数据仓库不是静态的概念，只有把信息提供用户使用，并做出改善其业务的决策，信息才能发挥作用，数据仓库的根本任务就是把信息加以整理归纳和重组并及时提供给管理决策人员。

数据仓库系统包含数据源、数据的存储与管理、OLAP 服务器和首端工具，其体系结构如图 8-2 所示。

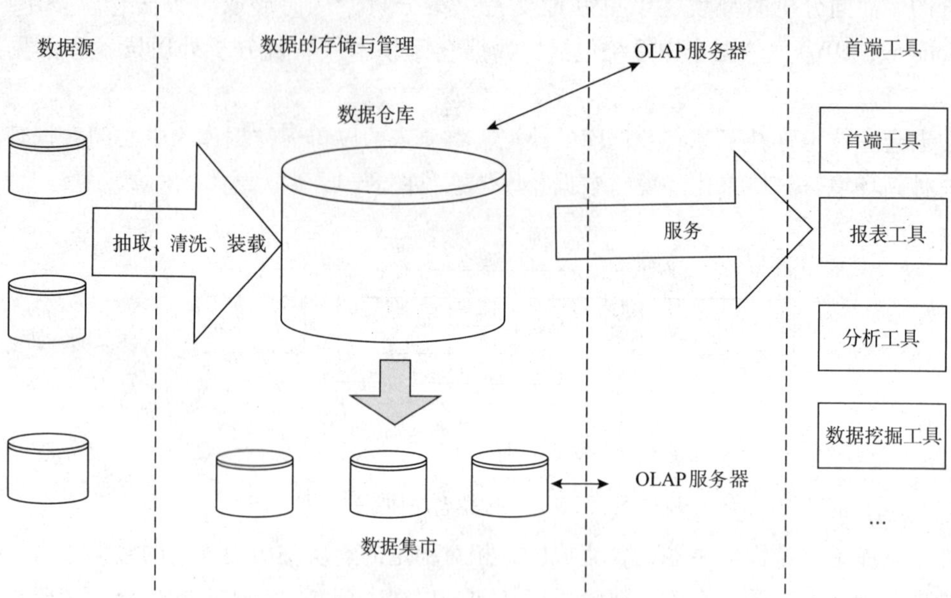

图 8-2　数据仓库系统体系结构图

(1)数据源

是数据仓库系统的基础，是整个系统的数据源泉。通常包括部门内部信息和外部信息。内部信息包括存放于 RDBMS 中的各种业务处理数据和各类文档数据，外部信息包括各类法律法规、环境信息等。

(2)数据的存储与管理

是整个数据仓库系统的核心。数据仓库的真正关键是数据的存储和管理。数据仓库的组织管理方式决定了它有别于传统数据库，同时也决定了其对外部数据的表现形式。要决定采用什么产品和技术来建立数据仓库的核心，则需要从数据仓库的技术特点着手分析。针对现有各业务系统的数据进行抽取和清理，并有效地集成，按照主题进行组织。

(3)OLAP 服务器

对分析需要的数据进行有效集成，按多维模型予以组织，以便进行多角度、多层次的分析，并发现其趋势。具体实现可以分为 ROLAP、MOLAP 和 HOLAP。ROLAP 基本数据和聚合数据均存放在 RDBMS 之中；MOLAP 基本数据和聚合数据均存放于多维数据库中；HOLAP 基本数据存放于 RDBMS 之中，聚合数据存放于多维数据库中。

(4)前端工具

主要包括各种报表工具、查询工具、数据分析工具、数据挖掘工具以及各种基于数据仓库或数据集市的应用开发工具。其中，数据分析工具主要针对 OLAP 服务器，报表工具和数据挖掘工具主要针对数据仓库。

与关系数据库不同，数据仓库更偏向于工程，由于数据仓库的这种工程性，因而在技术上可以根据它的工作过程分为：数据的抽取、数据的存储和管理、数据的表现及数据仓库设计的技术咨询四个方面。

1) 数据的抽取

数据的抽取是数据进入仓库的入口。由于数据仓库是一个独立的数据环境，它需要通过抽取过程将数据从联机事务处理系统、外部数据源、脱机的数据存储介质中导入到数据仓库。数据抽取在技术上主要涉及互连、复制、增量、转换、调度和监控等几个方面。数据仓库的数据并不要求与联机事务处理系统保持实时同步，因此数据抽取可以定时进行，但多个抽取操作执行的时间、相互的顺序及成败对数据仓库中信息的有效性则至关重要。

2) 数据的存储和管理

数据仓库关键是数据的存储和管理。数据仓库的组织管理方式决定了它有别于传统数据库的特性，同时也决定了其对外部数据表现形式。通过数据仓库的技术特点分析，来确定数据仓库建立的技术和方法。

大量数据的存储和管理是数据仓库需要解决的问题，数据仓库所涉及的数据量比传统事务处理大很多，且随时间的推移而累积。它关系数据库技术的发展，在数据存储和管理方面已经非常成熟，可以支持数据分割技术，能够将一个大的数据库表分散在多个物理存储设备中，进一步增强了系统管理大数据量的扩展能力，采用关系数据库可以管理数百 TB 的数据。

并行处理是数据仓库需要解决的另一个问题，在传统联机事务处理应用中，用户访问系统的特点是短小而密集；对于一个多处理机系统来说，能够将用户的请求进行均衡分担是关键，这便是并发操作。而在数据仓库系统中，用户访问系统的特点是庞大而稀疏，每一个查询和统计都很复杂，但访问的频率并不是很高。因此，数据仓库系统需要将所有的处理机调动起来，提供复杂的查询请求服务，即系统能进行并行处理。

关系数据库系统在并行处理方面已能做到对查询语句的分解并行、基于数据分割的并行以及支持跨平台多处理机的群集环境，能够支持多达上百个处理机的硬件系统并保持性能的扩展能力。

数据仓库能提供针对决策支持查询的优化。在技术上，针对决策支持的优化涉及数据库系统的索引机制、查询优化器、连接策略、数据排序和采样等诸多部分。由于数据仓库中各数据表的数据量往往极不均匀，普通查询优化器所得出的最佳查询路径可能不是最好的，因此，面向决策支持的关系数据库提供查询优化，同时根据索引的使用特性增加了多重索引扫描的能力。

以关系数据库建立的数据仓库在应用时会遇到大量的表间连接操作，而连接操作对于关系数据库来说是一件耗时的操作。扩充的关系数据库中对连接操作可以做预先的定义，称之为连接索引，使得数据库在执行查询时可直接获取数据而不必实施具体的连接操作。数据仓库的查询并不需要像事务处理系统那样精确，但在大容量数据环境中需要有足够短的系统响应时间。因此，一些数据库系统增加了采样数据的查询能力，在精确度允许的范围内，大幅度提高了系统查询效率。

数据仓库能提供支持多维分析的查询模式，这也是关系数据库在数据仓库领域遇到的最严峻的挑战之一。用户在使用数据仓库时的访问方法与传统的关系数据库有很大不同。对于数据仓库的访问往往不是简单的表和记录的查询，而是基于用户业务的分析模式，即联机分析。如图 8-3 所示，它的特点是将数据想像成多维的立方体，用户的查询便相当于在其中的部分维(棱)上施加条件，对立方体进行切片、分割，得到的结果则是数值的矩阵或向量，并将其制成图表或输入数理统计的算法。

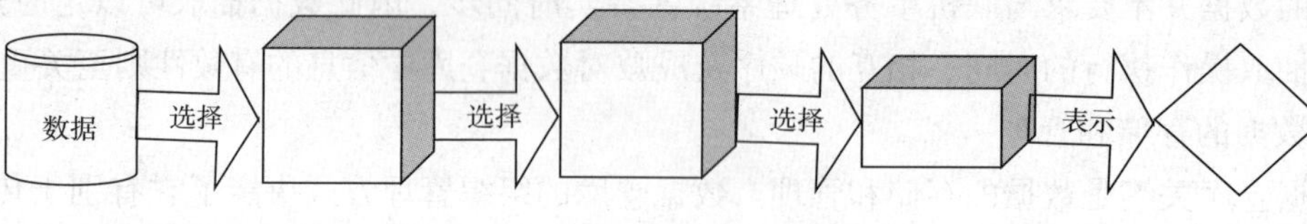

图 8-3　联机分析数据处理示意图

在数据仓库的数据存储管理领域，面向决策支持扩充的并行关系数据库将是数据仓库的核心。

3)数据表现

数据表现是数据仓库的门面，主要集中在多维分析、数理统计和数据挖掘方面。

多维分析是数据仓库的重要表现形式，由于 MOLAP 系统是专用的，因此，关于多维分析领域的工具和产品大多是 ROLAP 工具。

数理统计原本与数据仓库没有直接联系，但在实际应用中，客户需要通过对数据的统计来验证他们对某些事物的假设以进行决策。与数理统计相似，数据挖掘与数据仓库也没有直接的联系。数据挖掘强调的不仅仅是验证人们对数据特性的假设，而且它更要主动地寻找并发现蕴藏在数据之中的规律。

4)数据仓库设计的技术咨询

在数据仓库的实施过程中需要解决一些基本的问题，它们包括：数据仓库提供给哪些部门使用？不同部门怎样发挥数据仓库的决策效益？数据仓库需要存放哪些数据？这些数据以什么样的结构存放？数据从哪里装载？装载的频率多少为合适？需要购置哪些数据管理的产品和工具来建立数据仓库？等等。这些问题依赖于特定的数据仓库系统，属于技术咨询的范畴。

数据仓库决不是简单的产品堆砌，它是综合性的解决方案和系统工程。在数据仓库的实施过程中，技术咨询服务至关重要，是一个不可缺少的部分。

8.2.2　数据挖掘技术

数据挖掘也称知识发现，是一个利用各种分析工具在海量数据中发现模型和数据之间关系的过程，这些模型和关系可以被用来分析风险、进行预测。

传统决策支持系统的知识库中的知识和规则是由专家和程序人员从外部输入的，是已知的，决策者可以利用联机分析处理(OLAP)等工具直接使用。而数据挖掘是从大量系统内部的数据中获取尚未被发现的知识、关系、趋势等信息，数据挖掘可以从大型数据库或数据仓库中发现并提取隐藏在其中的信息。

数据挖掘技术从应用角度可以分成两个研究方向：一是面向数值数据的数据挖掘，通常叫做数据挖掘；二是面向文本信息的数据挖掘，通常叫做文本挖掘。

(1)数据挖掘常用技术

①人工神经网络。它从结构上模仿生物神经网络，是一种通过训练来学习的非线性预测模型，可以完成分类、聚类、特征提取等多种数据挖掘任务。

②决策树。用属性结构来表示决策集合，这些决策集合通过对数据集的分类产生规则。典型的决策树方法有分类回归树，典型的应用是分类规则的挖掘。

③规则归纳。通过统计方法归纳，提取有价值的 If Then 规则。规则归纳技术在数据挖掘中被广泛应用，例如关联规则的挖掘。

④最邻近技术。通过 K 个与之最相近的历史记录的组合来辨别新的记录，这种技术可以用来完成聚类、偏差分析等挖掘任务。

⑤可视化。采用直观的图形方式将信息模式、数据的关联趋势呈现给决策者，决策者可以通过可视化技术交互地进行数据分析。

(2)数据挖掘过程及其分类

通过数据挖掘发现知识，通常用概念(Concept)、规则(Rule)、规律(Regularity)、模式(Pattren)、约束(Constraint)、可视化(Visualization)等形式表示。它们保存在应用系统的知识存储机构中，如专家系统和规则库。

数据挖掘过程一般分为三个阶段：数据准备、挖掘操作、结果表达和解释。

①数据准备。这个阶段又可以分为三个子步骤：数据集成、数据选择、数据预处理。数据集成将多个数据库中的数据进行合并处理，解决语义模糊性，处理数据中的遗漏和坏数据。数据选择是辨别出需要分析的数据集合，缩小处理范围，提高数据分析质量。数据预处理是为了克服目前数据挖掘工具的局限性。

②挖掘操作。该阶段针对数据准备阶段的成果进行实际的挖掘工作。

③结果表达和解释。根据用户的决策目的对提取的信息进行分析，把有价值的信息区分出来，通过决策支持工具提交给决策者。这个阶段不仅要把结果表达出来，还要对信息进行过滤处理。

8.2.3 多维分析处理

多维分析处理的概念最早由关系数据库之父 E. F. Codd 于 1993 年提出的，Codd 认为联机事务处理(OLTP)已不能满足终端用户对数据库查询分析的要求，SQL 对大数据库的简单查询也不能满足用户分析的需求。用户的决策分析需要对关系数据库进行大量计算才能得到结果，而查询的结果并不能满足决策者提出的需求。因此，Codd 提出了多维数据库和多维分析的概念，即 OLAP。

OLAP 委员会对多维分析的定义为：使分析人员、管理人员或执行人员能够从多种角度对从原始数据中转化出来的、能够真正为用户所理解的、并真实反映企业维特性的信息进行快速、一致、交互地存取，从而获得对数据的更深入了解的一类软件技术。OLAP 的目标是满足决策支持或多维环境特定的查询和报表需求，它的技术核心是“维”这个概念，因此 OLAP 也可以说是多维数据分析工具的集合。

多维数据分析是以数据仓库为基础的，多维分析可以对以多维形式组织起来的数据进行上卷、下钻、切片、切块、旋转等各种分析操作，以便剖析数据，使分析者、决策者能从多个角度、多个侧面观察数据库中的数据，从而深入了解包含在数据中的信息和内涵。维度是人们观察数据的角度，维的级别是维度的不同的细节程度。例如，军用物资储备情况分析，涉及的维有日期、品名、储存位置、数量、储备等级等。每一个维都有一个与之相关联的表，称为维表，它是对维的进一步描述。通常，维是分级别的，不同级别的维允许以不同的颗粒度观察数据。如日期维包含属性日、旬、月、季度和年，则它们形成一个概念分层（全序）：日 < 旬 < 月 < 季度 < 年。这使得可以在粒度“旬”查询统计储备情况，也可以在较粗的粒度“月”查询统计储备情况。在这个时序中，时间维的最细粒度为“日”，最粗粒度为“年”。在具体军事物流流程控制的时序中，时间维可以细化到时、分或秒。维的颗粒度视具体情况要求不同而不同。

对军事物流信息资源进行多维分析，首先能够按照用户需求，自动查询、统计所需信息，并为用户定制灵活的内容、格式、展现方式，提供对资源的多角度、多层次和多形式的查询统计报表；其次军事物流业务部门可以从不同侧面对数据进行钻取和切片，找到满足条件的物资；还可以查询各阶段的不同物资的库存情况，找出它们之间的关系，发现哪些物品库存时间较长，原因是什么，以后就可以减少该类物品的储备，以降低库存成本；最后还可以找出经常出现短缺的物品种类，分析其原因，并制定对策。

8.3 军事物流管理信息系统

8.3.1 军事物流管理信息系统概述

军事物流信息系统是指利用现代物流理论、信息技术和军地网络，融合物资保障要素，贯穿保障过程，实时、精确、全面地获取军事物流需求、资源和状态信息，对物流资源和保障过程进行统筹优化、集中管控的一体化信息处理系统，是现代军事物流体系的核心。

（1）军事物流信息系统建设现状

军队现行的军事物流活动主要涉及物资保障综合计划、物资筹措采购、物资储备、物资运输等，参与实体主要有后方仓库、物资采购机构、驻厂军事代表办事机构、驻各交通沿线军事代表办事机构、运输部队等。总体上看，军事物流业务流程比较合理，尚能满足物资保障的需要。军队物资保障主要采取逐级补给、定点区域保障等方式，其基本流程是：需求单位逐级向后勤管理部门上报需求信息，后勤管理部门作出计划安排，将需求计划和保障指令再逐级下达给保障部门，保障部门接令后，再向保障单位下达保障指令，保障单位再组织实施保障。

军事物流信息系统经过长期建设，已建成多个与军事物流相关的业务信息系统，基本覆盖了物资保障的计划、采购、仓储、运输、配送等主要业务管理工作。这些相关业务信息系统在一定程度上满足了军事物流的需要，但是这些信息系统与现代军事物流系统建设要求，还存在一些问题和不足，具体体现在：系统目标单一、独立运行，无法实现物流全过程的可视、可控；军事物流信息资源相对分散、互不相容，无法为资源透明化管理提供数据支持；与地方物流系统衔接不畅，无法形成军地物流一体化保障体系。因此，建设现代军事物流信息系统，就是要实现各业务信息系统的互联互通，实现各业务信息系统的全面对接和深度融合。

(2)军事物流信息系统建设目标

1)实现军事物流资源可视化管理

现代军事物流的目标是实现物资保障过程的快速、精确、可靠、安全和低耗，而实现这一目标的基础条件就是要消除物流资源"迷雾"。由于物流资源分布广泛、种类庞杂，并处于动态变化之中，因此，难以准确掌握信息，往往形成一种物流资源"迷雾"，主要表现为对所属物资资源的种类型号、数量规模、空间分布、状态等详细情况不清楚，进而影响到物资保障计划制定的科学性和物流资源利用的有效性。

物流资源不透明容易产生"牛鞭效应"。在信息技术还不能达到可视化管理的条件下，各级物资保障部门为了提高保障的可靠性，在需求上报时存在层层放大的现象，结果导致需求总量放大，造成物流资源利用率低，甚至导致浪费。军事物流信息系统通过资源可视化管理能够直接获知部队对物资的需求，消除中间环节产生的信息误差。资源可视化管理是减小或消除物流资源"迷雾"和"牛鞭效应"的重要技术措施。

鉴于物流资源可视化管理的基础性和重要性，军事物流信息系统应综合运用现代信息技术，通过对物流数据的采集和及时更新，准确地掌握物流资源的动态分布和状态，实现对分布于各业务部门的物流资源动态管理，对各个部门执行的保障活动实时控制，达到全局优化资源调度和使用，提高保障效能的目的。

2)实现物流环节无缝化衔接

军事物流环节之间数据交互和共享是现代军事物流高效率运行的关键。物流信息在物流环节间无缝传输是实现军事物流通畅的前提。军事物流相关业务部门信息系统建设相对成熟，可以有效解决业务部门内部信息处理问题，但是，各业务信息系统独立运行，缺乏横向连接和互通，无法实现业务部门之间信息交流，不同程度导致物流过程中计划协同不周密、物流运行不顺畅等问题，影响了物资保障的效率和效能。

要实现军事物流流程顺畅，就需要军事物流信息系统为物流各环节无缝化衔接提供信息服务的支持，在纵向上能够为总部至部队，在横向上能够为军队和国家各业务部门，提供顺畅、安全的信息传输通道，从纵向和横向上实现快速、安全的数据交换，从而达到军事物流操作环节紧密衔接，提升军事物流保障能力。

3)实现物流过程集中管控

从军事物流现有的保障关系来看，军用物资保障仍处于垂直、封闭、分散状态，军事物流信息不能及时采集、互通共管，物资保障资源不能有效共享，从而制约军事物流资源使用全局优化，影响物资保障能力进一步提升，难以适应信息化条件下物资保障的需求。

随着信息技术的快速发展，军事物流保障环节正向高度集成方向发展。要实现军事物流系统的高效运作，就必须对军事物流保障过程的集成管理，把各自为政、分散管理的松散系统，运用信息化手段进行集中管控。信息技术和决策支持理论，如数据仓库技术、数据挖掘技术、多维分析技术以及流程管理、建模技术等，为军事物流信息资源应用与分析提供了技术基础。军事物流集中管控目的是提高保障效率与效果。军事物流信息系统应具备为综合部门、业务部门提供多层次、多角度和多方式的智能化决策支持，从海量信息中自动抽取、聚合，凝炼出有用、可用的知识，充分挖掘数据价值。

军事物流信息系统是实现信息互通共享、业务优化管理和运作协同控制，支持军事物流军地之间一体化筹划、决策、计划和运作，提高军事物流业务管理水平和协同运作效率的重要保证。在信息系统支持下，军事物流系统能集约利用各种物流资源，以全新方式促成各种松散要素的整合增效，以适应军事物流及时、精确、高效保障的要求。

8.3.2 军事物流管理信息系统构成

军事物流信息系统主要包括军事物流集成运行环境、军事物流数据中心、集中管控分系统、业务分系统、物流环节分系统等部分，如图8-4所示。其中，军事物流集成运行环境是军事物流系统运行的基础；军事物流数据中心是军事物流数据的聚集中心，为物流环节分系统和业务分系统提供基础数据和共享交换数据，为集中管控分系统提供数据支撑；军事物流集中管控分系统是整个系统的核心，能够管控军事物流全过程；业务分系统完成物流计划和业务管理；物流环节分系统完成实际物流的操作。

军事物流信息系统的设计应充分体现单证化、专业化、服务化和集中管控思想。以单证贯穿整个保障流程；业务分系统和物流环节分系统更专注于自身职能，通过集中管控对保障进行统筹优化，通过服务化将各个分系统有机地融合集成。

军事物流信息系统的流程是：各业务分系统、物流环节分系统将标准化的业务数据和物流数据以单证的形式通过军事物流信息系统集成运行环境的接口流向集中管控系统，集中管控系统则将标准化的指令数据通过军事物流信息系统集成运行环境，向业务分系统和物流环节分系统下达指令。集中管控系统可以通过流程引擎对军事物流的管控流程进行方便的设计和定义。当业务发生变化时，通过流程引擎的调整，可以适应新的业务需求。通过集中管控可对整个保障计划进行统筹优化，实现整个物流活动的最优执行。

业务分系统具有集中管控的服务接口和物流环节分系统的服务接口，通过军事物流信息系统集成运行环境与其他物流环节进行数据交换。业务分系统是针对自身业务进行管理，包括业务的计划制定和管理，业务系统通过标准服务与其他物流环节衔接。各业务分系统的整

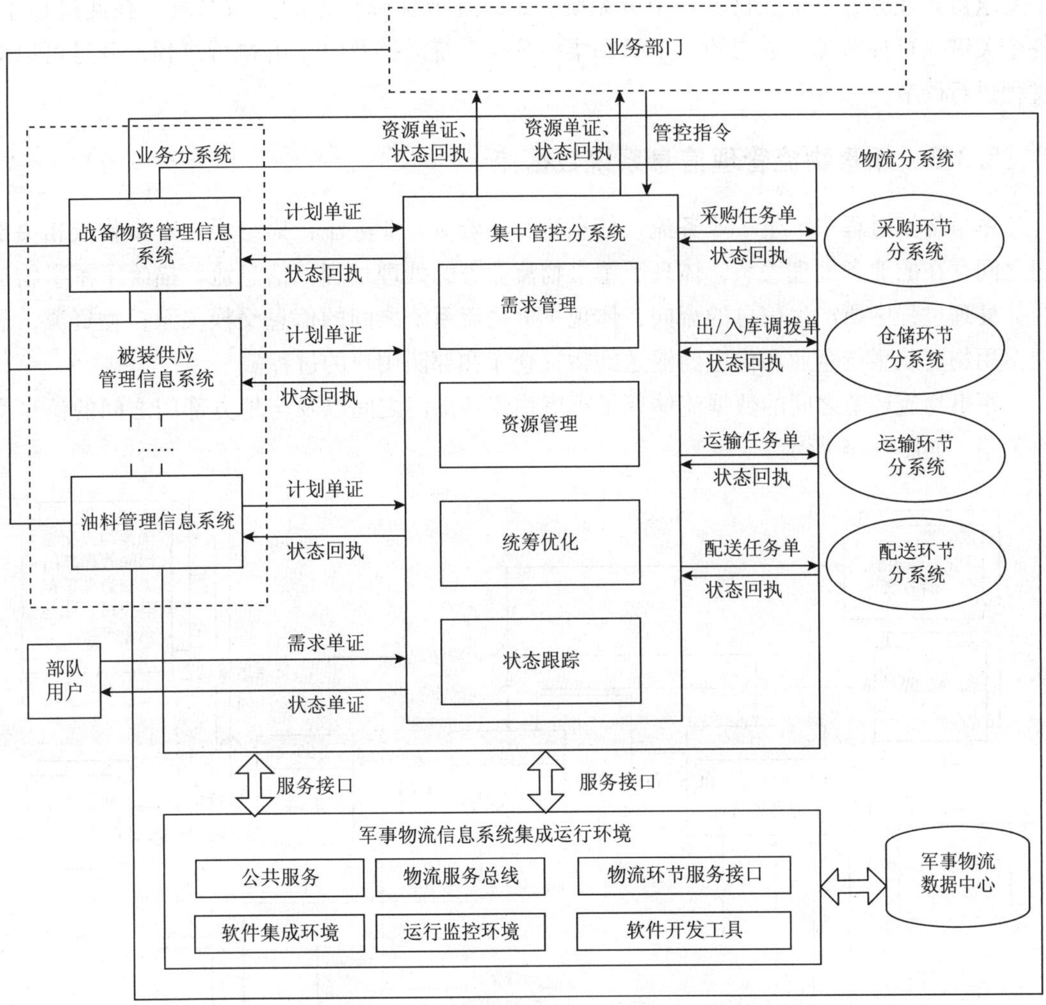

图 8-4　军事物流信息系统总体结构模型

合是根据管控需求进行有机地融合，形成新的服务，用视图的方式提供给各级单位使用。

物流环节分系统负责物流活动在采购、仓储、运输、配送等物流环节的实施执行，每个环节根据具体业务不同通过不同的分系统实现。采购环节包括通用物资采购分系统、药材采购分系统、油料采购分系统、进口物资分系统等；仓储环节包括军需仓库分系统、油料仓储分系统等；运输环节包括铁路运输分系统、公路运输分系统、水路运输分系统、航空运输分系统；配送环节包括物流基地管理分系统。

军事物流信息系统集成运行环境是衔接军事物流集中管控系统、业务分系统和物流环节分系统的基础。它主要由公共业务应用构件、物流环节构件、物流公共服务、基础服务、软件集成框架、开发工具及组件和运行支撑环境组成，为整个军事物流信息系统的开发、运行、监控提供统一的底层支持。

军事物流信息系统是一个对上级的保障指令做出快速响应，并由集中管控系统根据指令要求协调业务分系统、物流环节分系统，最终完成保障任务的高效系统。在此过程中，各个关键执行环节都是透明的，上级和集中管控系统能够及时了解执行过程，并且可以对过程进行调节。

8.3.3 军事物流管理信息系统数据流

军事物流过程中产生了业务流、信息流和物资流。业务流，描绘了在军事物流相关部门之间存在的业务处理关系，体现了军事物流业务的处理过程；信息流，描绘了军事物流业务处理过程中所产生信息的流向，体现军事物流系统之间的信息交换关系；物资流，展现军用物资从生产企业和供应商输送到物资仓库和部队用户的过程。

军事物流环节之间的数据流体现了军事物流各部门之间以及与地方部门之间的信息交换关系，如图 8-5 所示。

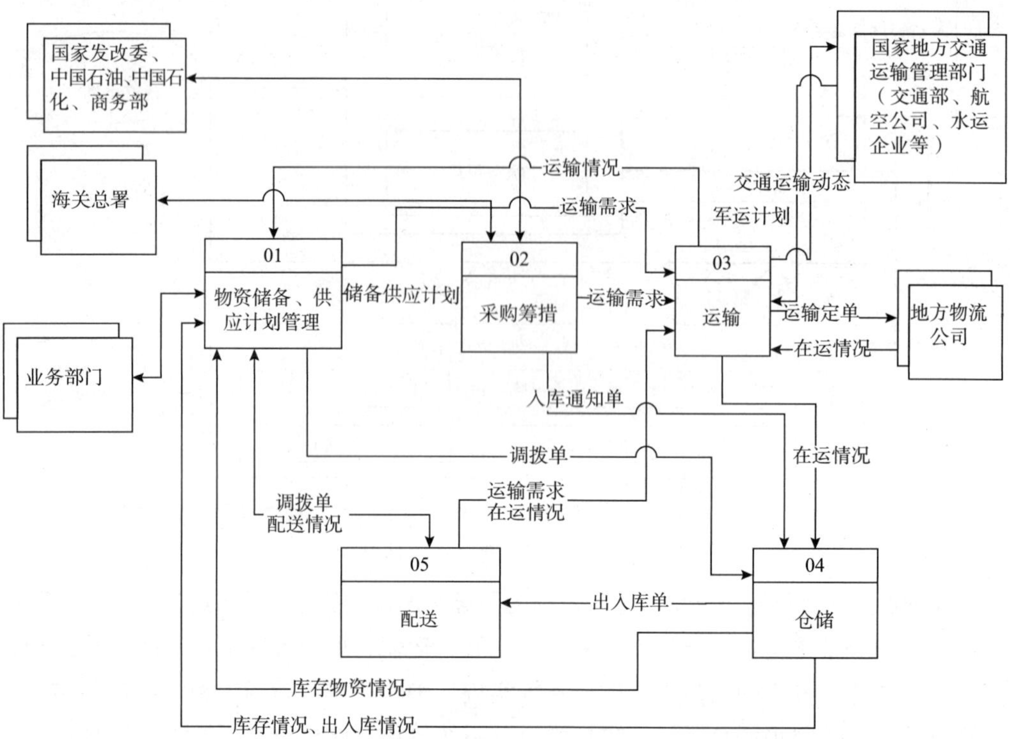

图 8-5 军事物流信息系统顶层数据流图

军事物流信息系统各分系统之间的数据交换采用分层交换模式，不同层次之间的数据交换通过各分系统实现纵向数据交换，同一管理层内各分系统之间则可根据需要进行横向数据交换，作业层不同系统间通过管理层业务系统和物品标签等实现数据交换，图 8-6 为军事物流各分系统之间的数据交换。主要交换的数据包括以下几类：

①计划环节与采购环节的衔接数据。主要包括计划环节提交的采购计划（需求）、采购环节提供的采购合同及采购执行情况等。

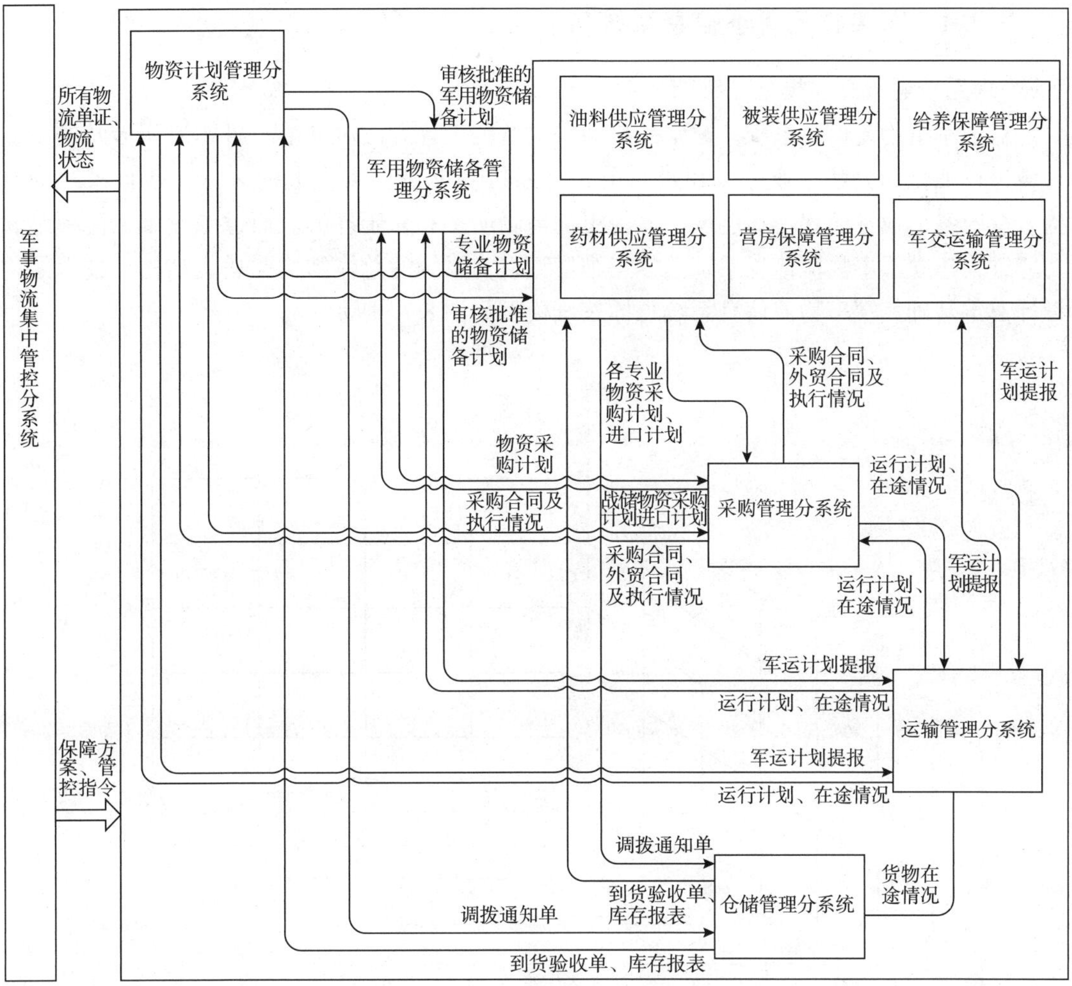

图 8-6　军事物流信息系统分系统之间数据交换

②计划环节与运输环节的衔接数据。主要包括计划环节提交的运输需求，运输环节提供的运输计划落实情况和运输状况等。

③计划环节与仓储环节的衔接数据。主要包括计划环节下达的物资调拨单，仓储环节提交的出入库情况和库存情况等。

④采购环节与运输环节的衔接数据。主要包括采购环节提交的运输需求，运输环节提供的运输计划落实情况和运输状况等。

⑤计划环节内部的衔接数据。主要包括综合计划相关系统与各专业物资计划相关系统之间的数据交换。

⑥各环节与集中管控的交换数据。指集中管控系统下达保障方案和保障指令给各分系统，各分系统需将方案落实情况、计划信息、物流资源、物流动态等信息提交集中管控系统。

8.3.4 军事物流管理信息系统功能

(1)系统建设总体模型三维图

对于军事物流信息系统，通常采用面向对象的设计方法对整个军事物流所涉及的专业领域进行细化和分解，业务流程进行分析，系统功能进行层次上的区分，使得系统的结构、系统各个业务流程、功能层次显得更加清晰明了和易于理解。通过专业维、流程维和功能维，建立军事物流信息系统总体三维模型，为系统的总体结构、功能结构、技术结构设计奠定基础，军事物流信息系统总体三维模型如图 8-7 所示。

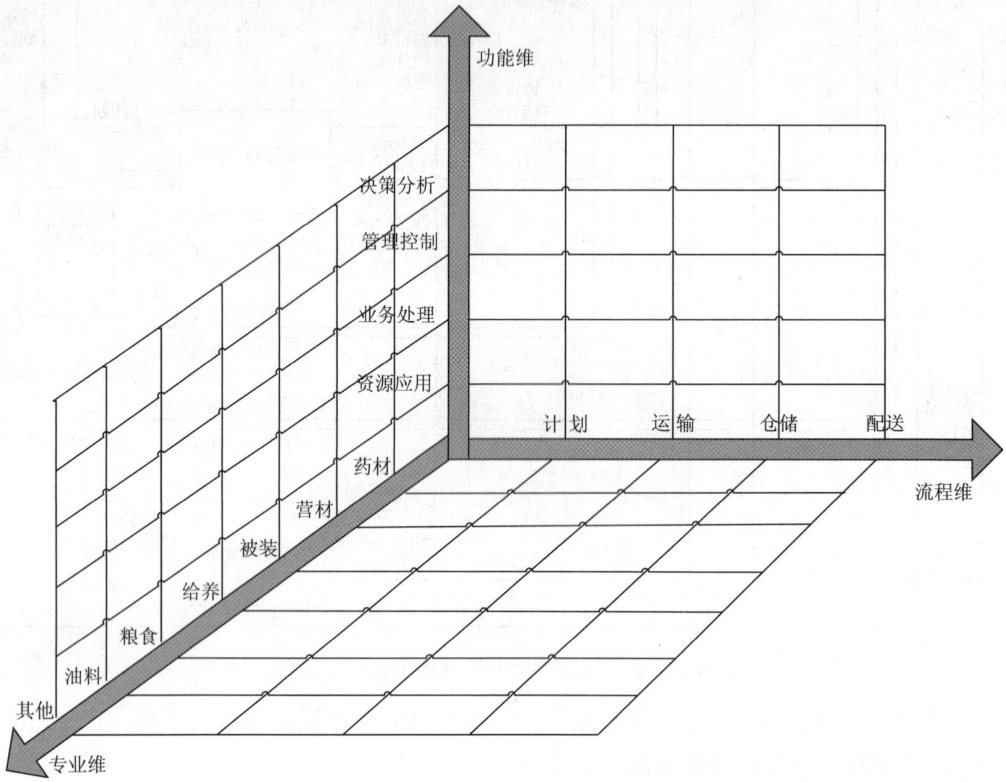

图 8-7 军事物流信息系统总体三维模型

(2)功能结构设计

从功能分层的视角来看，军事物流信息系统由四层次构成。四层次自下而上分为基础支撑层、作业层、管理层和决策层，如图 8-8 所示。

其中基础支撑层主要包括信息网络与安全设备、数据自动采集与读写设备、移动跟踪设备、数据中心设施等，实现统一规划、统一标准和资源共享；作业层主要指采购机构、运输分队、仓库、物流基地、配送中心以及用户单位开展采购、仓储、运输、配送等物流活动所应用的物流作业系统，实现规范作业流程、资源透明、状态可视；管理层主要指总部和大单位业务部门在物资储备、油料、军需、药材等业务管理领域所应用的业务信息系

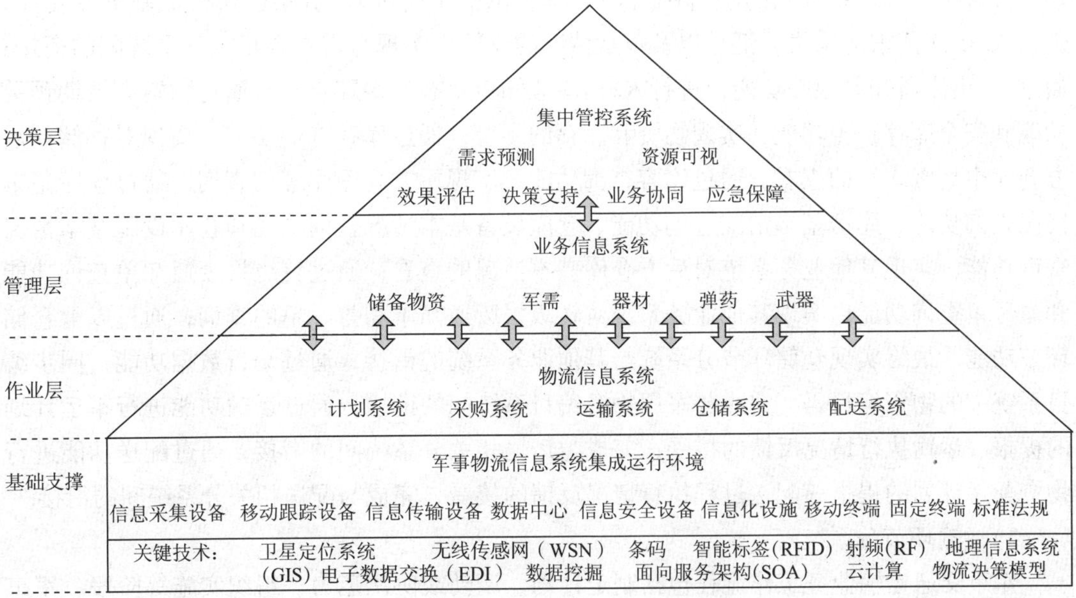

图 8-8 军事物流信息系统功能结构模型

统，按需共享和交互信息，实现业务信息无缝衔接；决策层主要是总部或大单位综合部门开展需求预测、资源可视、全程调控、效果评估、辅助决策、业务协同、应急保障等功能，实现军事物流全过程集中管控。

(3)物流环节分系统设计

物流环节分系统是军事物流信息系统的末端执行层，涵盖了采购、运输、仓储、配送的全过程。现代物流环节分系统经过多年的发展已经形成了非常成熟稳定的运行模式，而后勤业务分系统则不同，它与军事要求紧密相关，根据物资种类的不同，不同的业务部门其管理的流程也不一样。

1)采购环节分系统

军事物流信息系统以建设物流活动无缝化衔接为目标，军事物流物资采购环节分系统通过与物流环节的其他系统进行对接，实现军事物流物资采购环节分系统与其他系统间的融合和资源共享。包括：通过需求计划提报功能，进行采购需求的采集、汇总以及审批情况的反馈，实现与需求方系统间的衔接；通过进口计划功能，进行进口计划的新建、调整、审批、上报，实现物资进口管理系统与进口需求方系统的衔接；通过编目数据功能，同步编目系统中的物资编目码，实现与军用物资编目系统间的衔接；通过运输功能进行军运计划的提报、运输执行情况反馈的接受，实现与运输相关分系统间的衔接。通过供应商管理功能和评审专家管理功能，对供应商和评审专家进行投诉、推荐和综合查询。通过采购计划执行跟踪功能和进口计划执行跟踪功能，对提报的需求计划和进口计划等业务的执行情况进行跟踪。

2)仓储环节分系统

为实现物流活动各环节无缝化衔接，仓储环节分系统与其他系统进行对接，实现仓储环节分系统与其他系统间的融合和资源共享。包括：通过入/出库通知单拟制下发功能，进行入/出库需求的采集、汇总以及审批情况的反馈，实现与需求方相关分系统间的衔接；通过入/出库通知单跟踪功能，进行入/出库通知单状态的跟踪查看；通过物资有效期预警功能和安全库存预警功能，实现物资和库存的预警；通过库存查询功能，实现对存储在后方仓库中物资库存的查看；通过库容查询功能，实现后方仓库库容的查询；通过仓库基本情况查询功能、库房基本情况查询功能、仓库设备基本情况查询功能和仓库设施基本情况查询功能，实现其他业务系统对后方仓库基本情况的查看；通过转级报废通知单查询功能和盈亏单查询功能，实现其他业务系统对转级报废通知单和盈亏单的查询；通过以上仓储环节功能，最终实现仓储环节分系统与其他业务系统的衔接；通过编目数据功能，同步编目系统中的物资编目码，完成与军用物资编目系统间的衔接；通过运输功能进行军运计划的提报、运输执行情况反馈的接受，完成与运输相关分系统间的衔接；通过配送功能进行物资配送计划的提报、配送过程执行情况反馈的接受，完成与配送相关分系统间的衔接。

3）运输环节分系统

军事交通运输业务工作流程包括制定计划、调动或协调运力、组织实施等阶段。军事物流运输组织实施主要包括装载、运行和卸载过程。运输的装、卸载在物资管理部门的组织下，主要由被运部队或发货单位实施，运输保障单位予以支持；运输过程则主要由运输保障部门组织实施，运输管理部门要对运输实施情况进行实时掌控。

运输环节分系统作为军事物流的执行层，主要着眼于运输环节，执行运输任务并及时反馈运输过程中的跟踪信息。

4）配送环节分系统

配送环节分系统承担的主要任务是将物资送到被保障单位，包括备货、储存、分拣及配货、配装、配送运输、送达服务等环节。配送的一般流程比较规范，不同物资的配送有不同之处，如燃料油配送没有配货、分发、配装工序，水泥及木材配送存在流通加工的过程，而流通加工又可能在不同环节出现。

为了使配送达到用户单位的满意，实现整个供应链的价值，必须重视物流配送环节分系统的信息化管理，来降低物流成本。

8.4 军事物流数据中心建设

8.4.1 数据中心建设情况

（1）国外数据中心建设情况

国外数据中心的发展大致划分为三个阶段，第一个阶段是计算中心，即数据存储和简单计算阶段，出现于20世纪60年代，绝大部分的计算机系统是主机系统。第二个阶段是信息中心，即数据处理和业务应用阶段，出现于20世纪80年代末90年代初，信息中心成为大型企业不可缺少的支撑平台。第三个阶段是服务中心，即计算、存储和网络服务一体化中心，形成于 21 世纪初。

欧美各国为了提高信息资源开发利用效率，不断加强本国的信息基础建设，将数据中心建设作为提高政府和企业信息资源共享的关键。美国政府自 20 世纪 90 年代以来，在科学数据方面实行了“国有科学数据完全开放共享国策”，重点是搞好数据共享和国家级数据中心建设。在数据中心的建设中，每年的投入不断增加，并利用法律手段保障其信息畅通。例如遍布 30 多个国家的德国麦德龙连锁公司，每天仅商场销售的物品就达 4.7 万种，但大到公司的财务、人事，小到每一种商品的订购、销售等情况，有权用户均可在网上实时掌握，重要原因就是在德国的 3 个城市建立了基于网络的数据中心和数据备份中心，其中，数据中心的建筑面积约 6000 平方米，数据仓库存储容量大于 60 万亿字节。根据发布的《2011 ~ 2012 年中国 IDC 产业发展研究报告》数据显示，2011 年全球的数据中心总量为 372 万个，其中美国和欧洲的数量超过全球总量的一半。

(2) 外军数据中心建设情况

美军将信息能力作为后勤力量的“倍增器”，强调充分利用后勤信息资源是提高后勤保障能力的最佳途径。为了维持在全球的军事优势，美军率先提出了数据战略的新概念，不断加大对信息资源建设和管理的投入，取得明显效果，并在多场高技术局部战争中得到验证。俄、英、法、德、日等军事强国在国防信息基础设施的研究和建设中，均以数据中心为基础支撑，把建立公共运行环境和共享数据环境作为建设重点，提高数据的互操作性和共享性，保证数据的一致性，消除数据冗余，以达到任何授权用户能够定位、访问以及共享和交换数据的目的。美军大量的海外驻军数据中心建设，多采用模块化、集装箱式的构建方式，以保证快速部署。

(3) 国内数据中心建设情况

我国政府与大型企业数据中心取得了长足的发展，先后经历了物理资源大集中、数据大集中、应用大集中，早期建立的数据中心在应用融合需求牵引之下，在技术层面正向新一代数据中心升级。

2001 年，海关总署牵头建立了中国电子口岸数据中心，将海关、质检、外贸、外汇、工商、税务、银行等相关部委的业务数据联在了一起，极大提高了通关速度，有力促进了对外开放。2003 年，北京市政府建立了跨 15 个部门的数据中心，地税部门由于得到工商部门的企业登记注册信息，几个月内就查获了大量偷税漏税案件。2006 年，我国各商业银行均建成了数据中心，实现了数据大集中，全国银行卡总量达到 11.31 亿张，消费金额达 18937 亿元。国家对数据资源共享问题十分重视，2004 年中办、国办下发了《关于加强信息资源开发利用工作的若干意见》，确立了以政务信息资源开发利用为先导的指导思想，重点开展了人口、法人单位、自然资源与空间地理、宏观经济 4 个国家基础信息数据库建设。其中，公安部人口库目前已存储了大约 13 亿人的信息，是世界上最为庞大的人口基础信息数据库，能够为全国各级公安机关广大民警提供人口信息快速查询查证服务，为相关部门提供人口决策分析支持，为银行、铁路等部门和公众提供身份核查等服务。

(4)军内数据中心建设情况

进入21世纪以来，我军信息化建设发展迅速，加强全军信息化建设顶层设计，组织实施了一批军事信息系统重点工程，随着军队信息化建设的深入，数据资源不断积累完善，并在各种系统中起到数据支撑作用。在军事物流信息化建设中，开展了信息系统向业务集成、应用集成方向的发展，并取得了明显的成效。数据中心建设是军事物流信息化建设的基础，包括数据和存储管理设备。建设的关键是把分散的数据有序"汇"起来，做到"一数一源"，实现互认；把积存的数据规范"流"起来，实现共享；把重要数据集中"管"起来，做到安全保密，实现通用。

8.4.2 数据中心需求分析

(1)总体需求

军事物流数据中心建设，以满足军事物流数据资源的集中存储、共享交换、综合利用等需求，为军事物流活动提供全面的数据支撑和可靠的基础环境。军事物流数据中心的总体需求，一是要将分散在不同业务信息系统的数据有序汇聚，做到"一数一源"；二是通过数据库建设，把军事物流数据按照主题存储、规范化管理，做到"集中管控"；三是将不同业务信息系统之间存放的数据有效流动，做到"融合共享"；四是对军事物流信息的综合分析和辅助决策，做到"综合利用"。

军事物流数据中心建设基于"一数一源"、"集中管控"、"融合共享"、"综合利用"的目标，通过数据中心建设，实现信息的集中管理、集中存储、集中传输、集中交换、集中分析和集中发布，提高军事物流在管理、保障和决策等方面的数据处理能力，最终消除"信息孤岛"。

(2)功能需求

军事物流数据中心的功能主要有两个方面。一方面是为业务系统服务，军事物流数据中心通过提供统一的运行环境、数据存储、网络接入、安全防护和运维管理等服务，对服务器、网络系统和存储系统进行整合，实现统一管理、集中部署，为各个业务信息系统提供数据共享交换和服务支撑。另一方面是满足综合应用的需要，军事物流数据中心通过整合全局性数据资源，挖掘数据资源价值，提供全局性的综合业务应用，如综合查询、决策分析等，满足管理和决策的需要。

(3)数据需求

通过对军事物流数据资源信息的分类、标引、排序、合并、计算使信息有序化，建设一个高性能、稳定可靠，具开放性、可扩展性的数据中心平台，保证数据一致性、准确性。

通过对数据的收集、统一存储、集中加工，产生全面、准确、及时的数据资源，实现资源整合，信息共享。

军事物流数据中心的数据主要包括共用基础数据、业务主题数据、决策分析数据三大类。分类框架如图8-9所示。

(1)共用基础数据

军事物流共用基础数据是反映军事物流最基本和稳定特征、适用于各级各部门的数据

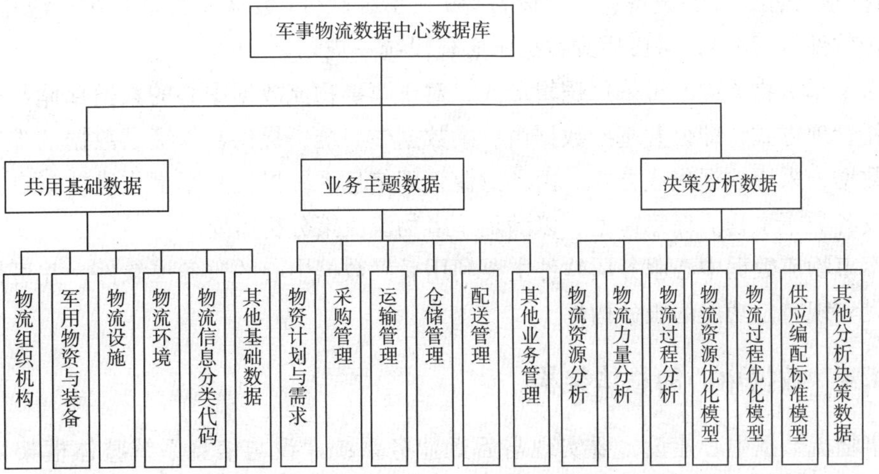

图 8-9　军事物流数据中心数据类型

集合，是军事物流信息系统各分系统共用的、基础性的数据，包括数据军事物流组织机构数据、军用物资与装备编目数据、物流设施数据(如仓库、物资供应站、物流基地、军交运输设施、输油管线等)、军事物流环境数据、军事物流信息分类与代码、军事物流其他基础数据。

(2)业务主题数据

军事物流业务主题建立的军事物流核心业务数据，包括：物资计划与需求，采购管理，运输管理，仓储管理，配送管理以及其他业务管理数据。指按军事物流业务主题建立的军事物流核心业务数据，是反映军事物流全过程的动态数据，是实现军事物流全过程管控的数据基础。

(3)决策分析数据

指面向多维分析、即席查询等业务而建立的军事物流综合统计分析数据以及为军事物流全局和局部的优化决策所需的各种模型。

物流资源分析数据是对军事物流资源进行分析所需的汇总数据，是开展军事物流数据挖掘的基础；物流过程分析数据是对军事物流过程进行分析所需的汇总数据，是进行军事物流流程优化的基础；物流力量分析数据是对军事物流力量进行分析所需的汇总数据，是军事物流保障力量调配的依据；物流资源优化模型，是进行物流资源优化辅助决策所依托的数据模型；物资的供应和编配标准模型，是进行物资日常供应保障所依托的数据模型。

8.4.3　军事物流数据中心特点

军事物流数据中心与军队专业的数据中心相比较有以下特点：

①军事物流数据中心的物理构建可利用后勤数据中心设施设备，军事物流数据中心建设主要完成数据建设与管理，形成军事物流信息中心架构的逻辑性，军事物流数据中心的

系统硬件（服务器、存储设备、安全设备等）和系统软件（数据库管理系统、应用服务器、安全防护软件等）环境，可由后勤数据中心建设统一规划。

②由于军事物流中心可采用逻辑形式，对于军事物流数据中心的数据存储与管理，也可采用托管理方式，即公共基础数据由后勤数据中心统一提供，保证了数据的唯一性。业务主题数据，采用数据集成方式，由各专业管理信息系统提供。军事物流针对自身业务特点，开发各类军事物流保障模型，以满足军事物流决策分析需要。

③军事物流数据中心服务层软件主要利用后勤数据中心的服务层软件，并可根据自身需要研发实现特定功能的服务构件。

8.4.4 数据中心的总体架构

军事物流数据中心建设，要实现与后勤业务系统建设与信息系统整体框架协调一致性。也就是在统一标准与统一规范的要求下，军事物流数据中心建设在实现自身目标的同时，应与后勤数据中心整体目标保持一致性。由于基于数据中心的军事物流系统建设是随着业务需求，逐步建设的，这就要求通过集成整合的方式，协调各个管理信息系统，实现信息共享、系统集成、资源整合。因此，军事物流数据中心总体架构由以下几方面组成，如图 8-10 所示。

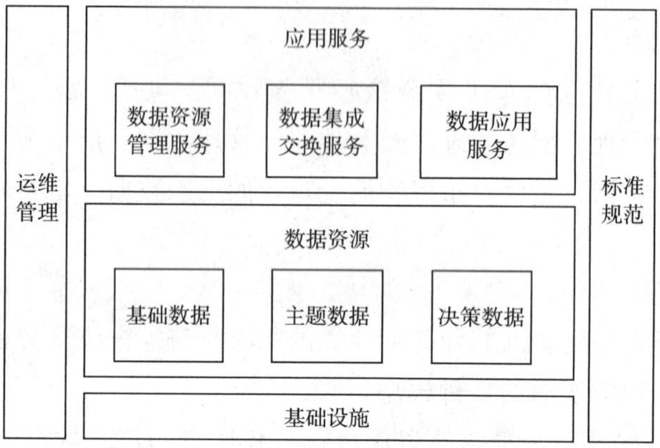

图 8-10　军事物流数据中心总体架构

（1）基础设施

基础设施是指军事物流数据中心正常运行的硬件环境和系统软件环境，包括网络系统、主机系统、安全防护系统、存储系统、数据库服务器系统、应用服务器系统等。它采用标准化产品和虚拟化技术，构建易于部署和管理、便于扩展和升级的 IT 基础设施平台。

（2）数据资源

数据资源指军事物流数据中心所存储和管理的数据，为数据中心提供统一的数据服务。军事物流数据中心的数据资源来源有多种渠道，既有来自后勤数据中心的共用基础数据，又有来自后勤业务系统的专业数据，从范围上分为来自于军事物流外部数据和军事物流内部数据；从形式上分为结构化数据和非结构化数据。

(3)应用服务

应用服务是指提供通用的数据采集、处理、存取、交换、展现、分析、管理维护等软件工具和服务构件，为构建基于军事物流数据中心的应用系统开发提供支撑。这些软件工具和服务构件，可以根据军事物流各个信息系统建设的需要进行扩充，如物流单证服务、物流数据访问服务等，使数据中心的开发效率得到提高。

(4)运维管理

主要完成对数据中心的系统运维管理和保证业务系统连续性，实现数据中心运行过程的可管理性，提供日志、审计、查询、监控等辅助功能。运维管理体系由相关制度规范、运维管理软件和维管人才队伍构成，保证数据中心的可靠运行。

(5)标准规范

标准规范体系是军事物流数据中心建设和运行的基础，也是对军事物流数据中心进行整体管理的基本要求，主要包括实体环境建设、数据资源建立与应用、软件设计、安全防护设计等方面应遵循的标准，以及数据中心研制与建设应遵循的制度规范。

8.4.5　数据中心的数据架构

数据架构描述数据中心综合数据库构成，以及各类数据库的形成过程，包括从后勤业务系统的数据库中，数据经历多次抽取、转换成主题数据库的过程；基于军事物流的业务需求，从主题数据库中抽取数据形成决策分析数据库。

军事物流数据中心数据架构主要由共用基础数据库、业务主题数据库、决策支持库等组成，如图 8-11 所示。

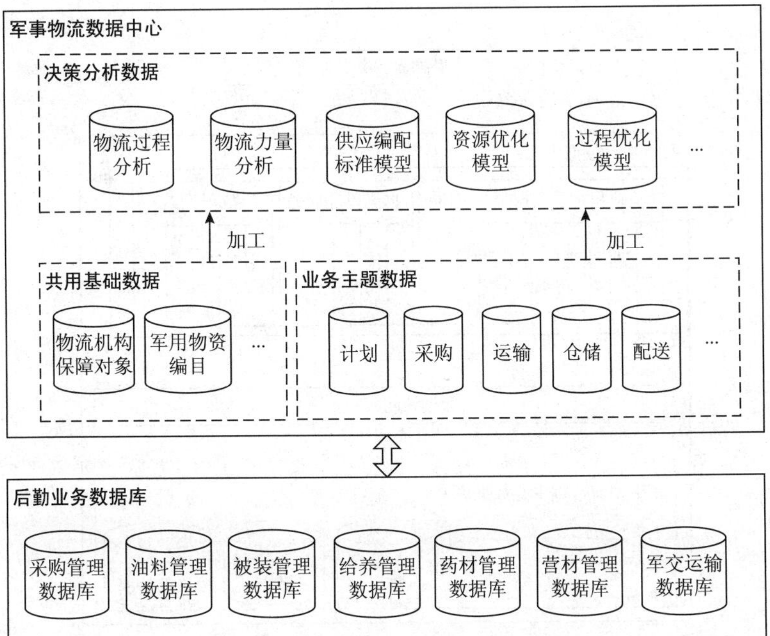

图 8-11　军事物流数据中心数据架构

(1)共用基础数据库

共用基础数据库集中存储军事物流基础数据，主要包括机构、人员、设施、装备物资、物流环境信息和信息分类代码等数据。共用基础数据库的数据应统一进行数据采集，并进行统一维护，为各个业务系统提供共用基础数据的共享服务。

(2)业务主题数据库

主题数据库是按照物流业务主题进行规划而产生的数据库。数据以主题的形式聚集在一起，以满足综合查询的需求，由业务数据库进行数据采集。形成包括计划管理、采购管理、运输管理、仓储管理、物流配送管理等主题数据，主题数据库是一种集约化的数据环境，独立于具体应用的数据资源。

(3)决策分析数据库

决策支持库是根据军事物流的决策需求，逐步确立决策主题，通过从主题数据库和共用数据库中抽取数据，结合决策分析所需要的指标数据库、分析预测模型库、方法库、知识库等，为军事物流进行联机分析处理和决策提供支持。

(4)后勤业务数据库

业务数据库是数据中心的数据源，依托数据中心集中运行的各后勤信息系统数据库，包括油料管理数据库、被装管理数据库、给养管理数据库、药材管理数据库、营房管理数据库、军交运输管理数据库等，业务数据库的数据由各业务系统采集。

8.4.6 数据中心的数据应用框架

军事物流数据中心的数据是为军事物流业务分系统服务的，数据应用的基本模式如图8-12所示。

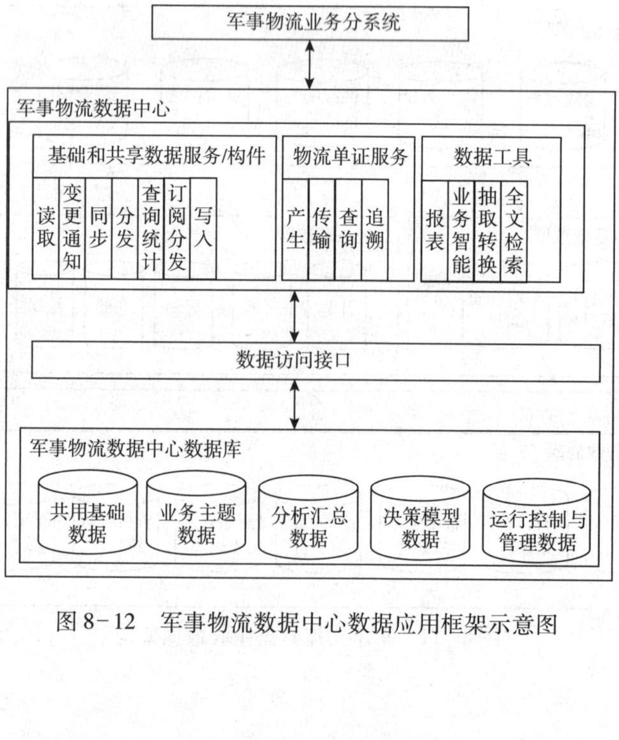

图8-12 军事物流数据中心数据应用框架示意图

通过军事物流数据中心应用支撑层提供的软件工具和服务构件来访问。主要包括用于存取基础数据、共享信息的服务和构件，用于跟踪物流单证状况的服务和构件，以及报表、智能分析软件、数据抽取转换加载软件、全文检索等数据工具。军事物流各业务分系统一般采用这种方式来实现对数据中心的访问。

8.4.7　数据中心的数据管理

军事物流数据管理，应具备数据获取和存储管理等功能，其体系框架如图 8-13 所示。

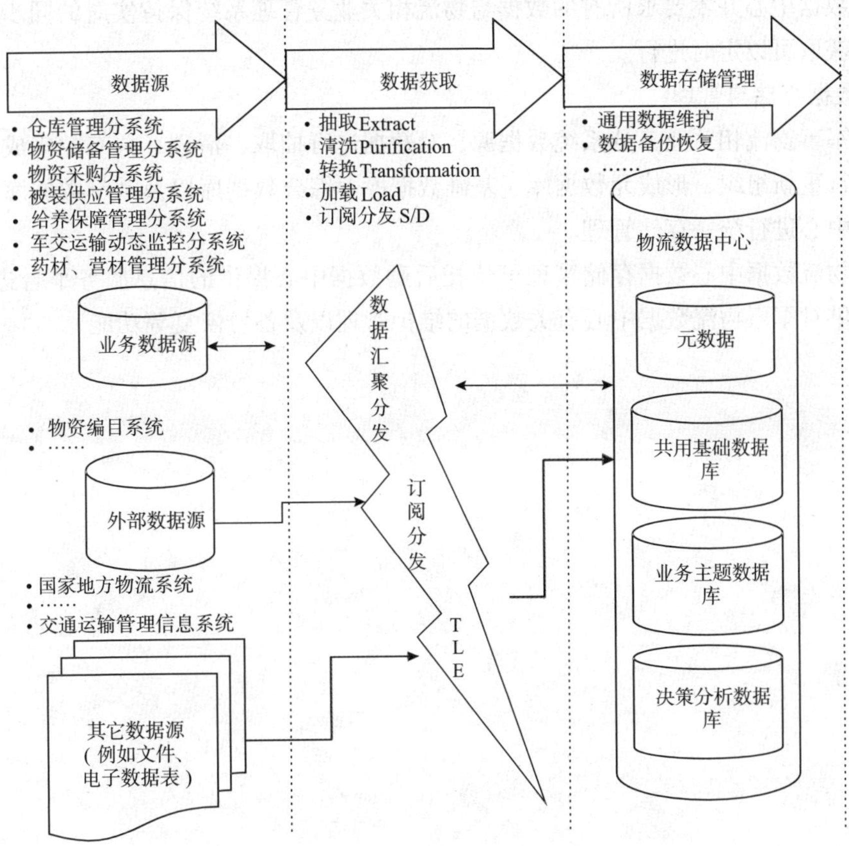

图 8-13　军事物流数据管理体系框架示意图

(1) 数据源

军事物流数据源是整个军事物流信息系统的数据源，通常包括军事物流相关业务分系统和环节分系统的业务数据，如储备计划、物资运输状态、库存物资情况、出入库情况等数据；军队其他外部数据，如军用物资编目、国民经济动员等数据；以及国家地方物流的其他数据，这部分数据大部分以文件或电子表格形式提供。

(2) 数据获取

数据获取是业务数据进入军事物流数据中心的入口。物流相关业务分系统和环节分系统中的静态数据、外部数据和脱机的数据，通过抽取转换工具导入军事物流数据中心。与军事物流环节相关的计划类、采购类、运输类、配送类、仓储类、消耗类等动态数据，通过集成运行平台的数据传输服务，统一汇聚到总后数据汇聚分发中心，由汇聚分发中心负责存储到军事物流数据中心。此外，军事物流相关业务分系统和环节分系统也可通过订阅分发工具从军事物流数据中心获取所需公共基础数据。

ETL 即用户从数据源抽取出所需的数据，经过数据清洗、转换，最终按照预先定义好的军事物流数据中心数据模型，将数据加载到数据中心。数据获取在功能上应具备互连、复制、增量、转换、调度和监控等几个方面。

物流数据中心并不要求所有的数据与物流相关业务管理系统保持实时的同步，因此部分数据的获取可以定时进行。

(3)数据存储与管理

基于军事物流相关业务分系统数据源，对数据进行抽取、清理，并有效集成，按照数据规划进行重新组织，形成元数据库、基础数据库、综合数据库以及共享数据库，由军事物流数据中心进行统一存储管理。

军事物流数据中心数据存储管理可依托后勤数据中心提供的信息服务平台进行建设，同时应提供对军事物流数据中心有关数据的维护管理以及备份恢复等功能。

参考文献

[1]Holmes, David MaYwell, Donald. Data warehouse integration using best fit matching[J]. Proceedings of the International Conference on Information and Knowledge Engineering, 2003, 1: 177 -181.

[2]Dong M, Chen F F. Performance modeling and analysis of integrated logistic chains: An analytic framework [J]. European Journal of Operational Research, 2005, 162(1): 83 -98.

[3]Meng XQ, Pappas V, Zhang L. Improving the scalability of data center networks with traffic - aware virtual machine placement[J]. In: Proc. of the INFOCOM, 2010.

[4]YoungJin Choi, SangHak Lee, JinHwan Kim, YongJu Kim, HyeonGyu Pak, GyuYoung Moon, JongHei Ra, Yong - Gyu Jung. The method to secure scalability and high density in cloud data - center[J]. Information Systems, 2014, 07.

[5] Paul J. Kuehn, Maggie Ezzat Mashaly. Automatic energy efficiency management of data center resources by load - dependent server activation and sleep modes[J]. Ad HocNetworks, 2014, 10.

[6]Beth Whitehead, Deborah Andrews, Amip Shah, Graeme Maidment . Assessing the environmental impact of data centres part 1: Background, energy use and metrics [J]. Building and Environment, 2014, 11.

[7]Sang - Woo Hama, Min - Hwi Kima, Byung - Nam Choib, Jae - Weon Jeonga. Simplified server model to simulate data center cooling energy consumption[J]. Energy and Buildings, 2014, 07.

[8]Baptiste Durand - Estebe, Cédric Le Bot, Jean Nicolas Mancos, Eric Arquis. Simulation of a temperature adaptive control strategy for an IWSE economizer in a data center[J]. Applied Energy, 2014.

[9]Marija S. Todorovic, Jeong Tai Kim. Data centre′s energy efficiency optimization and greening—Case study methodology and R&D needs[J]. Energy and Buildings, 2014, 11.

[10]Khosrow Ebrahimi, Gerard F. Jones, Amy S. Fleischer. Thermo - economic analysis of steady state waste heat recovery in data centers using absorption refrigeration[J]. Applied Energy, 2014.

[11]Hussam Jouhara, Richard Meskimmon. Heat pipe based thermal management systems for energy - efficient data centres[J]. Energy, 2014(77).

[12]Antriksh Goswami, K. K. Pattanaik, Amit Bharadwaj, Sourabh Bharti. Loss Rate Control Mechanism for Fan - in - burst Traffic in Data Center Network[J]. Procedia Computer Science, 2014(32).

[13]Wenhong Tian, Yong Zhao. ResourceModelingand Definitions for Cloud Data Centers[J]. Optimized Cloud Resource Management and Scheduling, 2014.

[14]Sonja Filiposka, Carlos Juiz. Community - based complex cloud data center[J]. Physica A: Statistical Mechanics and its Applications, 2014.

[15]中央军委颁布“全面建设现代后勤纲要”[N]. 解放军报, 2007 -12 -25.

[16]高复先. 信息资源规划 - 信息化建设基础工程(第一版)[M]. 北京: 清华大学出版社, 2002. 5.

[17]高复先, 吴曙光等编译. 信息工程与总体数据规划(第一版)[M]. 北京: 人民交通出版社, 1989.

[18]蔡文海，企业信息资源整合与共享之路．见：中国国家企业网，企业信息化优秀案例暨解决方案选[M]．北京：经济科学出版社，2002.
[19]乌家培．信息经济与知识经济[M]．北京：经济科学出版社，1999.
[20]孟广均等．信息资源管理导论[M]．北京：科学出版社，2000.
[21]李培，李月林．信息资源管理概论[M]．天津：南开大学出版社，2000.
[22]霍国庆．企业战略信息管理[M]．北京：科学出版社，2001.
[23]霍国庆．信息资源管理导论[M]．北京：科学出版社，1998.
[24]《智慧数据中心》编委会．智慧数据中心[M]．北京：电子工业出版社，2011.
[25]张广明，陈冰，张彦和．数据中心基础设施设计与建设[M]．北京：电子工业出版社，2012.
[26]林小村．数据中心建设与运行管理[M]．北京：科学出版社，2010.
[27]张兴会．数据仓库与数据挖掘技术[M]．北京：清华大学出版社，2011.
[28]William A Giovinazzo，面向对象的数据仓库设计[M]．潇湘工作室，人民邮电出版社，2000.
[29]邓立杰，杨清杰．军事信息系统综合集成研究[M]．北京：海潮出版社，2011.
[30]孟广均．信息资源管理导论[M]．北京：科学出版社，2003.
[31]孙建军．信息资源管理概论[M]．南京：东南大学出版社，2003.
[32]周鸿铎．信息资源开发利用策略[M]．北京：中国发展出版社，2000.
[33]马费成．信息资源开发与管理[M]．北京：电子工业出版社，2004.
[34]曾勇．军事供应链集成[M]．北京：经济管理出版社，2015.
[35]甘仞初．信息资源的组织与管理[M]．北京：机械工业出版社，2003.
[36]李瑛．美军信息资源管理研究[M]．北京：军事科学出版社，2013.
[37]于代军．军事信息资源分类组织研究[M]．北京：国防大学出版社，2012.
[38]陈文伟．数据仓库与数据挖掘教程[M]．北京：清华大学出版社，2006.
[39]肖明．信息资源管理(第二版)[M]．北京：电子工业出版社，2013.
[40]王晓明．军队信息资源开发利用论文集[M]．北京：兵器工业出版社，2012.
[41]黄明解，高建平，陈小丽．现代信息资源建设导论[M]．湖北：湖北人民出版社，2003.
[42]赖茂生．信息资源管理教程[M]．北京：清华大学出版社，2006.
[43]李月，侯卫真．我国信息资源规划研究综述[J]．情报杂志，2014.
[44]高复先．交通运输信息化与资源规划[J]．交通与计算机，2000.
[45]高复先．信息工程的理论与实践，中国计算机报，1994，36.
[46]朱树人，李伟琴．ERP 体系结构研究[J]．系统工程，2000，18(2).
[47]谢榕，谢焕章，张金昌．信息系统开发方法的策略研究[J]．计算机与现代化．1995，1.
[48]中央军委颁发．全面建设现代后勤纲要[N]．解放军报，2007－12－25.
[49]王建平，毋丹，邵勇，王继东．数据中心发展及现状分析[J]．计算机光盘软件与应用，2014，01.
[50]徐玉．全球数据中心发展趋势和特点[J]．电信科学，2011，27(12)：62－63.
[51]贾文钰，刘延东，吴洪桥．国土资源数据中心存储架构探讨[J]．Land and Resource Informatization，2011.
[52]余侃．云计算时代的数据中心建设与发展[J]．信息通信，2011，116(6)：100－102.
[53]朱义勇．虚拟化在云计算数据中心的应用[J]．科技资讯，2013，(22).
[54]张伟，宋莹，阮利等．面向 Internet 数据中心的资源管理[J]．Journal of Software，2012，23(2).

[55]奚力铭，彭克坚．关于商业银行云计算数据中心的探讨[J]．中国金融电脑，2014，07.
[56]杨艳．我国现代物流信息资源开发利用的策略研究[J]．农业网络信息，2007，(10).
[57]李云峰，曹渝昆，郑和兴等．航空装备制造企业物流数据中心[J]．航空制造技术，2008，(16).
[58]郭玮．企业信息资源规划与面向服务的架构研究[J]．山西电力，2011，08.
[59]马晓斌，叶华平．物流信息化建设中的信息资源规划[J]．物流科技，2007，12.
[60]张凤林，李斌，杜国平．河北省宏观经济信息系统资源规划[J]．统计与管理，2011，02.
[61]孙强，李顺，陆晨等．基于信息资源规划的流域水环境数据中心设计与实践[J]．中国环境监测，2013，02(1).
[62]黄鹏程，张剑芳．基于信息资源规划的军事物流数据中心系统框架研究[J]．军事运筹与系统工程，2015，12：61.
[63]陈士俊．高速公路信息化应用系统平台与数据中心的建设架构[J]．交通与计算机，2005，23(6)：39－42.